pharmakon

叢書パルマコン
06

忘却された
日韓関係

〈併合〉と〈分断〉の記念日報道

趙相宇

創元社

忘却された日韓関係

〈併合〉と〈分断〉の記念日報道

目　次

凡　例

1. 史料引用にあたっては、旧字体、異体字などは、基本的に常用漢字に改めた。ただし、日本語史料の題目に関しては、旧字体のままにした。古い仮名遣いもそのままにした。著者自身による外国語史料の翻訳に関しては、常用漢字および現代的な仮名遣いを用いた。なお、引用文のルビについては、表記の煩雑を避けるために原則省いた。引用文中のルビは、特別な言及がない限り、読者の便宜のために筆者がつけたものである。

2. 踊り字については「ゝ」と「々」以外は繰り返し文字に置き換えた。

3. 引用史料の一部を省略するときは〔前略〕と〔中略〕を用いた。〔後略〕は特に示さなかった。引用史料を補足する場合はキッコー〔　〕を用いた。

4. 史料に明白な誤字がある場合は、〔ママ〕と表記した。判読が不可能な場合は該当箇所を「□」で表記した。

5. 数字の表記については原則的にアラビア数字にした。ただし、日本語の文献・史料や外国語の文献・史料を引用する際、原文が漢数字またはそれに準じる表記になっていた場合は、そのまま引用および翻訳を行なった。なお、先行研究や史料の題目に漢数字が入っている場合も、原文のまま表記および翻訳を行なった。

6. 引用文中には差別的な用語も多々含まれているが、時代状況を示すために現代的な言い回しに直さず、あえて当時の表現のままにした。

7. 新聞などの史料の出典は何年何月何日の話なのかを読者がより把握しやすくするために文末注よりもなるべく本文中に記載した。先行研究などもその内容に触れる場合はなるべく本文中に示した。資料集や年鑑などを参照にした場合は本文が煩雑になることを避けるために出典はなるべく文末注に回した。

8. 人物名に関して、旧字体で表記される場合が多い人物でも便宜のために常用漢字に改めた。韓国人の名前に関しては、史料に出てくる人物の場合は、漢字表記がわかれば漢字で表記し、参考文献などはカタカナで表記した。

9. 参考文献・参考資料は、編著者のアルファベット表記順に並べた。日本や韓国の編著者の場合、アルファベット表記が厳密には異なっていても日本語または韓国語読みが同じ発音になっている場合は便宜上どちらかの表記に統一した。

序　章　忘却という課題と「自主性＝参加」

1　「日韓併合」という起点と争点

日韓葛藤の原点──「併合」か「強占」か

　現在、日韓のあいだには過去の植民地支配をめぐる様々な葛藤があり、両国の外交・政治・経済・文化の領域にまで飛び火することもしばしばある。1980年代から90年代以降にかけていわゆる歴史認識問題が両国間で強く意識されるようになり、なかでも当事者がまだ生きているいわゆる「慰安婦」や「徴用工」の問題は1965年の日韓請求権協定の限界を露呈させながら今日においてなおその賠償と人権をめぐる議論が盛んに展開されている。

　このような植民地支配をめぐる日韓の葛藤は、友好的で協力的な日韓関係の構築のために乗り越えられるべき対象として日韓両方の社会において意識されているが、それにもかかわらず、今日までに問題がつづいている根本的な原因はどこにあるのだろうか。両国における外交的な未熟さ、経済的な摩擦、冷戦終結にともなう国際情勢の変化と国際関係の多極化、韓国の民主化や日本社会におけるいわゆる「歴史修正主義」の台頭などその原因を論じる論点は数多くあるが、時代に関係なくそれらを貫く根本的な問題は植民地支配の始まりや展開に対する両者のそもそもの認識の相違にある。

　韓国は、大韓帝国時代の1910年8月22日に当時の総理大臣李完用と日本帝国政府の代表者のあいだで「韓国併合ニ関スル条約」を締結、8月29日にその宣布をもって日本帝国に吸収されることとなった。日本では、これを朝鮮人自らが同意し、当時の国際法的にも合法的なものとして捉えられ、一部ではその延長線上に日本による植民地支配の「正当性」や「成果」を強調する現代の新保守主義の流れも活発化しつつある。反面、韓国は「日韓併呑」または「日帝強占期」と称

することからもわかるように、不法的かつ不当なものとして捉え、その条約に多くの朝鮮人は自発的に同意しなかったと考えるのが一般的である。

　こうした両国の立場の相違は、植民地解放後の日韓関係における大きな転換点とも言える1965年の日韓国交正常化にともなう日韓請求権協定に際しても見られる。米国の積極的な仲裁のもとで朴正熙率いる軍事政権と佐藤栄作内閣のあいだで行われた同協定は、朝鮮戦争後の北朝鮮との緊張関係におかれていた韓国の経済発展や国力伸長が日米韓安保において重要という認識にもとづき、日本が韓国に10年間の3億ドルの無償提供と2億ドルの借款提供を決めたものであるが、その結果報告において両国の言い分は異なっていた。朴正熙政権は請求権協定の後に自国の議会にて同協定の経緯を植民地問題に対する謝罪の対価として説明したが、佐藤内閣はあくまでも経済的協力と援助であり、「独立お祝い金」として提供したとの旨の説明を行った。すなわち、韓国政府は、植民地支配に対する不法性や不当性の立場に立ってこれを賠償に近いものとして宣伝し、日本政府は植民地支配の合法性の立場に立ってあくまで「独立お祝い」としたのである。

　近年では、韓国政府はいわゆる「慰安婦」や「徴用工」問題など賠償はまだ残っていると主張し、日本政府はすでに賠償や補償は1965年で済んだと主張しているように、65年の請求権協定をめぐる論理は大きく変わった[1]。ただ、その植民地支配の始まりと展開に対する根本的な立場の相違は依然として同様に貫かれている。例えば、2019年の日韓貿易摩擦や韓国における「ノーノージャパン」運動の原因となった2018年10月30日のいわゆる「徴用工」問題に対する韓国大法院の判決である。

　この判決の経緯は、1997年にまで遡る。韓国の主要新聞の1つ『朝鮮日報』の報道によれば、2014年に故人となったヨ・ウンテクは新日鉄住金（旧・新日本製鉄、現・日本製鉄）を相手取って同年の大阪地方裁判所に強制徴用による損害賠償と未支給賃金の支払いを訴えたが、「日本の韓国に対する植民地支配は合法」という解釈にもとづいて国家総動員法および国民徴用令がヨに適用された有効性を指摘し、敗訴となったという。ヨは日本での敗訴を受けて、韓国の法院に2005年2月に同様の訴訟を持ちかけ、2012年5月に損害賠償が韓国の最高裁で決まり、

2018年10月に同判決が確定した。判決の焦点になったのは、日本の裁判所の判決が韓国国内における判決においても効力があるか否かだったが、大法院は韓国の憲法が日本の植民地支配を「不法強占」としているため日本の判決とは両立できないとした[2]。

　朴正煕政権時代と現在の韓国のあいだには軍事政権と民主化という大きな溝があり、当たり前だが、日韓関係も大きく変化してきている。だが、植民地支配の始まりやその後の展開に対する合法／不法、正当／不当という日韓間の対立構図は何1つ変わっていない。鄭在貞が「韓国と日本が歴史認識をめぐる葛藤を解消するためには、まず日本が「併合条約」の強制性と不当性を認めることから出発しなければならない」（鄭　2011：373）と指摘するように、この構図はまさに日韓間の葛藤の根底を成しているのである。

2　「日韓併合」と「日韓併呑」のあいだ

「併合」にすり替えられた「合邦」

　もちろん、日本社会においても「日韓併合」を強制的なものとして考える見方もまた根強い。例えば、笹山晴生他『詳説日本史B』［改訂版］（山川出版社、2017）では、「韓国併合条約を強要して韓国を植民地化し」と「日韓併合」が強制的なものとして記述されている（笹山他　2017：296）。

　しかし、90年代以降に活発化した新保守主義のいわゆる「歴史修正主義」の流れは、日本の東アジアでの地位の低下とともにますます強固なものになっており、韓国社会の植民地支配への強烈な批判は、日本帝国時代の「日本人の誇り」への再発見を促してもいる[3]。「日本人の誇り」シリーズ[4]を手がけた桜の花出版は、韓国社会からの植民地支配に対する「搾取」の観点にもとづく日本批判がつづいているとし、これを日韓間の葛藤の根本的な原因として捉えた上で、「日韓合邦」の「歴史的事実」を次のように宣伝する。

　　日本は巨額の予算を投じ、首都京城（ソウル）を東京よりも近代化させまし

た。インフラ、医療、公衆衛生、教育、司法制度や経済政策に至るまでの健全化、近代化を成し遂げたのです。そして昨今の日韓関係からは想像しにくいですが、そのことを当時の朝鮮人と台湾人の大半が喜んでおり、日本人との関係も良好だったのです。日本の朝鮮統治は、支配国の一方的な搾取である植民地支配とは一線を画すものであったことは、いまや日本人にも忘れられているのが実情です⁽⁵⁾。

　これが「歴史的事実」なるものとおおよそほど遠いものであることは、「慰安婦」や「徴用工」からの訴えを韓国社会の国粋主義的なナショナリズムとして切り捨てる態度からも明らかであるが⁽⁶⁾、本研究の問題関心からしてより目を引くのは、「日韓合邦」という表現である。上記に引用した内容が含まれる項目のタイトルは「日本が日韓併合の35年間で行った本当のこと」となっており、基本的には「日韓併合」という言葉を使っているが、「朝鮮の劇的な近代化を行ったのが、日韓合邦の歴史的事実なのです」というところだけ、「日韓合邦」という表現が使われている。「日韓併合」と「日韓合邦」は、混同して使われる場合が多いが、歴史的には決定的に異なる概念であり、少し結論を先取りすれば、日韓間の歴史の葛藤は、「日韓併合」の「真実」を忘れていることにあるのではなく、「日韓合邦」の日韓両国における意図的な忘却が背景にあることを指摘しなければならない。

　そもそも「日韓合邦」とは、新保守主義者の表現ではない。この表現は、大韓帝国時代に韓国の一進会という親日団体が用いたものであり、類似した言葉として「政合邦」という表現もある。これらの表現の「日韓併合」との決定的な差異は、植民地支配か、対等な連邦構想なのかにある。前者が「日韓併合」に投影されている視点であり、後者が「日韓合邦」という表現の中身となるが、一進会が意図としたのは対等な連邦構想なのであって、植民地化ではなかったことは今日の問題を考える上でも重要である。

　一進会の主要人物であり、韓国社会で代表的な「親日派」としてののしられる李容九は、元々反朝廷・抗日運動に身を投じていた東学党の関係者であり、後に

3・1抗日独立運動の代表的指導者の1人となる孫秉熙[7]の部下でもあった[8]。そのような李容九が親日的な団体である一進会を背負って立ったのは、日本の統治を「善」としていたからよりも、封建的な体制で苦しむ民衆を救い、東学という宗教を保全するために、東学を虐げていた朝廷や東学と対立軸にあった西洋宗教に代わる「次悪」として日本との協力を選んでいるに過ぎない。李が日本帝国による朝鮮への侵略を変えられない時代の潮流として捉え、そのなかで、朝鮮人が奴隷になるのではなく、対等な日本のパートナーとしてそれなりの独立を保てるようにと願い、一進会を通した日本への協力を行った側面を看過してはならない。そして、李のこうした錯綜した願いが噴出したのが「日韓合邦運動」であり、日本帝国に利用され、歪曲された末に辿り着いた結果が「日韓併合」だった。

「日韓合邦」に携わった勢力を5つの組に分類した西尾陽太郎（1978）は、それをさらに民間の「合邦」側、日本政府の「併合」側、両者のパイプ役の3つに圧縮し、日本政府が民間側とパイプ役を騙し、「日韓合邦」が「日韓併合」へとすり替わる様子を詳細に分析している。民間の「合邦」側としては韓国の宋秉畯・李容九、日本の内田良平・武田範之、日本政府の「併合」側として伊藤博文・曽祢荒助、山県有朋・桂太郎、そして両側をつなぐパイプとして杉山茂丸・明石元二郎を挙げている。「日韓併合」はその実行の時期こそ不確かだったものの、日本の首脳部はすでに1909年7月6日にそれを閣議決定していた。これは同年10月の伊藤博文暗殺事件への責任問題として一進会が「合邦請願」を行う12月より前だった。

　西尾陽太郎によれば、民間の「合邦」側と日本政府の「併合」側を結びつけるパイプ役を担わされていた杉山が当時の小村寿太郎外相に政府の「日韓合邦」の意思を打診した際、小村は上記の閣議決定にしらを切り、朝鮮を女性に例えながらその女性から「日本＝男性」へ結婚を申し込む以外は方法はないとしたという。杉山はこれに対して、「朝鮮＝女性」から「合邦なる結婚」を申し込めばいいのかと問うと、小村は「然り」と答えたとのことである（西尾　1978：121）。杉山は、「合邦請願書提出」を桂太郎にも相談したようであり、その際、桂は次のように難色を示したという。

馬鹿を云ふな、台湾の生蕃でさへ、自己の蕃社を失はざるため首を賭して常に抵抗するに非ずや。夫れよりも智識程度の発達したる朝鮮人が、何で自己の国家を取つて呉れよと申出る筈がない。杉山の希望はインポツシブル、不可能の事である[9]。

　杉山は、朝鮮人がこれを申し込むと「合邦」を断行するか、と桂に問い直し、桂はそれを実に良策と評価したという。この後、杉山は、日本政府がこれを実行すれば、朝鮮民族は動物同然の扱いになるため、朝鮮人自らが「合邦」を申し込み、いわゆる「合同会社」になることを宋秉畯と李容九に伝えている。西尾陽太郎は、この時点において、対等な連邦という構想にもとづいていた一進会の「合邦」から、一進会を巧妙に騙し「日本が朝鮮を取る」という桂の「併合」へとすり替えられたと指摘する（西尾　1978：122-23）。
　杉山は「日韓併合」が「合邦運動」本来の意図から外れていることを1923年の『建白』で語っており、西尾の記述はその資料に依拠したものである。また、『建白』では、3・1抗日独立運動の翌年である1920年5月27日に杉山宛に送られた旧一進会の会員からの「決死状」も公開されており、その文面では、朝鮮人の待遇が全く差別的で「合邦」の大義から外れ、一進会の7割が他宗教に属し、排日に至っていることが述べられ、杉山の自決が促されている[10]。西尾陽太郎は杉山の『建白』におけるこうした記述を「ざんげばなし」として捉える（西尾1978：230-40）。こうした杉山の「ざんげばなし」が示すものは、まさしく「併合」と「合邦」のずれと距離であると言えるだろう。「併合」と「合邦」の距離は、1913年の倉知鉄吉の覚書で確認できる「併合」という言葉の使用についての経緯でも如実に表れる。

　　因に曰ふ、当時我官民間に韓国併合の論少なからざりしも、併合の思想未だ十分明確ならず、或は日韓両国対等にて合一するが如き思想あり、又或は墺匈国の如き種類の国家を作るの意味に解する者あり、従て文字も亦合邦

或は合併等の文字を用ひたりしが、自分は韓国が全然廃滅に帰して帝国領土の一部となるの意を明かにすると同時に、其語調の余りに過激ならざる文字を選ばんと欲し、種々苦慮したるも遂に適当の文字を発見すること能はず、因て当時未だ一般に用ひられ居らざる文字を選ぶ方得策と認め、併合なる文字を前記文書に用ひたり。之より以後公文書には常に併合なる文字を用ふることゝなれり、乍序附記す[11]。

　上記の文章は、『伊藤博文伝』の下巻に収録されたもので、1909年7月6日の閣議決定のときの覚書である。この覚書から、一進会の「合邦」が「併合」といかに異なるものなのかが見て取れる。そして、この閣議決定の後にもかかわらず桂が杉山に朝鮮人の「合邦運動」を促すように巧妙に暗示していることを併せて考えると、「合邦」への「併合」のすり替えには、朝鮮人の自発的な参加が決定的に重要だったことが窺えるだろう。西尾陽太郎が指摘するように、日本は各種保護条約をとおして朝鮮半島の独立を保護することを名目的には掲げていたため、これを一気に「併合」することは国際社会的に見栄えが悪かったのであり、そのために一進会の全く異なる「合邦」や「政合邦」構想が文字通り利用されたのである（西尾　1978：240-42）。

「併合」と「併呑」の共犯関係

　ただし、これらの「日韓合邦」の歴史は、「日韓併合」との距離だけでなく、韓国社会で一般的に流通している「日韓併呑」の考え方との距離をも示していることには注意しなければならない。確かに、「日韓併合」にはある種の強引さが見て取れ、その条約までの過程に明らかな軍事的な圧力もあったことから、その強制性は疑い得ない。第1章で詳しく見るように、一進会の「合邦運動」に対しては、同じ朝鮮民族からも激しい批判が発せられ、彼らが「売国奴」扱いされていたことや、結果的に「日韓併合」が掲げた朝鮮人と日本人の同等の扱いはついに実現されなかったことを忘れるべきではない。鄭在貞は、「日韓併合」の不当性を次のように説明する。

総体的に見て、日本が羊頭狗肉として掲げた「韓国併合の目的」は結局実現することができなかった。正当性が欠如した植民地支配に大多数の韓国人は内面的な服従や自発的な協調をしなかった。韓国併呑を否定し植民地支配に抵抗する韓国人の方にむしろ正当性があった。正当性を確信した韓国人は国内外で一九四五年八月一五日まで民族解放のための抗日闘争を続けた⑿。

「日韓併合」後に実現されたのは、李容九が望んだような対等な「日韓合邦」ではなく、当時の日本社会でも批判された「無断統治」であり、朝鮮人の抗日団体も親日団体も等しく「治安」の名目で解散に追い込まれた過酷なものだった。「売国奴」の扱いを忍んで「日韓合邦」の構想を託したが裏切られ、そのパイプ役だった杉山に対して切腹を迫る旧一進会の鬱憤は窺い知れるところだろう。彼らも結局のところ、自分たちが日本人と同等の「一等国民」などではなく、植民地化された「奴隷」に過ぎないことを、「日韓併合」が「併呑」でしかなかったことを悟ったわけである。
　しかし、結果としての「併呑」に、「朝鮮人は自発的な協調をしなかった」のだろうか。それが「併呑」でしかないと気づいた多くの朝鮮人は、これに抵抗してきたし、それは広範囲な義兵運動、のちの3・1抗日独立運動、そして満州地域を中心とする武装抗日闘争へと展開していった。だが、「併呑」状態を「合邦」の構想に戻すべく、日本の植民地支配に対する抵抗と協力を行き来する団体も決して少数ではなかったはずである。1920年代に展開する朝鮮人の参政権、自治を目指す運動は、こうした系譜に属するものと言えよう⒀。これらの動きは、日本の支配を前提にしているがために、「日本への協力者＝民族の裏切り者」を意味する、つまり今日的な意味での「親日」に分類されており、これらの運動にかかわった指導者は民族の裏切り者として断罪すべき対象として一般に認識している⒁。こうした認識では「合邦運動」を牽引した一進会も当然、今日的な意味での「親日団体」となり、「併呑」の手先となる。次は、韓国の教科書での一進会に関する記述である。

さらに日本は司法権（1909）と警察権（1910）を剥奪するなど併呑の手続きを行っていった。一方、親日団体である一進会は合邦請願書を提出し、親日世論を助長することに積極的だった(15)。

　上記は、当該教科書における唯一の一進会に関する記述となっている。この記述は「日韓併合」が「併呑」でしかないことを述べているものだが、まさにその手先として一進会があったかのような印象を与える。無論、騙されたとはいえ、一進会が結果的に「併呑」に協力してしまう形となったことは事実である。そのことを否定したいのではない。ただし、ここで論じるべきは、一進会の「合邦」という過程における植民地支配への抵抗性と結果における妥協性という問題を詳細に論じず、「親日」というフレームのなかで意図的に忘却することによって引き起こされる問題である。
　すなわち、韓国社会における「併呑」という視点は、「併合」の強制性を暴く上で非常に有効なものであるが、一方では、それもまた、「合邦」への願いを「併合」と全く同一視してしまう恐れがあるのである。李容九は、自分の「合邦」や「政合邦」の構想が結果的に「併合」にすり替えられたことに対して1911年3月30日付の武田範之宛の手紙で次のように述べたという。以下は西尾陽太郎による漢文解読にもとづき、重要な箇所を筆者が抜粋したものである。

　　若い時から、平生営む所は、一身上の私利ではなく、国家の大利を図るにあり、ただ人民救済のみを望んで来ました。（であるのに）今日になって自己自身を顧れば「可笑可笑」者は小生なのです。「至愚至蚩」とは小生の事なのです。よく人に欺かれ、よくもてあそばれたのです。二千万の人民を日本の最下等民に駆い込み、新日本国民として参加させる事のできなかった罪も小生にあります。〔中略〕門を出れば周囲の人から笑われ辱かしめを受け、門を入れば門人たちに、国事成ることはこの事か、一進会の目的成就とはこの事か、会員個人の生活成就とはこの事か、国民のための成功とはこと事かと、

この様な質問責めが毎日やって来て、とても堪え切れない有様。口はあってもものも言えず、あたりを見回しても親しくしてくれるものもなく、一人ポッチです(16)。

「一人ポッチ」という言葉が李容九の追い込まれた様子を端的に表している。また、「一進会の目的成就とはこの事か」云々のところからは、一進会の「合邦」あるいは「政合邦」を「連邦」の意味として解釈していた多数の「合邦」賛成者からの裏切り感が如実に出ている(17)。

　もちろん、この「政合邦」が一進会の建前に過ぎず、本心からは「日韓併合」を望んでいた、という批判もあり得るだろう。しかし、そうだとするならば、一進会を率いる李容九が頑なに「合邦」を拒否した曽祢荒助朝鮮統監に1910年3月23日の上書で「貴大日本廟算の在る所知る可きのみ、将さに現状を以て推移し、自然に敵韓人族をして、根絶に帰せしめんとするなり」と述べ、「此れ、貴国大日本の欲する所はまたいわゆる我土地也。其の声色を文明にしてしかも其志を戎狄にす」と批判を加えている（西尾陽太郎　1978：172）ことをいかに解釈できようか。そして、抗日団体の1つである西北学会が密かに一進会を支援していたことをいかに解釈できようか(18)。

「併呑」のみを強調すれば、この点を見落としかねない。さらに、そのことは、「併呑」という言葉に込められた「併合」に対する批判にもかかわらず、「合邦」を意図的に「併合」と一緒にしてしまう地点において桂太郎ら日本帝国政府の「併合」工作と同じ地平に立たされざるを得ない。皮肉にも、「合邦」を結果にのみ着目して「併合」へとすり替えて断罪する「併呑」のあり方は、自らの責任を巧妙に逃れるために桂太郎ら日本帝国政府が最も望んだことでもあるのである。そして、こうした朝鮮社会の日本帝国の支配への抵抗と協力のあいだに挟まれた葛藤が「併合」と「併呑」の対立において沈黙を強いられている現状は、日韓の歴史認識問題が記憶の選択的想起と同時に生じる忘却の問題であることを示唆している。

3 「反日」と「親日」の共犯関係

「合邦」をめぐる「併合」と「併呑」の共犯関係は、植民地時代という過去の時期に限定される問題ではない。「併合」と「併呑」の対立構図のなかで成立する「合邦」の忘却という構図は、日韓関係においてその構図が「反日」と「親日」の共犯関係として今もなお展開され、人権をとおしての日韓連帯や、日韓両国の文化交流、政治・経済面における協力と対話を難しくし、ときには、それらを破綻させ、ときには、「過去最悪の日韓関係」というフレームのなかでそれらの試みを埋もれさせている。そして、この負のスパイラルは、特に朝鮮人の植民地支配に対する抵抗やそれに連なる現在の日本政府への異議申し立てを、「反日」という言葉で簡単に歪曲させてしまっている。

「反日」に囚われた日本

「韓国社会は主義的にも情緒的にも「反日」が根強い」という考え方は、日本社会で一般に流通する認識であるのみならず、一部の研究者たちにも共有されている。無論、そもそも「合邦」を「民族の裏切り者」という倫理的な判断が介在した「親日」という言葉で批判する韓国社会の歴史認識は、基本的に日本帝国に対する強い抵抗の正当性のみを認めようとする傾向がある。

ただし、植民地支配に対する抵抗の姿勢が必ずしも現代の日本に対する無分別な暴力や憎悪に直結するわけではない。むしろ、韓国社会では「反日」なるものをいかに乗り越えるのか、という問題が今でも重要な課題として設定されており、歴史的な感情を素朴に無分別な日本批判へとつなげようとする動きはそれこそ不当なものとして扱われる。

現に、2019年8月、徴用工判決に端を発した日本政府の韓国のホワイト・リスト除外措置は「ノーノージャパン」運動の一層の激化を招いたが、その運動を支える市民側がこの年の8・15光復節に際して掲げたのは「反日」ではなく「反安倍」だった[19]。日本全体を「悪」と規定する論理を自らが排除し、あくまでも

安倍政権に対する異議申し立てであることを強く意識したのである。こうした市民側の意識は主要放送メディアの1つであるKBSでも肯定的に捉えられており[20]、植民地支配に対する抵抗意識の「反日」なるものへの素朴な接続を韓国社会が警戒していることを表している。

　本書の第3章でも確認することになるが、韓国社会では、自らの日本帝国への抵抗の記憶を素朴に「反日」の枠組みで継承することを「偏狭な民族主義」として警戒してきた経緯がある。このバランス感覚は、「小国」である韓国が列強国とのあいだで警戒と連帯をうまく調整しながら生き残ってきた歴史と、その過程で韓国社会のナショナリズムが育ってきたことと無縁ではない[21]。韓国社会にとって、素朴な民族主義にもとづく排外主義は国の滅亡につながりかねない。国力をつけてもなお、世界のグローバル化のなかで韓国社会も必然的に多文化家庭を抱えるようになったため、「開かれた民族主義」の議論は伝統的に民族主義の強い韓国の史学界でも重要な課題として議論されている[22]。韓国社会に「反日情緒」なるものはあっても、「反日主義」はそれこそ正当な主義として認められる性質のものではない。

　そのため、植民地支配に対する不当性を前提にした日本政府への意義申し立てや、日本からの再侵略を警戒し、それに準備する動きを韓国社会が自ら定義するとき、彼らは「反日」という言葉ではなく、「知日」や「克日（クッイル）」といった表現を好んで使ってきた。「克日」という言葉は、『朝鮮日報』が1983年から1年間かけて47回連載した「克日の道：日本を知ろう」から定着した言葉である。82年の日韓歴史教科書事件の後、中曽根康弘（なかそねやすひろ）首相は韓国との関係改善を図り、83年の訪韓で「日韓新時代」をスローガンに掲げたが、これに合わせて行われたものがこの連載である。磯崎典世（いそざきのりよ）によれば、「克日の道：日本を知ろう」という連載は、日本への親しみを喚起するというよりは、単純な日本批判から抜け出し、正しく日本を知ることを目的としており、信頼よりは警戒を背景とした評価が行われ、そのなかで新たな日韓関係の構築が模索されたものであるという（磯崎　2017：152-53）。

　しかし、こうした「克日」という言葉に込められる意義申し立てが日本社会に

伝わる際には、多くの場合、「反日」という言葉で伝わってしまう。例えば、朝日新聞デジタルでは、2019年8月2日の記事で与党の「共に民主党」の地方組織が「NO安倍」通りを作ったことを報じながら、そのタイトルを「「NO安倍」通り、不買運動…反日過熱の韓国、街は今」としている[23]。また、「克日」のスローガンが活発になった1980年代は、右派の論客の西村幸祐に言わせれば、「朝日新聞が主導した「歴史教科書書き換え誤報事件」が起こり、中国、韓国が日本の歴史教科書に反発して内政干渉をするという〈仕組み〉ができ上がってしまった」のであり、「ここ最近の〈反日〉の原型（プロトタイプ）は、このとき完成しているのだ」という（西村　2006：25）。彼のこうした主張が込められた『「反日」の超克：中国、韓国、北朝鮮とどう対峙するか』（PHP研究所）の帯には「『マンガ嫌韓流』作者山野車輪氏も絶賛!!」とのコピーがつけられており、「反日」はまさしく韓国を嫌うべき根拠となって表れている。

　このように、「反日」という言葉は、韓国国内で起こる複雑な異議申し立ての回路を日本人に「わかりやすく」伝えるためのマジックワードとなっている。韓国社会の異議申し立ての過程における葛藤と意図が「反日」という言葉に全て吸い上げられてしまったとき、結果としてそこに残るのは、対話・交渉可能な韓国ではなく、歴史問題ともなると豹変する怖い隣人のイメージなのではないだろうか。この点について、『朝日新聞』の言説も、それを毛嫌いする西村の言説も、同じ効果を持ってしまうのである。その意味で、「反日」という言葉に囚われているのは、韓国社会よりも、むしろ日本社会であると言えるだろう。

「親日」に囚われた韓国

　一方、韓国社会において植民地支配関連で最も注目されているキーワードは、「反日」などではなく、「親日」という言葉である。文化人類学者の崔吉城は『「親日」と「反日」の文化人類学』（2002、明石書店）のなかで「反日は日本に抵抗することを意味しているはずなのだが、その矛先は日本や日本人には向かわず、いつの間にか自分たち以外の「韓国人」に向けられているのだ」（崔　2002：17）と述べる。

崔の指摘からも浮かび上がるように、韓国社会では、日本そのものに対する怒りよりも、植民地支配の問題は多くの場合、「親日」への批判として表れるのが一般的である。現に、日本政府およびマス・メディアが韓国社会の「反日」の盛り上がりによる日本人への危害への懸念を強く喚起させた2019年の3・1節100周年の大統領記念演説において語られたのは、日本に対する憎悪などではなく、「親日清算」の重要性だった(24)。

　植民地時代における親日は必ずしも「民族への裏切り」を意図したものではない。むしろ、今日的な意味における日韓連帯に近いものがあることは一進会の「合邦」構想からも浮かび上がるが、それらが結果的に「併合」へとすり替えられたために、「親日＝民族の裏切り者」という評価は避けられないものとなった。「併合」後に展開された親日団体による朝鮮人の参政権や自治の要求についても、日本が1945年に連合国に敗戦し、同年の8月15日に「終戦」を迎えたため、実現されることなく、朝鮮半島には解放が訪れた。親日団体はついに自らの功績を朝鮮社会にアピールできる成果を何1つ残せないまま、ただの利己的な「売国奴」として評価が固まったのである。これが韓国社会が抵抗の記憶に執着する背景の1つである。

　こうした「合邦」の「併合」へのすり替えから始まる親日の「親日＝民族の裏切り者」への転換とそれに連なる抵抗の記憶への執着は、一連の歴史的な過程のなかで民主化の課題と絡みながら韓国社会に引き継がれた。植民地解放直後の混乱や冷戦構造における南北分断、そしてそのなかで強固な「反共」を掲げて誕生した大韓民国。北朝鮮との体制競争を勝ち抜くための「祖国近代化」の必要性とその軍事独裁への接続という一連の過程は、韓国社会に民主化と人権の弾圧という大きな爪痕と課題を残した。

　大韓民国の初代大統領である李承晩は、「親日」の断罪よりも、共産主義の脅威に対抗するために、日本帝国時代の行政や官職経験者を積極的に起用した。李承晩政権の腐敗を断罪する形で現れた朴正煕は、日本帝国陸軍の将校の経歴を持ち、「祖国近代化」に一定の業績を残すも、後に軍事独裁体制を築いて人権の弾圧を行ってしまった。こうして近代の「合邦」の歪みに起因する「親日＝民族の

裏切り者」という構図は、戦後の韓国社会における民主化という課題と絡みながらさらにもつれてしまったのである。

　玄 武岩は『「反日」と「嫌韓」の同時代史：ナショナリズムの境界を越えて』(2016、勉誠出版)の第4章のなかで、戦後の韓国社会におけるこのようなもつれを「民主主義ナショナリズム」対「近代化ナショナリズム」として整理した。その上で、「親日清算」が含まれる「過去清算」について言及し、一般的に「反日」と捉えられてしまう「過去清算」が、対日ナショナリズムを動因とせず、韓国国内における軍事独裁政権に代表される「近代化ナショナリズム」とそれに反発してきた民主化勢力の「民主主義ナショナリズム」の対立構図のなかで形作られたことを指摘している。

　現在の韓国においても軍事政権の「反共」と「祖国近代化」の功績を積極的に評価する側と、その政権による人権弾圧を糾弾する声が大きく衝突しており[25]、「親日清算」の延長線上にある「過去清算」はなおも抵抗の記憶の正当性を印象づけながら現在・未来の課題として位置づけられつづけている。ここにおいて「親日」は、単純に過去の日本植民地支配への協力者を批判するという歴史的な解釈などの問題ではなく、それよりもはるかに現実的で未来の韓国社会のあり方にもかかわる実践課題として浮かび上がる。そして、その対極にあるものとして抵抗の記憶を思い出しつづけ、そこからはみ出るものを断罪の対象にするのである。韓国社会は「親日」と、それに付随する抵抗の記憶の正当性に囚われているが、それは過去の亡霊という遠くて不確かなものではない。それらは現在・未来の脅威となって身近な問題として表れ、彼らを束縛しているのである。

倫理的な応酬と共犯関係

　もちろん、韓国社会おける「親日清算」や、その延長線上にあるより広い意味での「過去清算」は、戦後日本に対する排他・排外主義とは距離があり、これが直ちに日韓友好を破壊する行為につながるわけではない。むしろ、そこには、人権をとおした日韓連帯という可能性が込められている。

　韓国における「親日」という言葉は、「清算」や「反民族」というキーワード

と一緒に使われる場合が多い。その言葉遣いには、植民地支配だけでなく、植民地時代に「親日」の経歴を持つ人々の戦後の韓国社会の歪みに対しての責任追及が込められていることは、先ほど述べたとおりである。その責任とは、戦前と戦後を貫く人々の自由と民主主義への弾圧であり、ゆえに、人権が非常に重要なキーワードになる。

　玄武岩は、こうした背景を踏まえて民主化とともに進展した「過去清算」を「省察と癒しの努力をもって人権と正義による民主主義を徹底し、その普遍的な価値を植民地支配のねじれを超えて和解と赦しの根幹にすえようとする内的な格闘」（玄　2016：219）と定義する。すなわち、抵抗の記憶の正当性を基盤に植民地時代の過去に向き合うことが、日本への漠然とした憤怒につながる可能性を認めつつも、必ずしもそのような「反日」を目的とした行為ではなく、むしろ、そのなかには人権といった普遍的な価値でつながる東アジア連帯の可能性があることを指摘したのである。「慰安婦」問題についての日韓市民の連帯は特にその象徴的な表れと言えよう。

　しかし、「あいちトリエンナーレ2019」の事件が物語るように、こうした動きは「日本人へのヘイト」という観点にすり替えられ、結果として黙殺されてもいることを真剣に考えなければならない。「あいちトリエンナーレ」は、2010年から3年ごとに開催されている日本国内最大規模の国際芸術祭であり、「あいちトリエンナーレ2019」は「情の時代」をテーマに開催された4回目の大会である。「表現の不自由展・その後」の企画展には「平和の少女像」の展示も含まれていたが、開幕2日間で約1400件の抗議の電話やメールが殺到し、「元慰安婦像を撤去しないと「ガソリン携行缶を持っておじゃまする」とのファクスも届いた」ようである[26]。結局、同企画展は開幕3日で中止に追い込まれた。

『朝日新聞』は表現の自由を傷つけられたと評し、『産経新聞』はこれに対して「芸術であると言い張れば『表現の自由』の名の下にヘイト（憎悪）行為が許されるのか。そうであるまい」と反論している[27]。この騒動の後、同企画展は名古屋市中区の市民ギャラリー栄に移り、「私たちの『表現の不自由展・その後』」として2021年7月6日から11日まで公開予定だったが、7月8日のギャラリー宛の

封筒の爆発事件を受けて再び中止となった(28)。

　この一連の事件を「表現の自由」めぐる日本社会の葛藤と捉えることもできようが、より正確には憎悪をめぐる衝突と言えよう。「嫌韓」というキーワードを全面的に掲げる新保守主義の動きは、基本的に、日本帝国のモラルを高く評価しており、台湾や韓国の近代化、そして彼らのそうした支配への歓迎を根拠として述べる傾向がある。そのため、植民地支配の問題、特に人権弾圧の問題を認めてしまうことは、その最も重要な原動力を失うことにつながりかねない。その意味で、「あいちトリエンナーレ2019」の問題は、「表現の自由」の問題というより、新保守主義者によって「日本帝国に対する批判」が「戦後日本への憎悪」の問題であるかのように巧妙にすり替えられているところにあるのである。

　厄介なことに、そのような新保守主義の流れに対して、人権を叫ぶことは、彼らの「反日」という言葉をより現実味のあるものとして示す新たな燃料となり得る。「嫌韓」という言葉は、「日本帝国に対する批判」が「戦後日本への憎悪」へと変わるという特殊な状況認識がなければ成立し得ない。「反日」という言葉にはこの特殊な状況認識が込められており、植民地支配の「真実」を暴くという彼らの主張の原動力となるだけでなく、戦後日本を救う「志士」としての自己認識を可能ならしめる。

　無論、人権を主張することに問題があるのではない。むしろ、グローバル化のなかで多文化の共存を目指していくためにはそのような普遍的な価値は力強く主張されるべきである。しかし、問題は、日韓関係の場合、それが「反日」「親日」という言葉と切っても切れない関係におかれてしまっている状況にある。

　すでに述べたように、韓国では、植民地解放後の冷戦構造のなかで展開された一連の歴史的経緯があり、人権の追及は、「親日清算」の追及と複雑に絡まっている。「過去清算」は、人権の回復、民主主義の精神から行われたものであるが、それが単なる戦後韓国の権力者による弾圧に対する断罪で済まされず、『親日人名辞典』の刊行にもつながっている。ちなみに、この辞典第3巻の40-41頁には、李容九も収録されている。

　そして、こうした状況は、人権を中核とする「過去清算」の日韓連帯の可能性

を提示する玄武岩も認めているように、韓国において「日本帝国への批判」が「戦後日本への憎悪」として表れる可能性を完全には否定できなくしている。李容九のような「合邦」の文脈でさえ、徹底的に「親日」として排除するあり方は、日本帝国を「絶対悪」として規定することとつながっており、戦後日本の日本帝国的な要素に触れた場合、それに対する激しい怒りへと展開し得る。それが異議申し立ての領域を超えて憎悪へと向かう恐れはゼロではない。

「親日清算」はつまるところ、脱植民地化の課題であり、そのために重視されてきた。しかし、佐藤卓己が「ヒトラーを絶対悪と糾弾することで、逆にヒトラーは現実政治を測る物差しになる」と指摘するように（佐藤　2015a：50）、「親日」の過度なシンボル化は、「清算」に込められた未来志向性とは裏腹に、絶えず韓国社会を過去に縛りつける。「反安倍」、「克日」を目指しながら極端な「反日情緒」をコントロールしようとしても、「親日」のシンボルに付随する「日本帝国＝絶対悪」というイメージがその試みを悩ませつづけるだろう。

そして、こうした構造は、日本社会にして「過去清算」に込められた人権のメッセージを受け取りにくくするばかりではない。朝鮮人の自主性の正当性が植民地支配への激しい抵抗のみに付与され、抵抗と協力のあいだでの葛藤を見えなくさせてしまう。韓国社会が警戒してやまない日本帝国の「併合」の論理や、日本社会の新保守主義の「善悪」の論理の単純さと構造的には同じ過ちを犯しかねないのである。

「日本帝国＝絶対悪」にもとづく韓国社会の「親日」批判と、「日本帝国＝絶対善」にもとづく日本の新保守主義の「反日」批判は、対立軸に位置づけられているようで、どちらも倫理的な価値判断に依存し過ぎている点で似通っている。親日団体の「合邦」の構想からもわかるように、「抵抗」か「協力」か、そのどちらとも言えない状況が植民地時代にはあった。この複雑さを「善悪」の構図で失ってしまうことは、「朝鮮人は抵抗していた」に対する「いや、朝鮮人は支配を歓迎していた」という素朴な批判を可能にする。

こうして、両者は、互いの原動力にもなり得る。日本における新保守主義の流行は韓国社会が「日本帝国＝絶対悪」の認識を手放せなくさせるし、新たな「親

日」が再び侵略を手引きしないように徹底的な「親日清算」の必要性を韓国社会に迫る。日本の新保守主義者や彼らに同調する一部の韓国の右派はそのような韓国の状況を糧とし、それを「反日」という言葉で規定することで、自らの立場を強固なものにする[29]。この応酬のなかで、「過去清算」に込められていたはずの人権の連帯といった可能性や、李容九のような評価の難しい存在は埋もれてしまい、忘却を迫られる。そして、この構図が深まったとき、そこに残るのは、単純な「善悪」の構図と相互の憎悪の感情なのである。

4 「自主性＝参加」という視点の可能性と記念日

植民地支配期と「自主性＝参加」

　では、どのようにすれば日韓両社会が本質的理解の陥穽（かんせい）を脱し、負のスパイラルを断ち切ることができるだろうか。この問題から抜け出すには、植民地支配から現在に至るまでの日韓関係の歴史を「抵抗」か「協力」か、「反日」か「親日」か、「敵」か「友」かといった二元論から抜け出して捉える視点が必要になる。その視点とは、すなわち、朝鮮人／韓国人の複雑なアイデンティティをどちらかの陣営に分けるのではなく、複雑なものを複雑なまま拾い上げることのできる「自主性＝参加」の視点である。

　韓国社会における「自主性」という言葉は、自立した民族的自我を意味し[30]、「自主国防」、「自主経済」、「自主統一」、「自主独立」、「自主精神」など、韓国社会の様々な場面で使われる。3・1抗日独立運動は最も象徴的な自主性の発露として受け止められており、この概念は現在では日本帝国に対する抵抗の正当性の上に位置づけられている。韓国社会がここまで「自主性＝抵抗」の視点にこだわるのは、日本帝国による植民地支配の末期に朝鮮人のアイデンティティを消し去り「皇民化」しようとしたことと関連があり、この歴史を「民族抹殺」の歴史として捉え、それが二度と民族的な自我を忘れまいとする態度へとつながったためである。すなわち、植民地支配末期の「皇民化」は、植民地解放後に朝鮮人としてのアイデンティティを取り戻す必要性につながったのであり、日本人との明確

な線引きを可能にする日本帝国への抵抗こそが韓国社会の自主性を象徴するものとなったのである。

　しかし、この「自主性＝抵抗」の視点は、歴史を反民族行為と愛国愛族に分けてしまい、そのあいだに存在した中間的な行為を認めないという偏狭さを持つ。どのような意図と目的を持った行為であれ、その結果が敵に利するか、そのような可能性があったのならば、それを「親日派」とし、民族の歴史から排除してしまうのである（ト・ミョンフェ　2002：59）。現に、一進会の「合邦」または「政合邦」構想は、朝鮮人としての自立や日本との対等な関係性の構築を目指し、日本帝国政府側と対立する場面があったにもかかわらず、結果において朝鮮民族が植民地支配下におかれ、その支配が「皇民化」による朝鮮人としてのアイデンティティの喪失につながったために自主性の物語から排除されている。

　植民地支配への協力の過程が必ずしも「民族的な裏切り」を意図しておらず、日本帝国政府側との対立があったにもかかわらず、その過程を等しく「民族的な裏切り」と断罪してしまっては、その協力の歴史を盾にして朝鮮人の植民地支配への歓迎を描く「歴史修正主義」に対抗可能な最も有効な視座を見失ってしまう。しかも、そうしたあり方は、植民地支配の責任を自分たちの責任ではなく、民族内部の一部の「例外的」な「裏切り者」に押しつけているという意味で、他者依存的であり、自主性を主張しながらも歴史の主体的な責任については一部の「例外的」な「悪」に頼るという矛盾をはらんでしまうだろう。

　韓国社会が植民地支配をそれこそ自主的に受け止めるには、植民地支配の責任を一部の「例外的」な「協力者＝悪」を作り上げてそれに依存する状態から脱する必要があり、日本帝国に対する批判のみならず、植民地支配に対する自らの責任をも明確に論じられるようにならなければならない。そのためには、一進会のような動きを単なる「民族の裏切り」として切り捨てるのではなく、朝鮮人の植民地支配への参加の問題として捉え直していく必要がある。

　参加とは、主にナチズムの研究において重視されてきた観点である。ジョージ・L・モッセ（1975＝2021）は、一方的に操作される大衆ではなく、その支配に能動的に参加し、彼らの自主性を動員するために様々なシンボルを駆使して大衆

の合意を導き出す「新しい政治」のあり方を指摘している⁽³¹⁾。この観点は戦前における日本の大衆の「総動員」への「総参加」の責任を浮き彫りにする研究にもつながった⁽³²⁾。これらの研究は、ファシズムによる大衆操作とそれに抗う文脈を「善悪」で捉える構造から抜け出し、大衆がその支配に参加していたことに着目して、そのあり方から浮かび上がるファシズムの巧妙さと大衆の主体的な責任を描き出す。

　もちろん、朝鮮人が「皇国臣民」としての動員に全く同意していたわけではない。しかし、朝鮮人の民族的な自律と解放の観点におけるスポーツの重要性を検討した金誠が「内鮮融和の下では彼らの思惑とは裏腹に、そのこと自体が植民地統治のスローガンに包摂されてしまう可能性を秘めていた」（金　2017：143）と指摘するように、朝鮮人の意図とは裏腹にそれが植民地支配のスローガンに吸収される側面があったことは否定できない。周知のように、日本帝国や朝鮮総督府は朝鮮人の支配の手段として弾圧のみを行ってきたわけではない。「文化統治」または「文化政治」と称される巧妙な植民地支配も行われており、朝鮮人の参加を促す様々な装置を作り、実践してきた。また、それらには実際に多くの朝鮮人の参加が確保できる場合もあり、そうした文脈がのちの「皇国臣民」としての動員に横滑りしていくようになる。

　これらの参加は、必ずしも「民族の裏切り」を意味するわけではない。朝鮮民族としてのアイデンティティの昂揚を朝鮮総督府は利用し、そのような朝鮮総督府を朝鮮人も利用したとも言える。これらの歴史を無視し、「抵抗」か「協力」かで単純化させるのは、歴史の歪曲であるだけでなく、今日、韓国社会が最も重視する自主性をも歪ませることにつながる。大事なのは、朝鮮人が抵抗していたか、協力していたかではなく、その巧妙な植民地支配にいかに参加しようとし、それにいかに巻き込まれたのかであり、その過程に対する責任を主体的に考えていく視点を持つことである。それこそが植民地支配を本当の意味で自主的に捉えることにつながっていくだろう。

　一方、植民地支配における朝鮮人の自主性を「自主性＝参加」として捉えていくことは、韓国社会が一部の「裏切り者」を作り上げて彼らに植民地支配の責任

をなすりつけるあり方から抜け出るためのみならず、日本社会が自らの植民地支配の責任を主体的に考えていく上でも重要である。日本の植民地支配の責任を回避する論理に、朝鮮人は植民地支配を歓迎し、ゆえに協力していた、というものがあるが、多くの朝鮮人は植民地支配を歓迎していたから協力していたわけではない。一進会の抵抗と協力を同時に含む「日韓合邦」への参加のあり方からはそのような点が明確に浮かび上がるだろう。

　韓国人は植民地支配を歓迎して協力したのであって、抵抗は例外的なものだったのか。韓国人は植民地支配に抵抗したのであって、協力は一部の「裏切り者」による例外的なものだったのか。朝鮮人／韓国人としての「自主性＝参加」は、そのどちらも例外的なものではなく、かつ対立軸にあるものでもなく、抵抗と協力が複合的に現れる様子を示してくれるはずである。そして、その複合的な朝鮮人／韓国人としての「自主性＝参加」の様子は、日韓どちらも自らの植民地支配に対する責任を主体的に追求する鍵となるはずである。

植民地解放後と「自主性＝参加」

「自主性＝参加」の視点は、植民地時代における朝鮮人の抵抗と協力の複合的な自主性のあり方を復元するのみならず、植民地解放後の韓国社会の自主性の展開を理解する上でも重要である。すでに述べたように、植民地解放後の韓国社会における自主性の概念は日本帝国に対する抵抗の正当性の上に成り立っている。しかし、それはあくまでも継承の側面であって、自主性の実践の側面とイコールで結ばれるものではない。

　韓国社会が「自主性＝抵抗」に執着するのは、植民地支配によって一度民族的な自我を失いかけた体験が背景にあり、北朝鮮ではこの考え方が極端に発露されていわゆる「主体思想」が形作られた[33]。「主体思想」は、現在も北朝鮮のナショナリズムを支える主要な思想であり、外国との協力を極力避ける閉鎖的な北朝鮮のあり方を支えている。一方、韓国社会における自主性の理解は北朝鮮ほど閉鎖的なものではなく、諸外国との連携も否定しない方向に定着させようとする動きも同時に起きている。

例えば、1982年、日韓歴史教科書問題が起きた際、『朝鮮日報』は大々的な「克日運動」を展開し、様々な特集を組むが、それらのなかで強調されていたのは、「世界のなかの韓国人」や、「反日」「鎖国」との差異だった。同紙の1982年の８月12日付朝刊３面の特集「憤怒・感情だけでは日本に勝てない／国民的「克日運動」を行わなければ」では、「克日運動」を「非日本化」作業として定義し、「日本に石を投げるのではなく、成熟した国、世界のなかでの韓国人らしく」振る舞うための「民族主体意識」の確立として捉えていた。「反日反米が民族史観という偏狭的な思考を持つこともできようが、それは世界のなかでの成熟した韓国、そのような世界化のなかで未来を開拓しなければならない我が国の立場からは危険な思考になり得る」とし、「民族主体意識」を排他的なものではなく、国際社会に韓国人として参加していくための精神性として位置づけようとしたのである。

　このように、韓国社会における自主性の概念は、その排他性が指摘されることもあるが、実際には諸外国との連携が重視される概念でもあった。かつての植民地下での「日本人」としてではなく「韓国人」として国際社会に参加することこそが重要なのであり、大事なのは、民族的な自我の保全とその延長線上にある自立を保てるのか否かであって、世界のなかで孤立することではない。植民地支配の歴史における自主性は「自主性＝抵抗」と理解されるが、その実践においては国際社会における孤立を避けるためにも「自主性＝参加」として自らの「民族主体意識」を形作っていこうとしたのである。

　この複雑さは、日本社会においてはあまり理解されず、「日本帝国に対する批判」が「戦後日本への憎悪」へとつながると漠然と理解されている。日本帝国は過去に「皇民化」によって朝鮮人の自主性を歪ませたが、戦後の日本社会もまた「反日」という言葉で韓国人の自主性の実践を歪ませているのではないだろうか。韓国社会の植民地解放後の「自主性＝抵抗」の継承のあり方の偏狭さを指摘する一方で、その偏狭さを実践の面において「自主性＝参加」として位置づけ直そうとする努力もまた十分に評価しなければ、その指摘は単なる「反日」批判に陥ってしまうだろう。

日本社会が「反日」という言葉にこだわるのも、韓国社会が「親日」という言葉にこだわるのも、一種の弱さの表れである。植民地支配への後ろめたさ、支配に協力した朝鮮人／韓国人がそれなりにいたことへの居心地の悪さ。日韓はいま、その互いの弱さを糾弾することに忙しない。「弱さの糾弾は、強者のみを正当化する政治に至る。それこそが、ファシズムとは言えまいか。敵か友かの踏絵を迫るファシズムの語り口でしかファシズム批判ができないわけではあるまい」という佐藤卓己の指摘を（2002：xiv）、日韓は嚙み締める必要があるだろう。

植民地支配をめぐる記念日

　では、「抵抗」か「協力」か、「反日」か「親日」か、「敵」か「友」かといった二元論から抜け出して朝鮮人／韓国人の複雑な「自主性＝参加」のあり方を具体的にどういう対象から検討していくのか。本書ではそれを植民地支配に関する記念日から明らかにしていきたい。

　これまで上述の二元論から抜け出して朝鮮人／韓国人の複雑なアイデンティティを描き出す作業は様々な方面で研究が行われており、別段新しい問いかけではない。ただし、この古くも新しい問題を改めてここで提示する必要があるのは、植民地支配を直接体験した世代の消失がもはや確定的なことになっているからである。厄介なのは、彼らが退場することで、そのアイデンティティの複雑さを語る当事者がいなくなり、現状の単純な「善悪」の対決がより単調に、そして、より激しい感情をともなって展開される恐れがあるということである。そこで問題になるのは、この複雑さを消滅させない枠組みであり、その枠組みのなかで特に重要なのがほかでもない記念日である。

　私たちは、ある過去を無作為に思い出すのではなく、そこには様々なきっかけが存在する。ある過去が現在に引き継がれ、その社会集団において共通した思い出として想起される「集合的記憶」という概念を提示したモーリス・アルヴァックスが「われわれがそこに過去の出来事のイメージを再発見するのは、時間の枠に思いをめぐらすことによってである」（アルヴァックス　1950＝1989：118）と指摘するように、「時間の枠」すなわち、記念日は、過去を思い出すきっかけとして

特に重要な装置となる。と同時に、それは、過去をどのように思い出すのかを規定する枠組みでもあると言える。したがって、「善悪」の構図やそれに連なる種々の二元論を乗り越えて朝鮮人／韓国人の複雑なアイデンティティを彼らが退場してもなお複雑なまま想起しつづけるためには、そもそも、この「時間の枠」がそのようなアイデンティティに開かれた状態になっていることが重要になってこよう。

　ここで問題になってくるのが、果たして日韓の植民地支配をめぐる「時間の枠」がそのような複雑なアイデンティティを受け入れられる状態になっているのか、という問題である。

　残念なことに、現状の日韓における植民地支配に関する記念日は、朝鮮人／韓国人の複雑なアイデンティティに開かれたものとはなっていない。日本の場合、8月15日＝「終戦記念日」があるが、この日には日本人の原爆被害に連なる平和教育が重視され、自らの被害とその克服論のなかで植民地時代における朝鮮人／韓国人への責任は曖昧なままになりがちである。

　一方、韓国では、3・1抗日独立運動を記念する3・1節、植民地解放と1948年の大韓民国政府樹立を祝う8・15光復節[34]が国の最重要記念日である国慶日[35]に制定されている。国家記念日は「'同質的で空洞な時間の流れのなかにおける民族国家的境界線引き（drawing national boundary in homogeneous and empty time)' の機能を遂行する」（キム・ミンファン　2000：130）という指摘があるように、これらの記念日はまさにそれぞれの文脈において植民地支配への自発的な協力との境界を明確にし、抵抗の記憶の正当性と正統性の上に成り立つ大韓民国を描き出す枠組みを提供するのであり、抵抗も協力も同時に含む「自主性＝参加」のあり方に開かれたものではない。

　また、8月15日という日付は、日韓が唯一共有する日付になっているが、片方は「敗戦」ではなく「終戦」という言葉で植民地支配および戦争への責任を曖昧にし、もう片方はそのような日本に対して明確な責任の表明を求めており、この日付における日韓の衝突は避けられないものとなっている。2017年には韓国で8月14日[36]が「日本軍慰安婦被害者を追悼する日」に制定されており、この衝突

はますます深刻化する恐れがある。佐藤卓己（2005、2014）は日本の戦争責任が曖昧化し、戦没者を追悼とする8月15日「終戦記念日」ではなく、戦争とその責任を冷静に論じられる9月2日「敗戦記念日」の復活を提案するが、こうした状況のなかで韓国社会が8月15日前後の植民地支配およびその戦争責任の追及をやめるとは考えられない。

　となれば、残されているのは、日韓の対立のみだろうか。8月をめぐる対立から日韓が逃れられないのであれば、8月をめぐる対立をどのように対話へと変えるのかを考えることが必要だろう。それは、日本が責任を曖昧にし、韓国がそのような日本に対してもっぱら責任を追及するあり方ではなく、それぞれが自らの責任を主体的に論じる場へと変えることを意味する。そのためには、過去には日韓が共有していたはずの8月29日の「日韓併合記念日」と、事実上のもう1つの「日韓併合」の記念日だった10月1日「始政記念日」を忘却から拾い上げることが重要である。

　2つの記念日は、戦前には日韓が共有していた記念日だったが、戦後には忘れ去られ、8月29日のみ韓国社会で「国恥日」という名称で辛うじて想起されている程度である[37]。これらの記念日は、日韓社会にとってそれぞれ都合の悪い事実を含んでいる。ハン・チョルホ（2010、2011）が指摘するように、毎年の8月29日には朝鮮人の「日韓併合」に対する不満が「国恥日」という形で噴出しており、この事実からは否応なく日本帝国の植民地支配に対する責任の問題が浮上する。一方、「日韓併合記念日」には強い反発を見せた朝鮮人だが、もう1つの「日韓併合」の記念日だった10月1日「始政記念日」に催された博覧会には多くの朝鮮人が参加しており（李東勲　2015）、朝鮮総督府は、朝鮮文化を貶すどころか、その素晴らしさを説き、自らがその正当な継承者であることを謳ってもいた（チェ・ビョンテク　2020）。

　これらの記念日を忘却から拾い上げることは、「日韓併合」の日本の責任をその条約締結の過程に限定せず、その後の植民地支配期に展開された具体的な「日韓併合」の意味づけのなかで追及することを可能にするだろう。また、韓国社会にとっては、「併呑」という視点から抜け落ちている朝鮮人の植民地支配への参

加のあり方を発見し、それを単純に「親日」として断罪することの難しさが浮かび上がるはずである。8月29日に公布された「日韓併合」をめぐる「時間の枠」を綿密に検討し、日本帝国の責任とともに朝鮮人の抵抗と協力を同時に含み得る複合的な参加のあり方をも浮き彫りにすることは、日韓が感情的に衝突する8月ではなく、両者が主体的な責任にもとづいて冷静に歴史を議論する8月の枠組みを作る上で欠かせない作業となるはずである。

　こうした日本の植民地支配期における記念日を忘却から拾い上げる作業とは別に、8月をめぐる対立を対話へと変えるためには、現状の記念日における韓国社会の自主性の展開にも着目し、それを単純な「反日」の記念日として切り捨てる態度から脱することも重要である。

　確かに、韓国社会において植民地時代に関する自主性の継承は「自主性＝抵抗」であり、3・1節と8・15光復節は植民地支配への協力との境界を明確にし、抵抗の記憶の正当性と正統性の上に成り立つ大韓民国を描き出す枠組みにほかならない。文化人類学者の崔吉城は韓国社会が主に「親日」との対決を意識して植民地解放前よりも強く「反日」を社会に根付かせてきたとし（崔　2002：16-17）、「特に光復節（八月十五日）や三・一節の記念式や教会などでの反日的言説や説教は歴史的な事実の確認以上に反日的であり、大衆文化やマスコミによるさまざまな言語暴力も出回る」（崔　2002：133）と指摘する。

　しかし、すでに述べたように、「自主性＝抵抗」を継承するからといって、韓国社会がそれをそのまま現在の国際関係にも適用しているかと言われれば、そうではない。「克日運動」が「民族主体意識」を排他的なものではなく、国際社会に韓国人として参加していくための精神性として位置づけようとしたことはそのことを示し、この運動の本格化が『朝鮮日報』上で宣言されたのはほかでもない8月15日だった。仮に、「日本帝国＝絶対悪」という意識が、「戦後日本への憎悪」につながるとしても、それがこれらの記念日で肯定的に捉えられてきたのかどうかはまた別問題であり、3・1節と8・15光復節を単なる「反日」の記念日として切り捨てられるかどうかは議論の余地がある。

　ここで、3・1節と8・15光復節における自主性の継承のあり方をそれがもと

づいている記憶が日本帝国への抵抗だからといって「反日」として切り捨ててしまえば、日本の新保守主義の「善悪」の構図にもとづく単調な韓国批判に陥りかねない。8月15日が現状において日韓が共有している過去を議論する最も重要な記念日となっているのであれば、韓国社会における記念日へのそのような単調な理解は、日本と韓国社会の溝をより深めてしまうだろう。「自主性＝抵抗」という継承の態度のみに着目し、その態度にもとづきながらも戦後に展開されたもう1つの「自主性＝参加」の実践の詳細を省略してしまえば、それもまた、戦後における深刻な忘却を引き起こしてしまう。

　その忘却のなかで、生き残れるのは、シンプルな「善悪」の構図のみであり、かつての被植民者の複雑なアイデンティティは「反日」か「親日」か、「抵抗」か「協力」かのなかで引き裂かれてしまう。植民地支配を思い出す枠組みを複合的な朝鮮人／韓国人のアイデンティティにより開かれたものにしていくためには、現状の記念日が何を見落としているのかを忘却の記念日から指摘しつつも、現状の枠組みの可能性と限界を併せて検討していく必要がある。忘却の記念日から現状の記念日の枠組みを捉え直し、現状の記念日に対する単調な理解からも脱することで日韓は複雑な被植民者のアイデンティティを都合の良い解釈ではなく、複雑なまま語れる基点を手に入れることができよう。

5　先行研究の整理

「日韓併合」の記念日研究の成果と課題

　本書では、こうした問題意識を前提に、「日韓併合」にまつわる8月29日、10月1日の記念日と、戦後の3・1節、8・15光復節の具体的な展開を分析し、日本帝国／日本への抵抗と協力を同時に含み得る複合的な「自主性＝参加」の過去と実践がそれらの記念日においてどう展開されていったのかを明らかにする。具体的な方法論を提示する前に、まず、それぞれの記念日の研究状況と課題を確認しながら本書における作業の範囲を明確にしておこう。

　これまで「日韓併合」に関する研究は詳細に行われてきているが[38]、8月29

日の「日韓併合記念日」については、朝鮮人の抵抗がいかに激しかったのかを朝鮮半島内外の新聞から分析したハン・チョルホ（2010、2011）の研究があるのみである。朝鮮人の抵抗が「国恥日」という形で激しく展開され、朝鮮半島内部は1931年の満州事変まで、国外は特に在米朝鮮人のコミュニティを中心に植民地解放に至るまでのその抵抗の動きが新聞の報道の内容をとおして詳細に示されている。それ自体は十分に評価できるが、そもそも、日本帝国政府や朝鮮総督府側は8月29日の「日韓併合記念日」をどのように祝おうとし、日本人と朝鮮人がそこにどのように参加していたのかについては不明なままとなっている。

　もう1つの「日韓併合」の記念日だった10月1日の「始政記念日」については、始政5周年を記念して行われた朝鮮物産共進会[39]や、始政20周年を記念して行われた朝鮮博覧会[40]など、節目に行われた記念行事を中心に朝鮮総督府側が朝鮮人にどのようなメッセージを届けようとしたのかが分析されてきている。特に、朝鮮物産共進会を検討した李東勲（2015）は、同共進会の参加者の7割が朝鮮人だったことを指摘し、朝鮮人の参加の様子と日本人参加者の朝鮮人に対する差別的なまなざしも明らかにしている。また、チェ・ビョンテク（2020）は、同共進会における美術展において朝鮮総督府が朝鮮人の文化の素晴らしさを説き、その真なる継承者が李王朝ではなく、総督府自身であるという主張が行われたことを指摘する。

　このように、8月29日の「日韓併合記念日」の研究に比べ、10月1日の「始政記念日」は、朝鮮総督府の朝鮮人へのまなざしや、それをめぐる日本人との葛藤が立体的に明らかにされてきているのが特徴的である。しかし、その研究のほとんどが博覧会に集中しており、植民地支配全期間にかけての10月1日の「始政記念日」の様子についてはまだ検討の余地が多く残されている[41]。なお、8月29日の「日韓併合記念日」と10月1日の「始政記念日」の位置関係も課題として残されており、本書ではこれらの課題に取り組んでいきたい。朝鮮人の「自主性＝参加」のあり方がどのようにこれらの記念日をめぐって表れていたのかは、「日韓併合」を朝鮮人の「抵抗」か「協力」かで議論する枠組みから脱する上でも重要であり、そのためにはこれらの記念日が個別に検討されるのではなく、植

民地時代全期間における「日韓併合」の両記念日における意味づけをその位置関係も含めて検討していく必要があるだろう。そして、その作業は、「日韓併合」をめぐる朝鮮人の参加と日本人との葛藤を1910年のみに限定せず、植民地支配全期間にかけて定点観測することにつながるはずである。

3・1節と8・15光復節研究の成果と課題

　一方、戦後に韓国社会において最も重要な記念日として祝われた3・1節、8・15光復節については、通史的な研究も多岐にわたって行われ、植民地解放後の様々な時代ごとの記念日状況が明らかにされている。特に植民地解放後のこれらの日付をめぐる南北の葛藤[42]、「反共」に占められた政治体制の問題[43]、80年代以降の記憶闘争の問題[44]が研究の主流となっている。こうした研究動向は、韓国における記憶への関心が国家の公的な歴史への反発から形成されたことに主な要因があると思われ（チョン・クンシク　2013：353）、国家の「反共」イデオロギーと暴力、それによる分断の克服がこれらの研究の主な動機になっているものと考えられる。ただ、これらの研究群では日韓関係はそれほど重要な関心事ではなく、3・1節と8・15光復節における日韓関係には無関心だった。

　これらの記念日における日韓関係の影響やその捉えられ方については、歴代韓国政府の記念辞[45]、テレビにおける表象[46]、新聞社説[47]を中心に検討が行われている。特徴としては、日韓関係について言及するのがほとんどの場合1980年代以降になることであり、日韓歴史教科書問題が1982年に起きていることがその背景と思われる。テレビにおける表象の研究に関しては、日韓歴史教科書問題の影響というよりも、そもそも、韓国社会にテレビが普及するのが1970年代後半以降という事情[48]とかかわっており、1970年代後半の韓国における日本表象についてもある程度触れられている。

　1980年代以降の3・1節および8・15光復節における日本批判に関しては歴代韓国政府の記念辞や新聞社説の研究、日本に対する表象に関してはテレビ研究で主に扱われている。前者の研究は3・1節と8・15光復節がそもそも「反日」の記念日なのか、という問題には関心が薄く、日韓歴史教科書問題に起因する独立

運動関連の言及を素朴に「反日的な言説」とする場合もあるが[49]、テレビ研究においては、抗日独立運動に関する言説を素朴に「反日」と捉える限界を抱えつつも、8・15光復節のドラマやドキュメンタリーを中心に、日本人と韓国人の悲しい恋物語のなかで「日本＝悪」の図式が揺らいだことや（イ・ドンフ　2000）、1970年代後半からのドキュメンタリーの力点が「反日」にはないことなど（崔銀姫　2019）、その記念日の「反日」に収まらない様子が指摘されている。

　しかし、歴代政府の言い分やメディアにおける表象の変遷のこれまでの研究では、3・1節と8・15光復節をめぐる1970年代までの文脈と、日韓の歴史認識問題が本格化する1980年代以降の文脈がどのようにつながっているのかについては意識的には言及されていない。1980年代が日韓関係の大きな転換点の1つであることは間違いない。だが、その転換点に至るまでこれらの記念日がどのような社会的な文脈のなかにおかれ、日韓関係がこれらの記念日においてどう捉えられてきたのか。そして、そのような流れがどのように1980年代以降の日韓関係の転換点に接続されたのか。これらの問いを抜きにしては、1980年代以降のその転換点は歴史の深みを見失ってしまうだろう。また、8・15光復節についてはテレビ研究を中心に「反日」に収まらない記念日の様子が指摘されているが、抗日独立運動をその記念の核とする3・1節については、日韓国交正常化が行われる以前の時代に研究が集中していることもあり[42][43]、依然としてその「反日」との距離がどのように表れるのかについて不明なままである。

　8・15光復節において「反日」に収まらない表象が1970年代後半に表れたのなら、それは、それまでのその記念日におけるどのような展開の上にもたらされたものだろうか。抗日独立運動は確かに「反日」につながる可能性があるが、では、3・1節は単なる「反日」の記念日だったのか。これらの問いに十分に答えない限り、これらの記念日を的確に理解することは難しい。3・1節と8・15光復節に「反日」を乗り越えるどのような可能性と限界があったのかを論じ、それが1980年代以降の日韓の歴史葛藤の時代にどう接続されたのかを確認する作業は、日本帝国に対する「自主性＝抵抗」の原点がこれらの記念日においていかに国際社会に対する「自主性＝参加」の実践として根づいていくのかをその葛藤も

含めて明らかにすることにつながるだろう。

6 方法論としての報道史

　では、植民地時代の8月29日「日韓併合記念日／国恥日」、10月1日「始政記念日」、解放後の3・1節、8・15光復節における韓国社会の「自主性＝参加」の過去と実践を具体的にいかに分析していくのか。これらの日付を分析する手法は、様々にあると思われるが、本書では、特にその日付をめぐる報道を分析の対象に据える。以下ではモーリス・アルヴァックスの「集合的記憶」という概念を手がかりに、記念日とその報道を分析する重要性を示したい。

「集合的記憶」の概念を提示したモーリス・アルヴァックスは、この概念を過去から現在に至るまでの「連続的な思考の流れ」（アルヴァックス　1950＝1989：88）と定義するように、同概念をとおして、ある集団の過去が現在においてもその集団内でリアリティを持って有意味なものとして現れる思考の流れを検討しようとした。その際、彼の議論をまとめた金瑛によれば、アルヴァックスが提示したのは「集合的記憶」を支える「言語的枠組み」、「時間的枠組み」と「空間的枠組み」、「体験的枠組み」であり、特に暦といった「時間的枠組み」とそれを支える「空間的枠組み」を過去との時間的な連続性という思考を支える最も重要な枠組みとして論じたという（金　2010：28-29）。

　すなわち、その集団で共有された暦などの「時間的枠組み」は、過去が現在と有意味につながっているという「体験的枠組み」の曖昧さを具現化する形で支え、「時間的枠組み」よりも明確な具現性を持った「空間的枠組み」がさらにそれを支えるという構図としてアルヴァックスは「集合的記憶」を捉えたとし、「言語的枠組み」はその意味を集団の文脈に位置づけるものとして論じたというのである（金瑛　2010：29、32-35）。また、金瑛は、アルヴァックスが提示した「空間的枠組み」が単なる物資的な空間のみを意味するものではなく、法や宗教、経済といった非物質的なものをも含むとし、そのなかで個人が様々な関係性を紡ぐ「場」が現れ、その意味的なつながりからなる「環境」のことを意味すると整理する

（金　2012：8、11）。

　こうした金のアルヴァックスの整理を踏まえれば、8月29日の「日韓併合記念日／国恥日」や10月1日の「始政記念日」、3・1節や8・15光復節といった「時間的枠組み」は「日韓併合」や抗日独立運動、植民地解放といった「体験的枠組み」を支えており、その「時間的枠組み」は、日韓関係を含む戦前戦後の国際状況という「空間的枠組み」の1つに依拠し、その変化にともなってそれらの日付の意味が補完されたり揺れたりする関係性にあると言える。そして、そのような変化は報道という「言語的枠組み」によって社会に意味づけられる。

　8月29日の「日韓併合記念日」、10月1日の「始政記念日」はいかに「日韓併合」を朝鮮人の同意を得られたものとして演出しようとし、その演出は時代の変化とともにどのように揺れ、どのような帰結を迎えたのか。朝鮮人は、それらの動きをどのように捉えて、どのように参加しようとしていたのか。植民地支配時代における自主性を抵抗の側面のみ認める韓国社会の3・1節と8・15光復節は、その後の冷戦構造や日韓の緊密化のなかでいかに揺れ動き、いかに国際社会への「自主性＝参加」の実践に結びつくようになるのか。

　これらの「時間的枠組み」「体験的枠組み」「空間的枠組み」のなかで展開された複合的な「自主性＝参加」のあり方を社会に印象づけ、広く提示するのは、まさにマス・コミュニケーションとしての報道であり、その「言語的枠組み」をなぞることで私たちはその痕跡を追跡することが可能になるだろう。もちろん、報道以外の大統領の演説、記念式典をめぐる関係者らの所信表明、個人の語りなど、報道以外の多くの「言語的枠組み」もまた存在するが、それらの表象をまとめ上げ、印象づけ、ある方向性を社会に示すのは、やはり報道である。

　本書では、報道、なかでも新聞の報道に着目し、それらの新聞におけるそれぞれの記念日の意味づけと位置づけを明らかにしていきたい。植民地時代には、ラジオによる報道もあり、植民地解放後にもラジオ、テレビといった媒体をとおしての報道が存在していた。しかし、1910年から1970年代までの明確な言説を通史的に辿ることができるのは、やはり新聞であり、特に植民地時代に関しては朝鮮総督府の事実上の機関紙と、朝鮮総督府の施政に批判的な朝鮮人側のいわゆる

「民族紙」が共存していたため、朝鮮人のこれらの記念日をめぐる抵抗と協力の様子を併せて検討する上で有効な資料となる。無論、いわゆる「民族紙」と呼ばれた『東亜日報』と『朝鮮日報』[50]は、1930年代に「親日」に変節したという疑惑があるが[51]、この時期を境に「日韓併合」の記念日における報道の姿勢が本質的に変わったかどうかを確認することも朝鮮人の抵抗と協力を併せて複合的に考える上で欠かせない。

　また、植民地解放後においても、いわゆる「民族紙」と呼ばれた『東亜日報』と『朝鮮日報』は韓国社会の最も主要な媒体として扱われ[52]、これまでの研究においても両紙の報道は、韓国社会の雰囲気を垣間見る上で有効な資料として扱われてきている[53]。現在では、植民地時代における1930年代以降の「親日」への変節疑惑や、1970年代半ば以降の言論弾圧で軍事政権への批判力が削がれたことなどを理由に[54]、その信頼度と影響力は落ちているが、本書の分析範囲となる1970年代までは間違いなく韓国社会に大きな影響力を行使していた。1965年の日韓国交正常化をきっかけに3・1抗日独立運動の歴史編纂を呼びかけてその研究に大きな業績を残す共同研究を主導したのは『東亜日報』だったし、1995年の8月15日の旧朝鮮総督府庁舎撤去に先がけてそれを1980年8・15光復節の特集として組んだのは『朝鮮日報』だった。また同紙は1980年代以降の「克日運動」を主導してもいる。

　このように、新聞報道は、「日韓併合」にまつわる記念日、「自主性＝抵抗」にもとづく植民地解放後の記念日に、朝鮮人／韓国人の「自主性＝参加」の過去がいかに表れ、いかに実践課題として示されていったのかを通史的に捉える上で有効な資料となる。その過程には、抵抗に連なる表象も、協力に連なる表象も複合的に表れるだろう。本書では、その長い報道の歴史に残された参加の痕跡を拾い上げていく。「自主性＝抵抗」の理解を批判しつつ、韓国社会において植民地時代から植民地解放後に至るまで確認できる「自主性＝参加」の過去と実践から二元論では語られない歴史を示し、忘却と想起の記念日からその枠組みを構築して日韓が植民地支配を主体的な責任を持って論じていく可能性を考えていきたい。各章の概要は次のとおりである。

7 各章の概要

　まず、第1章では、事実上の朝鮮総督府の機関紙である『京城日報』（日本語）と『毎日申報』（朝鮮語）における「日韓併合記念日」に際したメディア・イベントの建前と内実、それらのイベントに対するいわゆる「民族紙」の反応から、「日韓併合記念日」が日本人本位の日付だったことを示す。植民地時代における8月29日の「日韓併合記念日」を、朝鮮人の抵抗の文脈のみならず日本人をも含めた参加の観点から分析し、そこに朝鮮人の参加の疎外と日本帝国政府および朝鮮総督府の責任回避の問題が垣間見えることを指摘する。

　つづく第2章では、10月1日の「始政記念日」をめぐる朝鮮人の参加を引きつづき『京城日報』や『毎日申報』といった事実上の朝鮮総督府の機関紙と、いわゆる「民族紙」である『東亜日報』および『朝鮮日報』から明らかにする。朝鮮総督府と在朝日本人居留民団の葛藤、3・1抗日独立運動と女性の教育、民族主義陣営と朝鮮総督府の女性の身体の近代化をめぐる「同志」の関係性といった当時の力学を、大衆の参加を必要とするメディア・イベントを中心に明らかにする。そうした力学が10月1日の「始政記念日＝体育デー」をめぐる朝鮮人の参加へと結実し、のちに10月1日を基点とした「皇国臣民」としての動員に接続されていたことを指摘し、民族主義の植民地支配への参加の責任を示す。

　第3章では、日韓関係の空白期と緊密化を含む朝鮮戦争直後から1970年代までの3・1節報道を分析し、抵抗の記憶の継承と「反日ムード」の定着のあいだに存在した揺れや葛藤を明らかにする。当時の最も主要な新聞であり、3・1抗日独立運動と深いかかわりのある『東亜日報』と『朝鮮日報』の報道、なかでも社説を中心に[55]、3・1節における自主性の継承努力が国際情勢への警戒と妥協を含む参加の文脈で行われていく様子を概観する。その過程で「反日ムード」の定着が必要とされながらも、それが同時に3・1精神の矮小化という問題意識にもつながっていったことを示し、この問題意識が1980年代の「克日運動」の基本的な枠組みだったことを確認する。

第4章では、3章と同時期の8・15光復節報道を引きつづき『東亜日報』と『朝鮮日報』の社説および特集記事から分析し、「反日」の象徴的なイベントと目された朝鮮総督府庁舎撤去の問題が8・15光復節報道において「反日政策」の文脈を相対化しながら浮上してくることを明らかにする。「日本帝国＝絶対悪」という視点の限界を抱えながらも、そこに込められたものが「戦後日本への憎悪」ではなく、日韓の対等な交流や南北平和統一への願いを意味したことを指摘する。日本帝国に対する怒りを排外主義ではなく、「非日本人＝韓国人」として国際社会に参加し、イデオロギーを越えた南北統一を実現していく動力に変えようとした痕跡を示す。

　終章では、これらの記念日の分析をとおして明らかになったことを本書の問題意識とともに改めて整理し、今後の課題と展望を述べる。結論を先に示すとすれば、これらの記念日の分析で明らかになるのは、単純な二元論に収まらない朝鮮人／韓国人の「自主性＝参加」のあり方であり、その自主性を阻害し歪ませた日本帝国の責任と、「皇国臣民」としての動員に意図せず与した民族主義者の責任である。これらの論点を改めて整理しつつ、対立の基点としての8月ではなく、対話の基点としての8月にしていくためのヒントをこれまでの分析から探る。

第1章　「日韓併合記念日」のメディア史
── 日本人本位の参加

1　「日韓合邦」の夢と「日韓併合」の成立

日露戦争と日本帝国の韓国支配

　1876年2月26日に朝鮮と日本のあいだで締結された「日朝修好条規」または「江華島条約」によって朝鮮社会は開港を余儀なくされた。それまで朝鮮半島において最も強い影響力を行使していたのは清国だったが、1894年の日清戦争で日本帝国が勝利を収めることにより、朝鮮半島の国際秩序はロシアと日本帝国を中心に再編されていくようになる。

　1894年の日清戦争を経て朝鮮半島の清国からの離脱は進み、その3年後にはロシアとの関係を巧みに利用した高宗が朝廷における自らの王権を確固たるものにし、王権中心的な近代化を進めるべく、大韓帝国の樹立を宣布した。封建的な要素が強く残る形とは言え、朝鮮半島にも近代的な独立国家が産声を上げたが、この独立はロシアと日本帝国の利権争いのなかでそう長くはつづかなかった。1904年2月に開始されることになる日露戦争により日本帝国の朝鮮半島への侵略が本格化することとなったのである。

　満州と朝鮮半島の利権をめぐってロシアと対立していた日本帝国は、満州と朝鮮半島の利権を交換するいわゆる「満韓交換」を試みていたが失敗し、ついに1904年、日露戦争を引き起こした。日本帝国軍は同年の2月8日から9日にかけて旅順と仁川沖のロシア艦隊に奇襲を仕掛け、同月の10日には対露宣戦の詔勅を出し、ロシアも同日に宣戦布告することで、日露戦争が正式に開戦となった。

　大韓帝国は、親露的な性格が強い内閣のもとに成立したとはいえ、外交的には中立路線を貫こうとした。1902年には中立国であるベルギーと国交を結び、中

立国としての立地を作っていこうとしたが、朝鮮半島内で勃発した日露戦争はその目論見を破綻させた。日露戦争を口実に漢城(ハンソン)に軍を集結させた日本帝国は、その武力を背に「日韓議定書」を大韓帝国政府に呑ませた。「日韓議定書」は、韓国の独立を保証するものの（第3条）、日本帝国政府の施政改善に関する忠告を受け入れること（第1条）、第3国による侵害もしくは内乱といった有事の場合は、大韓帝国政府は日本帝国政府の行動を便宜ならしめること（第4条）などが定められ、日本では2月27日、韓国では3月8日にそれぞれの『官報』で公表となった。また第6条では、そのほかの細かい事項は両国の代表者間で話し合いをすることが決められた。海野福寿(うんのふくじゅ)はこの条約の性質について、細かい事項を定めて調印を遅らせるより、第1条と第6条をうまく組み合わせて日本帝国の朝鮮半島内での権益を無限に拡大することが意図されていたと解釈する（海野　1995：137）。

　現に、この「日韓議定書」の調印から数ヶ月後の1904年8月22日には「第1次日韓協約」が結ばれ、大韓帝国の財政と外交に日本帝国政府が推薦する顧問をおくようになり、その1年後の1905年11月17日には「第2次日韓協約」を強制的に調印させ、大韓帝国の外交権を取り上げた。同条約は、親日と目される人物からも反対され、同条約に賛同したとされる「乙巳五賊(いっし)」の1人朴斉純(パクジェスン)は「断然不同意」とし、残りの4人も曖昧な態度を取ったが、伊藤博文はこれらを明確な反対の意として見做せないとして賛同するものとした（海野福寿　1995：159-60）。同条約への合意を伺うはずの慶雲宮(キョンウングン)内は日本軍で満ち、伊藤は反対する者に言い聞かせるかのようにあまり駄々をこねるようなら殺せと大きな声で言っていたようである（海野福寿　1995：160-61）。このように、1904年の日露戦争は、日本帝国の大韓帝国への本格的な植民地化の始まりを意味し、その過程には明確な軍事的な圧迫が加えられていた。「第2次日韓協約」は別名「日韓保護条約」とも呼ばれ、ここにおいて大韓帝国は日本帝国の保護国と化した。

　この保護国化は、上述したように、親日派からも反対されたものだったが、一方で代表的な親日団体だった一進会はこの条約に賛成するとの宣言を行っていた。当時の彼らの言動を単なる「売国奴」と切り捨てることも可能かもしれないが、一進会の賛成宣言の背景はそう単純なものではない。その会の成立背景と主張を

吟味しなければ、この賛成の意味は日本帝国への単なる賛美として読み間違えられてしまうだろう。

　一進会とは、宋秉畯率いる維新会と李容九率いる進歩会が1904年12月に合同して誕生した組織である。宋秉畯は抗日の経験がないある意味純粋な親日家だったが、李容久は東学という宗教的な背景があり、朝鮮の民衆と東学を圧迫する朝廷とその朝廷を軍事的にサポートする日本帝国と対立してきた経歴がある。このような抗日の経歴を持つ人物が生粋の親日家である宋秉畯と合同組織を作るに至ったのは、日露戦争の影響だった。

　朝鮮半島では開港以来、元々の朝廷の腐敗と外来品による農民の家内制手工業への圧迫、日本商人の穀物の大量輸入による穀物価額の高騰で生活が困窮していた。人間の尊厳と平等を掲げる東学はその過程で多くの民衆の支持を獲得し、反封建、反帝国の運動を展開した。日清戦争のきっかけになったことで日本でもよく知られた東学党の乱は、こうした情勢のなかで1894年に起こり、政府軍と日本軍に鎮圧されている。

　ただし、東学の目的は、日本帝国との対決ではなく、あくまでも東学と民衆を圧迫する封建的なあり方の打破だった。現に東学の3代目教主となる孫秉熙は、大韓帝国政府の弾圧を逃れて日本にいき、日露戦争が勃発すると、日本帝国の勝利を予想した上で、日本帝国に積極的に協力することで戦勝国の地位を獲得し、韓国人の手で改革を行うことを主張した。宗と李の一進会の組織は、こうした孫の指示で実現されたものであり、一進会の日本帝国軍への協力もこの文脈で行われたとされる[1]。また、東学は、その名称のとおり、西洋宗教との対立を意識し、黄色人種による東洋の平和の実現をその理想としていた。さらに、国家そのものよりも、東学の存立を重視する傾向があり、日本帝国の協力を得て東学徒を圧迫から救うという目論見もあって（西尾陽太郎　1978：32-34）、そうした目論見が「第2次日韓協約」への賛成宣言の背景にあったと考えることができよう。

　しかし、ここで重要なのは、日本帝国への協力や保護条約への賛成宣言がその支配の肯定とイコールではない、という点である。西尾陽太郎は、この保護条約を「無君・無国・奴隷化」に向かうものとして理解し、「日韓併合」をその決定

版として捉えた上で、これに対応する方向性が２つあったと指摘する。１つ目は徹底的抵抗、２つ目は来るべき日本帝国の完全な支配を予見し、その時限内で将来の奴隷化を回避することである。１つ目に連なるのは義兵運動などであろう。そして、２つ目に連なるのが、「日韓合邦」だった（西尾　1978：37）。

「日韓合邦」構想の萌芽

　1904年の日本帝国の大韓帝国に対する軍事的な圧迫からも浮かび上がるように、当時、大韓帝国が日本帝国に軍事力で抗うことはかなり難しい状況にあった。宋秉畯は日露戦争の開戦に際して大谷少将の兵站に所属し、通訳として京城軍司令部にいた（西尾陽太郎　1978：21）。保護条約への賛成宣言について一進会内部でも賛否両論があったが、西尾陽太郎は、その詳細はわからないとしつつも、この賛成が主に宋秉畯の主張によるものであるという説を取っている（西尾　1978：23）。日本帝国軍に深くかかわっていた宋秉畯だからこそ、その脅威はより現実的なものだったに違いない。大韓帝国の保護国化は1901年6月に成立した桂太郎内閣の「政綱」にすでに掲げられており（海野福寿　1995：125）、日露戦争による日本帝国軍の朝鮮半島における駐軍は保護国化を抗えない潮流とした。こうした状況のなかで宋秉畯と李容九は、保護条約を前提にした「日韓合邦」の構想を練るようになる。

「日韓合邦」が、日本による植民地化とは異なる概念だったことは序章でも確認したが、その構想の種自体は、一進会が成立する当初からすでに存在していた。日露戦争による日本帝国軍の韓国への進出、それらを背景にした各種条約の締結は、朝鮮半島内に強い反日感情をもたらしていた。李と宋は、反日感情の深化は日本帝国によるさらなる圧迫の口実となり、ついには韓国征服も予想されると考えていた。そのため、彼らは一進会の結成を議論する段階において、軍事同盟的実戦をとおして日韓を一体化させ、それにより韓国の「奴隷化」を回避しようしていたのである（西尾　1978：59-60、65）。日本帝国に協力することで、日本帝国が韓国を植民地化する口実をなるべく抑えようとしたのであり、自らが植民地支配に代わる新たな構想を提示しようとしていたと言える。こうした動きは、日本

帝国にとって好都合な側面もあったが、一方では厄介事でもあった。

　韓国を保護国化する上で日本帝国が苦心していたのは対外的な正当性の問題だった。保護国化の方針をすでに1901年の段階で持っていた日本帝国は、対外的な正当性を確保するための作業を行っていくが、米英露からそれぞれ韓国の支配権を認めてもらうことが特に重要だった。1905年7月29日に密約という形で結ばれた「桂・タフト協定」、8月12日調印の「第2回日英同盟協約」、9月5日調印の「日露講和条約」で日本帝国は主要列強による朝鮮半島の支配権を認めてもらうことになる。ただし、朝鮮半島の利権をめぐって最も熾烈な争いをしていたロシアとのあいだに結ばれた「日露講和条約」では、ロシア側の交渉担当者だったヴィッテが韓国の独立にかかわる議題を日露間で決めることは不当だとして保護国化には韓国の「合意」を前提にするという条件がつけられることとなった（海野福寿　1995：151）。

　この条件をクリアする上で、一進会の存在は重要だった。一進会は特に日本帝国陸軍側の援助を受けて急成長していくが、1910年8月時点でのその会員数は9万1896人に上り、政治結社としては第2の規模だった。穏健的な排日主義として知られる大韓協会が2万289人だったことを考えれば（海野福寿　1995：205）、その朝鮮半島内での影響力は決して無視できるものではない。このような一進会が韓国の保護国化に同意している、というのは、朝鮮半島の「合意」を対外に示す上で重要な意味を持っていたと言えるだろう。

　ただ、一進会は、日本帝国側にとって厄介な存在でもあった。1904年12月20日、小村寿太郎は韓国の保護国化に至る種々の条約を主導した 林 権助宛ての訓令で一進会はその駆け引きが巧妙であり、何らかの野心を隠し持っているとして、相当の取り締まりを要するとしていた。西尾陽太郎は、これが日本帝国政府側の一貫した一進会に対する態度であり、彼らを利用して「併合」を成し遂げた後に一進会を解散させたこともそれを裏づけると指摘する（西尾　1978：48）。

　また、一進会は、その後の保護国化に賛成宣言をしたことにより、「売国奴」の扱いを受けていた。東学の第3代教主である孫秉熙とその部下だった李容九は一進会の成立に深くかかわっており、朝鮮半島内での東学に対する反感も同時に

高まった。民衆を救うことを何よりも重要な任務として掲げていた東学が民衆の反感を買いつづけることはその存立の危機に直結する。孫秉熙が李容九を東学から追い出して、天道教を立ち上げ、東学と一進会の関連を断ち切ろうとしたのも、一進会に対する怒りが東学に向かわないようにするためだったとされる[2]。こうした状況のなかで、日本帝国が一進会を御用団体としてしまえば、その怒りが日本帝国への反感をさらに高める恐れがあった。その意味で、一進会は日本帝国にとって必要な組織であると同時に煙たい存在でもあったのである。このような状況は、「第3次日韓協約」の締結および高宗の退位問題でさらに深刻化する。

煙たい「合邦」

　1905年の韓国の保護国化とともに設置された朝鮮統監府の初代統監に就任した伊藤博文は、一進会に対して特に懐疑的な立場を取っていた。伊藤博文は、外交官としての自身の立場のために韓国の独立維持という建前にこだわり、「合邦」にも「併合」にも消極的だった（西尾陽太郎　1978：72）。これは当時の日本帝国政府の立場でもあり、「併合」はまだ国際的な同意が得られないと考えていた。海野福寿によれば、こうした思惑のなかで、韓国の名前を残しつつ、韓国の内政権を全面的に掌握するために行われたのが「第3次日韓協約」であるという（海野1995：182-83）。「第3次日韓協約」は1907年7月24日に締結となったが、その背景には高宗の「第2次日韓協約」への抗いと挫折がある。
「第2次日韓協約」で韓国の外交権を取り上げられた高宗は、同条約に同意していないことを諸外国にアピールするために、米国やオランダ・ハーグへの密使派遣など、独自の外交を行っていた。しかし、すでに諸列強との各種の条約や密約で朝鮮半島の支配が黙認されていた情勢のなかで高宗の動きが成果を上げることはついになかった。むしろ、こうした動きは日本帝国に逆手に取られ、伊藤博文はこれを明白な条約違反とし、税権、兵権または裁判権を掌中にする好機と、興奮を隠せないほどだったという（海野福寿　1995：180）。日本帝国は李完用とその内閣に高宗の退位と純宗（スンジョン）への譲位を迫り、1907年7月20日に両者欠席のまま譲位式が挙行された。その延長線上で韓国政府の内政権を日本帝国が牛耳る「第3

次日韓協約」が成立し、8月1日には韓国の軍隊に解散命令が出されるに至る。

　こうして日本帝国は実質的に韓国を掌握することになったわけだが、日本帝国に対する民衆の反感は一層高まり、軍隊解散で路頭に迷うことになった元政府軍も合流する形で全国的に義兵蜂起が相次いだ。義兵は韓国の保護国化に賛成を表明した一進会をも狙いつづけ、一進会側にも多数の死者が出た。朝鮮統監府を任されていた伊藤博文は、一進会に対する民衆の恨みの高まりを懸念し、ついにこの時点で一進会との絶縁を決意する。また、この絶縁は、一進会の提唱する「日韓合邦」が伊藤の保護国経営に邪魔になるという判断も背景にあったようである（海野福寿　1995：206）。

　もちろん、一進会のそれまでの動きは必ずしも保護国経営に支障を来すものばかりではない。皇帝の退位についても、一進会は積極的に協力しており、李は、韓国を救う唯一の策として、高宗の退位を断行し、日韓連邦を組織して抜本的な改革を行うことを念頭に入れていた（西尾陽太郎　1978：79）。しかし、そもそも「併合」のつもりがない伊藤にしてみれば、一進会がそのような構想を掲げて協力すればするほど、それに対する民衆の恨みの矛先が自分たちへと向かい、自身の構想が揺さぶられるのが我慢ならなかったのだろう。

　一進会は、そもそも、保護国状態を完成形と捉えず、「日韓合邦」までの1つのステップと捉えていた。むしろ、保護国状態があまり長くつづくことは李容九の表現によると「アイヌ化」にほかならなかった。その意味で、少なくとも、李容九にとって保護の継続は、奴隷化であり、植民地化だったのである（西尾陽太郎1978：148）。まさにここに保護国化の継続と精緻化によって朝鮮半島への侵略を進めていこうとした伊藤と一進会の齟齬があったと言えよう。

　一方、伊藤も義兵蜂起が相次いだことで、最終的には「併合」に路線を変えることとなる。1907年以降の義兵の相次ぐ蜂起と闘争の激化は伊藤の見通しを超えており、伊藤はこれにより韓国統治に意欲を失くしたという（海野福寿　1995：204、206）。高宗のヘイグへの密使派遣がきっかけとなり、1907年7月には日本帝国政府内ではすでに「併合」が打診されるようになっていたが、伊藤はこれを拒んでいた。しかし、1909年4月10日、桂太郎らが上京中の伊藤に現状では「併

合」しかないと打診するとこれに同意したようである（海野福寿　1995：199、207）。
そして、この「併合」の流れは、同年の10月26日に伊藤博文が哈爾浜駅にて安
重根に暗殺されたことで表面に浮上することとなる。

「合邦請願運動」の「日韓併合」への帰結

　伊藤の暗殺は、日本帝国のみならず、韓国にも波紋をもたらした。日本帝国が
これをきっかけに強制的な「併呑」に出る可能性があるとの噂が朝鮮半島内に広
まっていったのである[3]。一進会は、この状況を重大な局面と認識し、「合邦請
願運動」を展開するようになる。一進会は、1909年12月4日に「日韓合邦上奏
文」を作成して純宗にこれを進言し、皇室の保全と、韓国国民が日本国民との対
等な地位を得るためには、「合邦」が必要とした。この「合邦」が植民地化と明
確に異なる概念だったことはすでに述べたとおりであるが、この運動は、日韓社
会両方において反感を買うことになる。

　一進会の政治結社としての勢力は無視できるものではないが、韓国の保護国化
や高宗の退位の問題もあり、一進会に対する民心はかなり離れていたのもまた事
実だった。当時の朝鮮半島の新聞のなかで最も大きな影響力を有していた『大韓
毎日申報』は、同年12月7日付の論説「一進会よ」で「一進会という名を聞く
だけでも国民の腹が煮えくり返るのに、それでも飽き足らず、またもや一種の怪
奇な宣言書を作ったのか」とその言動を強く非難した。

　また、首都がある京畿道では「如何ニ既倒ニ瀕セル国家ナリト言ヘド進シテ
合邦ヲ提言スルハ逆賊ノ所為」との批判が上がり、そのすぐ下に位置する忠清
北道では国民大会演説が行われ、「此レ決シテ大韓臣民ト同視スルヲ得ン」と、
一進会が大韓帝国の総意ではないことが強調された（松田俊彦監修　2005：98、111）。
これらの批判からわかるように、一進会への批判の主要な論点は、その運動が朝
鮮人の手で行われ、あたかも韓国人が植民地化を望んでいるかのように誤解され
ることにあったと言えよう。

　実際、日本帝国は、この一進会の動きを積極的に利用し、「合邦」を「併合」
へとすり替える準備をしていた。桂太郎は、一進会と日本帝国政府のパイプ役を

担っていた杉山茂丸に韓国人自らが「併合」を望む形を作ることを匂わせ、杉山は李容九と宋秉畯に朝鮮民族が動物同然にならないためには「合邦」を自らが申し込み、「合同会社」になることを促した。

　桂太郎が朝鮮半島を取ることを明確に意識していた以上、植民地化の回避を試みる「合邦」の動きが植民地化を意味する「併合」へとすり替えられることはもはや避け難いものだった。杉山はこれを認識していたはずであるが、一進会に伝える際には「合同会社」といった曖昧な表現を使い、一進会はこれを「合邦」の意に誤解した。こうして植民地化の回避を目指す「合邦請願運動」は、植民地化を意味する「併合」へと接続されたのである（西尾陽太郎　1978：121-23）。「併合」は、「韓国が全然廃滅に帰して帝国領土の一部となるの意を 明 (あきら) かにすると同時に、其語調の余りに過激ならざる文字」として苦心の末に選ばれた表現であり、その言葉自体に「合邦」の植民地化への巧妙なすり替えの意図が込められたものだった[4]。

　一方、大韓帝国を実質的に掌握していた朝鮮統監府は、一進会の「合邦請願」を直ちには受け入れず、むしろ、これを一笑に付した。朝鮮統監府の某参与官は、上京中の彼に対する取材に対し、一進会が彼らと敵対していた李完用内閣を倒し、自らの新内閣を作り、会員から官吏を多く輩出して勢力を伸ばそうとする喜劇的画策だとしてこれを一笑に付すべきと答えている[5]。

「日韓併合」については、すでに1909年7月6日に閣議決定があったが、その時点ではまだ明確な実施時期を決めていなかった。伊藤の後を継いで朝鮮統監に就任した曽祢荒助は、「日韓併合」を行うことまでは知っていたが、その実施の時期までは知らされていなかった。むしろ、伊藤・桂・曽祢の3者間では、曽祢の任期中には実施しないとの了解があったようであり、西尾陽太郎はこれを朝鮮統監府が「合邦請願」を忌避した背景としている（西尾　1978：189）。ただし、上記の某参与官の言動からは、それがやはり「合邦運動」であって「併合運動」ではなかったということも主要な背景であることが窺えるだろう。

　朝鮮統監府、より正確には曽祢統監が、この「合邦請願」に首を縦に振らなかったのには、「日韓併合」をめぐる功績争いも関係している。一進会の相談役

であり、「日韓合邦上奏文」作成を主導した内田良平は、京城における日本の新聞・通信社員の「合邦」反対に驚き、この原因を「合邦」提議に際して自分を除け者にしたという曽祢の私憤とそれに起因する買収工作に求めていたようである（西尾陽太郎　1978：154）。

　本当に日本の新聞・通信社員が曽祢に買収されたかどうかは定かではなく、あくまでも内田の証言によるものではあるが、実際、京城の日本の記者団は1909年12月21日に「合邦」に反対する「宣言書」を発表している。西尾陽太郎はこの「宣言書」の主張が韓国の独立尊重の立場に立っているのではなく、一進会の功績を否定するところに目的があったと指摘し、「李容九たちの「日韓合邦」の問題を置き去りにして、むしろ「日韓併合」への先陣争いの形で混沌として渦巻いていた」と述べる（西尾　1978：154-61）。

　現に、西尾陽太郎がまとめた「宣言書」の要点を見れば、日本の記者団は「日韓合併」を断行すべきと主張しつつも、一進会の「合邦」を内容が曖昧で記者団の理想と一致せず、記者団が求める対韓政策の根本的な解決に悪影響を及ぼすと批判していた様子がわかる（西尾　1978：154-55）。記者団は自らが主張する「日韓合併」の功績がほしかったのであり、一進会の「合邦」はその上で邪魔でしかなかったのである。

　また、このような京城における日本側の記者団の態度は東京にも如実に反映されたようであり、ほとんどの新聞が「合邦」に反対だったという（西尾陽太郎1978：159）。現に『東京朝日新聞』は1909年12月7日付3面の社説「一進会の言動」にて「日本の政治を喜ぶものは、一進会員及大韓協会西北学会等に属する両班の有識者中に限られ居るなり。此精神的状態が、合併によりて直ちに感化せられて、而して日本の新恩を戴くに至る可きや否や」と述べ、「然らば則ち此見地よりしても、吾人は徒労に耽る可きにもあらざるなり」としている。そして、このような反対の態度からは、西尾が「それは正に「一進会の合邦提議反対」の「宣言書」であるが、しかしこれは奇妙なことに「日韓併合賛成」の「宣言書」なのである」（傍点は原文のまま）（西尾陽太郎　1978：154）と指摘した構図が浮かび上がる。『東京朝日新聞』の同社説は、反対を表明する前の文章で、次のようにも

語っている。

　　殆ど先天的なる悪政に困み抜きたる国民が、自己の力を以て之を変革して以
　　て善政を樹立するの端を啓くの望みを絶ち、他に依頼して其庇護を得て因り
　　て其存活状態を善くせんと謀るの極、遂に自己の国の境域を撤して隣近の
　　強大国に合併せられんことを発表し且宣言するに至ることは、絶対的に万能
　　ならざる人類の意思として、決して不自然とのみは見る可らざるなり。同時
　　に斯く頼まれかかりたる国民が、右の発意宣言を以て単純の我利々々主義に
　　出るものと為し、且媚嫵若くは諂諛の傾向を有するものと見て、一概に之を
　　排拒するは、場合によりては則ち非情非仁の誚を免る可らず。故に吾人は
　　韓国一進会の彼の上言に対し、決して冷酷なる判断をのみ下す可きにはあらじ。

　この社説では一進会が「合併」を望んでいるとだけ伝えており、しかも、それ
を媚びへつらうものとしている。これらの活動が日本帝国に依存的な性格があっ
たことは事実だが、李容九が日本帝国による韓国の奴隷化を批判しつづけ、曽祢
に対しても「此れ、貴国大日本の欲する所はまたいわゆる我土地也。其の声色を
文明にしてしかも其志を戎狄にす」と批判を加えている（西尾陽太郎　1978：172）
ことからもわかるように、媚びへつらう性格のものではなかった。
　同社説がつづけて日露戦争後の経済不況や、韓国社会の反発を主な懸念材料と
して提示しながら「此精神的状態が、合併により直ちに感化せられて、而して
日本の新恩を戴くに至る可きや否や」としているところからも、その支配者とし
ての目線が如実に表れている。「合邦請願」は日本帝国に支配を媚びへつらうほ
ど懇願するものに曲解され、「合併」への日本側の反対や懸念は、韓国人が望め
ば「新恩」を与えるものとして日本帝国の立場を都合よく演出することにつな
がっていると言えよう。彼らが韓国人に求めるのは対等な関係性ではなく、「合
併により直ちに感化せられて、而して日本の新恩を戴くに至る」被支配者の姿
であり、その憐れな声に対して恩恵を与える支配者の優越感だった。
　このような日本側の新聞の理想的な「合併」の姿のなかでは、対等な処遇を求

める「合邦請願」は曖昧かつ邪魔な存在となろう。日本側の「合邦」への反対や懸念はまさにこの構図にもとづいており、それに抗って対等な立場を追求しつづける韓国人の「合邦請願」のさらなる動きをその理想像のなかに見事に曲解せしめたのが「日韓併合」だったのである。

　排日色の強い側からも、朝鮮統監府や京城における日本の記者団のそれぞれの思惑からも「合邦」への反対表明がなされるなかで、一進会に同調する運動もまた根強くつづいていった。1910年3月13日には国民同志賛成会が統監府に「合邦」の断行を迫り、ほぼ同時期に新進儒生代表を称する者らからも「合邦」賛成の上書が出されている。李容九が自らの「合邦」構想を「一進会政合邦声明書」として公示し、これらの賛同者のなかにはこれを「連邦」の意味に解釈している者も多かった（西尾陽太郎　1978：191）。しかし、『東京朝日新聞』はこれらを「合邦請願」と伝えているだけでその内実には全く触れていない。意図的に「媚嫵若くは諂諛の傾向」としてこれらを演出していたものと思われる。

　こうした演出が行われる一方、日本帝国政府は諸列強との外交的な調整を着実に行い、「日韓併合」の環境を整えていった。1910年5月に曽祢に代わり3代朝鮮統監に就任した寺内正毅は、「併合」のための準備委員会を設置し、朝鮮人の地位、「併合」後の国称、朝鮮の支配のあり方を議論し、ついに1910年8月22日に李完用内閣とのあいだで「韓国併合ニ関スル条約」を結んだ。寺内は李完用にこの条約が「合意的条約」であることを繰り返し強調し、韓国の皇帝が自らの統治権を天皇に譲与する形を取ることを要求した。これまでの条約で日本帝国の恐ろしさを体験した李はこれを受け入れた（海野福寿　1995：219）。李完用は、せめて「韓国」という国号を残すことを主張しつづけたが、寺内正毅はこれを困難とし、国称は「朝鮮」に言い改められた。一国が存続しつづけている印象を残したくなかったものと思われる（海野福寿　1995：217-20）。こうして同条約は朝鮮半島内での反乱を恐れてしばらく期間をおいたのちに8月29日に公布されることとなった[6]。

「日韓併合」のあと一進会は翌月の12日に解散に追い込まれた。一進会の「合邦請願」という形での政治参加は、日本帝国側に利用されつつも、その意図と合

わないところも多々あり、「合意」の演出に必要なものであると同時に、その「合意」の怪しさを浮き彫りにする可能性をも同時にはらんでいた。1910年2月に杉山は一進会の政治への参加が保護国民として「過慢放恣」と叱咤しており、李容九が「併合政治に対する監視者」として一進会の存続を主張しているにもかかわらず、一進会は結局同年の9月12日に解散となった（西尾陽太郎 1978：186-87、211、216）。「合邦」の構想は「併合」のなかで解体され、その後の朝鮮半島には日本でも悪名高い寺内による「武断統治」が敷かれるのである。

2 「日韓併合記念日」の誕生と朝鮮人の疎外

「日韓併合記念日」の誕生と展開

　一進会の「合邦」を曲解し、その自発的な協力のみを演出に利用する形で成立した「日韓併合」は、多くの日本人に喜ばしい出来事として迎え入れられた。一線の歴史学者らもこれを歓迎し、「三韓征伐」神話を持ち出して日本民族の優位性を説く歴史観を作り出してこれを日本人に教育した（海野福寿 1995：228-30）。日本の新聞から「併合」に対する反発が寄せられることはなく、古代に日本が韓国を支配していたという神話から導き出される「併合」の正当性などが語られ、「併合」賛美論が盛り上がっていった（海野福寿 1995：225-26）。

　こうした「併合」賛美論のなかで「日韓併合」の祝賀は日本で大々的に行われた。『報知新聞』と『毎日新聞』の主催の提灯行列が同年8月29日の午後7時半から日比谷公園で行われ、約2万人の観客が集まった[7]（図1）。また、図2のように、29日には花電車が東京市内を巡り、「日韓併合」の祝賀ムードが演出された。ただ、一進会をも含めた多くの朝鮮人にとってこの「併合」は喜べないものであり、その不満からの反発も容易に予測できることだったため、その祝賀行事は「治安」の問題で延期されることもあり、警戒態勢のなかで行われざるを得なかった。

　『東京朝日新聞』は1910年8月31日付朝刊2面の「朝鮮特電」にて朝鮮の首都京城が平穏であると伝えているが、その内実は、「内外に数名の武装巡査往来を

図1　日比谷公園での提灯行列の様子（日本近代史研究会編『画報日本
近代の歴史7：近代国家の光と影1905-1913』三省堂、127頁から抜粋）

図2　東京市内を巡る花電車（『東京朝日新聞』1910年8月30日付朝刊
6面）

厳重に監視し市中到る処騎馬憲兵馳駆す警察署同派出所及要所々々には其筋より
勅諭を張出したり群衆評し合ひて語り居るも何も満足せるものの如し」と報じて
いるように、厳重な警戒態勢を敷いていた。こうした状況は日本国内も同様であ
り、東京でも特に朝鮮人が多い神田、本郷、小石川、牛込、麴町の各署が増援を
求め、内務省との打ち合わせの上で各府県から約300名の巡査が派遣され、1910
年8月27日には着々と配置されていった[8]。

しかも、「合併に対し当局者は今後の韓国統治上に祭騒ぎ的祝賀は望ましからずと為し其旨各府県に通達したる由は既報の如くなるが既に其の計画ある提灯行列丈けは差止めざる方針なり」とあるように[9]、今後の祝賀計画についてもあくまでも慎ましく済ますようにとの指針が日本国内の各行政府に通達されていた。現に、仙台では、1910年8月29日に市会を開いて「日韓合併祝賀会挙行方法」を協議し、各種学校の生徒による祝賀が準備されていたが、文部大臣からの「絶対に之を禁止す」との通達を受けている[10]。日本本土ではこの方針がその後も貫かれたのか、提灯行列のように「日韓併合」を大々的に祝う記事は1910年を最後に『東京朝日新聞』紙上で一切確認できなくなり、「日韓併合」の関係者だけが集うこぢんまりとした祝宴しか見られなくなる（**図3**）[11]。

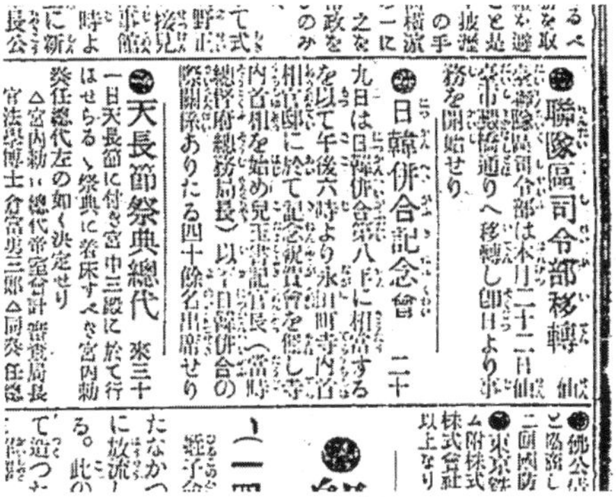
●聯隊區司令部移轉 仙臺
聯隊區司令部は本月二十二日仙臺市[illegible]橋通りへ移轉し即日より事務を開始せり
●日韓併合記念會 二十九日は日韓併合第八回に相當するを以て午後六時より永田町寺内首相官邸に於て記念祝賀會を催し寺内首相を始め兒玉書記官長（當時總督府總務局長）以下日韓併合の際關係ありたる四十餘名出席せり
●天長節祭典總代 來三十一日天長節に付き宮中三殿に於て行はせらるゝ祭典に着床すべき宮内勅奏任總代左の如く決定せり
△宮内勅任總代帝室會計審査局長官法學博士倉富勇三郎△同奏任總

図3　祝宴会を知らせる報道（『東京朝日新聞』1918年8月30日付朝刊4面）

では、朝鮮半島においてはどうだっただろうか。朝鮮半島でも、1910年は厳重警戒が敷かれ、明石元二郎警務総長により全国13道に対する祝賀禁止令が出されていた[12]。もちろん、すでに計画されていた提灯行列だけは例外として盛大に行われていた日本本土の事例のように、禁止令があったとはいえ、朝鮮半島内で全く記念行事がなかったと断定することはできない。ただ、「日韓併合」にともなって朝鮮総督府に経営権が移譲され、事実上の朝鮮人向けのプロパガンダ紙となった『毎日申報』（旧『大韓毎日申報』）を確認する限り、朝鮮半島内で大きな記念行事が行われた痕跡は見当たらない。1910年8月31日付2面の「雑報」の1つとして「東京提灯行列」が報じられている程度である。1906年に朝鮮統監府の機関紙として創刊された『京城日報』は、1915年以前の紙面がほとんど失われてしまったため、1910年に在朝日本人に対してどのような「日韓併合記念」の報道があったのかは確認できない。ただ、「日韓併合」直後に少なくとも朝鮮人はその記念報道の主なオーディエンスではなかったことが日本内外のこう

図4「日韓併合記念号」(『毎日申報』1911年8月29日付日刊1面)

図5　1913年の提灯行列の報道
(『毎日申報』1913年8月30日付
日刊1面)

した報道状況から見て取れるだろう。

　もっとも、その後も全く「日韓併合」関連の祝賀ムードが演出されなかったわ
けではない。日本本土の報道状況とは異なり、朝鮮半島では「日韓併合」元年の
記念行事こそ見当たらないものの、翌年となる1911年からは『毎日申報』にお
いて盛大な祝賀ムードが演出され、朝鮮人にも「日韓併合記念日」の報道が向け
られるようになる。『毎日申報』は1911年8月29日に「日韓併合記念号」（図4）
を出し、中央には明治天皇夫妻の「御真影」を掲載した。また、同日の京城府内
では朝から様々な記念行事が行われ、午後6時からは『京城日報』と『毎日申
報』主催の祝賀提灯行列が挙行された。提灯行列には内鮮各学校生徒・実業団体
その他を合わせて5万人余りが参列し、「日露役中屡々行われたものに比してさ
らに数倍の盛況」を成したという(13)。
『京城日報』と『毎日申報』主催の「日韓併合記念」を冠した提灯行列は、
1911年以降もつづいた。1912年は、明治天皇が同年の7月に死去したため、「本
年は大喪中により何等の開催を中止」となったが(14)、1913年には1911年とほぼ
同じ規模の提灯行列が両紙の主催で京城にて開催された。当時の『京城日報』の
紙面は失われているため確認ができないが、『毎日申報』は同記念行事を大きく
報じた。1911年には提灯行列の写真の掲載はなかったが、この年には写真も掲
載され（図5）、大々的に記念行事が報じられた。また、『毎日申報』は8月29日
「日韓併合記念日」当日の1面に「併合三周年」と題した社説を掲載し、8月29
日を「日鮮人同化」(15)の日として次のように位置づけた。

　　嗚呼、大正二年八月二十九日は日韓併合三周年の記念なり。我ら人民はこの
　　日を迎えて盛大な儀式を行うだろう。京城内各団体、各宗教、各商店、其外
　　の貴賤男婦諸般の社会が一斉に大道に列を成し、首には贅沢な飾りをつけ、
　　手には花灯を持ち、万歳を叫びながら旭日旗を掲げ、楽隊の仙楽は東洋数千
　　年に稀に見る昇平を帯びるだろう。吾人がこの民情を察し、民声を聞いた
　　明治先帝の至恩盛徳が人民の脳裏に深く刻まれ、愈久愈新たるを想うだろう。
　　〔中略〕総督の新政が三周という短期で其顕著な実績を示し、世間を驚かせた。

図6　純宗の勅諭の報道写真（『毎日申報』1911年8月29日付日刊2面）

此即ち、吾人がこの日を記念するところである。三周年の変化から推測するに、五周年は不可思議なほどのものとなろう。〔中略〕嗚呼、この日に盛大な式を設けて実行するは、併合当時だけを記念するものにあらず、日鮮人の男女同胞が一伍内に編成を成し和顔喜色で相互に親睦すれば、この記念日は即ち日鮮人同化の一助線となろう。日鮮同胞は同じ日を記念する際、同一の楽意を表し、帝国の一大名節を作る可きだろう。

　明治天皇の「併合」への感謝と総督府の治績への期待が込められているだけでなく、この年をきっかけに朝鮮人と日本人が「同化」していく「一大名節」として8月29日「日韓併合記念日」を作り上げていこうという意識が同社説からは読み取れる。日本本土における1910年の提灯行列が朝鮮人の参加の排除の上に成り立っていたことと比較すれば、朝鮮半島におけるこうした「日韓併合記念日」のあり様は、幾分か朝鮮人の参加が意識されていたようにも見えよう。では、1911年と13年の「日韓併合記念日」の目玉イベントだった提灯行列は、どれほど「日鮮人同化」を意識したものだったのだろうか。

　1911年の提灯行列の場合、景福宮の光化門前に集合して日本人が多く住む南山麓に向かって南下し、大漢門並びに京城府庁前、朝鮮ホテルを経て総督官邸に入り、実業団は黄金町通り、学生団はそのまま北上して昌徳宮前で解散となった[16]。清渓川以北に位置する昌徳宮は大韓帝国最後の皇帝純宗が居住していた宮殿であり、この時点では少なくとも朝鮮の支配層の提灯行列への参加が明確に意識されていたように思える。現に、同年の8月29日「日韓併合記念号」には、大韓帝国の皇帝の勅諭[17]の写真が2面（図6）に、総理大臣李完用、政界を代表する中枢院の議長金允植などの顔写真が3面に掲載された。彼らの顔写真の

下には金允植直筆の「就之如日」という文字の写真が大きく掲載されている[18]（図7）。

　しかし、1913年には、1911年同様に光化門から出発して日本人居留地に向かって南下するも、黄金町・南山町・新町・日出町・大和町・本町・永楽町・政務総監邸・明治町の順に行進して明治町の東洋拓殖株式会社にて解散となっており、清渓川以北に北上することなく終了した[19]。町という内地流の名称の多くは従来の日本人居留地につけられたものであり[20]、それらの町の多くは日本人の官公庁が立地する南山麓を中心に広がっていた。すなわち、提灯行列の範囲は、京城府のなかでも特に日本人の人口が集中していた清渓川以南地域を中心に設定され、日本人本位の記念行事となっていたのである（図8、表1）。

　もちろん、京城市街地には多くの朝鮮人が在住し、京城市街地の人口は圧倒的に朝鮮人が多かった（表2）。1911年の提灯行列の場合、実業団は黄金町で解散となったが、学生団は南山付近の主な官公庁を行進した後、日本人居留地から離れた清渓川以北に位置する昌徳宮で解散となっており、朝鮮人の参加がある程度意識されていたことは否めない。また、同年には「日韓併合」に携わった大韓帝国時代の官僚らの写真および祝いのメッセージも確認できた。だが、それでもこの行事が日本人本位だったことに変わりはない。1911年も13年も提灯行列に日本人と朝鮮人合わせて約5万の集客があったとされているが、果たしてそれはどれほど多くの朝鮮人を包括する数字なのだろうか。

　同行事に参加した正確な日本人と朝鮮人の割合はわからないが、当時の京城市街地における日本人の数が4万人前後、朝鮮人が19万人前後だったことを考えれば、この行事が京城市街在住の大多数の日本人と一部の朝鮮人の参加によって成り立っていたことは容易に推測可能である。1911年に清渓川以北に位置する昌徳宮まで行進したとされる学生団についても、1910年代には朝鮮人のための学校が極めて少なく、日本人の小学校に該当する普通学校が朝鮮全体で「日本の第一少なる県よりも少ない」と言われるほどだったことを考えると、ここに実質的な朝鮮人の参加が実現していたとは思えない[21]。

　また、1911年に日本人居留地から少し離れた王宮にまで同行事の範囲が及ん

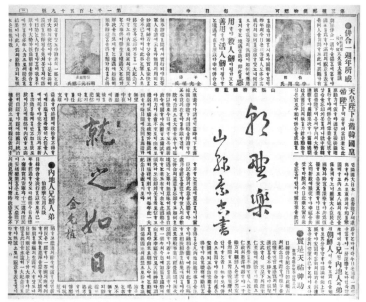

図7 右から李完用、金允植、明石元二郎 （『毎日申報』1911年8月29日付日刊3面）

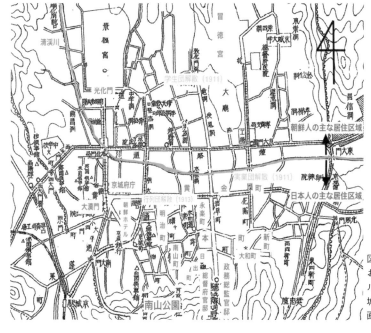

図8 京城市街地における提灯行列ルート（1912年の京城市区改修予定計画路線図から作成）

表1 提灯行列行進が行われた主な「町」における日鮮人人口比率（1938年12月末）

		日本人			朝鮮人		
黄金町	1丁目	日本人：	435人	(40%)	1丁目	朝鮮人：	648人	(60%)
	2丁目	日本人：1,561人		(62%)	2丁目	朝鮮人：	940人	(38%)
	3丁目	日本人：1,750人		(61%)	3丁目	朝鮮人：1,112人		(39%)
	4丁目	日本人：1,325人		(52%)	4丁目	朝鮮人：1,226人		(48%)
	5丁目	日本人：	964人	(48%)	5丁目	朝鮮人：1,029人		(52%)
	6丁目	日本人：	882人	(61%)	6丁目	朝鮮人：	572人	(39%)
	7丁目	日本人：	345人	(25%)	7丁目	朝鮮人：1,010人		(75%)
	合　計	日本人：7,262人		(53%)	合　計	朝鮮人：6,537人		(47%)
本町	1丁目	日本人：	620人	(60%)	1丁目	朝鮮人：	414人	(40%)
	2丁目	日本人：1,502人		(66%)	2丁目	朝鮮人：	764人	(34%)
	3丁目	日本人：1,166人		(74%)	3丁目	朝鮮人：	406人	(26%)
	4丁目	日本人：2,128人		(85%)	4丁目	朝鮮人：	366人	(15%)
	5丁目	日本人：1,422人		(83%)	5丁目	朝鮮人：	281人	(17%)
	合　計	日本人：6,838人		(75%)	合　計	朝鮮人：2,231人		(25%)
新町	合　計	日本人：1,333人		(80%)	合　計	朝鮮人：	313人	(20%)
日之出町	合　計	日本人：	188人	(96%)	合　計	朝鮮人：	7人	(04%)
大和町	1丁目	日本人：	868人	(90%)	1丁目	朝鮮人：	96人	(10%)
	2丁目	日本人：2,054人		(91%)	2丁目	朝鮮人：	190人	(09%)
	3丁目	日本人：1,284人		(91%)	3丁目	朝鮮人：	118人	(09%)
	合　計	日本人：4,206人		(91%)	合　計	朝鮮人：	404人	(09%)
明治町	1丁目	日本人：	454人	(78%)	1丁目	朝鮮人：	129人	(22%)
	2丁目	日本人：1,431人		(63%)	2丁目	朝鮮人：	820人	(37%)
	合　計	日本人：1,885人		(66%)	合　計	朝鮮人：	949人	(34%)
永楽町	1丁目	日本人：	833人	(84%)	1丁目	朝鮮人：	161人	(16%)
	2丁目	日本人：	850人	(77%)	2丁目	朝鮮人：	252人	(23%)
	合　計	日本人：1,683人		(80%)	合　計	朝鮮人：	413人	(20%)
南山町	1丁目	日本人：	374人	(85%)	1丁目	朝鮮人：	68人	(15%)
	2丁目	日本人：	839人	(84%)	2丁目	朝鮮人：	155人	(16%)
	3丁目	日本人：	362人	(88%)	3丁目	朝鮮人：	51人	(12%)
	合　計	日本人：1,575人		(85%)	合　計	朝鮮人：274人		(15%)

1911-13年当時の町別人口を把握できる資料は確認できないが、京城府発行の『京城彙報』1939年9月号に38年の京城府内の町別人口調査が掲載されていた。上記は提灯行列の範囲に入っていた主な「町」における日本人と朝鮮人の人口比率である。同年の京城府内（京城市街地以外の外郭地域も含む）の人口は『朝鮮総督府統計年報』によれば、日本人134,027人、朝鮮人599,758人となっている。

表2 京城市街地の日本人と朝鮮人の人口比

	日本人		朝鮮人	
1911年	日本人：35,268人	(16%)	朝鮮人：185,898人	(84%)
1912年	日本人：49,402人	*(20%)	朝鮮人：193,053人	*(80%)
1913年	日本人：42,841人	(19%)	朝鮮人：183,240人	(81%)

『朝鮮総督府統計年報』から作成。1912年の急激な人口上昇は、この年だけ京城市街地に龍山という外郭地域が含まれたからである。

だとしても、そのメッセージの届け先は「日韓併合」に同意したとされる朝鮮の一部の支配層に限定されるものだったと考えられる。「合邦運動」を全面的に展開した一進会の主要人物の写真は同年の「日韓併合記念号」には掲載されておらず、そのことからもこのメッセージが「日韓併合」に不満を覚えていた一進会をも含めた大多数の朝鮮人に向けられていたとは考えにくい。このことは、『毎日申報』の発行部数の状況からも窺える。

大韓帝国時代に最も影響力のあった『大韓毎日申報』は、「日韓併合」とともに『毎日申報』に改題して総督府の事実上の機関紙になり、それまでの読者から見放されることとなる。全盛期に1万2千ほどあった発行部数は、1910年後半に3千部を切り、初の「日韓併合」の記念行事が行われた1911年には1千部未満にまで落ち込んで存続の危機にさらされた（チャン&イム　2017：325-27）。

その一方で『毎日申報』の発行部数は1912年3月からの大々的な紙面刷新、補給網の拡大、朝鮮総督府の支援により、1913年7月頃には1万部近くまで回復したのではないかという推測も立てられており（チャン&イム　2017：329、337）、この段階では同紙の「日鮮人同化」のメッセージが多くの朝鮮人に届けられていたとも考えられる。ただ、すでに確認したように、1913年の記念行事の実際は1911年よりも一層日本人本位で進められたものだった。

さらに、「日韓併合」後の朝鮮半島では、「治安」の維持を最重要事項の1つとして掲げた朝鮮総督府により、朝鮮人の言論[22]と出版はもちろん、結社、集会、講演会まで厳しい統制下にあった[23]。親日団体だった一進会ですら解散に追い込まれた事実は、その状況を最もよく表している。「日韓併合記念日」への多くの朝鮮人の実質的な参加が実現しなかったのは、こうした状況を鑑みると、そこまで不思議なことではなかったと言えるだろう。

「日韓併合記念日」の衰退と居留民団の解散

『毎日申報』の1913年の「日鮮人同化」のメッセージとは裏腹に、実際の記念行事が清渓川以北の主な朝鮮人居住区域にまでは至らず、日本人本位で進められたのには、おそらく当時の「治安」状況も関係があると考えられるが、「日韓併

合記念日」の行事に積極的にかかわったのが朝鮮総督府ではなく、日本人居留民団だったことも背景として重要である。

　朝鮮半島では、1906年7月に「居留民団法施行規則」が朝鮮統監府によって公布されて以来、在朝日本人居留民は定められた居留区域において日本国内法の影響下におかれることとなり、独自の自治を行うようになった。李東勲（2019）によれば、「居留民団法」の下で日本人の居留民団は組織権・立法権・財政権の権限を有するようになり、市町村並みの地方自治が認められ、1906年10月からは京城居留民最初の議員選挙が行われたという（李　2019：140-41）。こうした自治制度は、朝鮮半島が外国だったから成立するものであり、「日韓併合」の後には事実上その効用を失うはずのものだったが、地方制度の完成まで居留民団の解散は保留されることとなった（李　2019：151）。「日韓併合」の後、居留民団が1914年4月1日の「府制」施行をもって解散されるまで、朝鮮半島には事実上2つの植民地権力が存在することとなったのである[24]。

　当然、居留民団は「日韓併合記念日」の行事にも深くかかわった。現に、8月29日を休日と定めたのは朝鮮総督府ではなく京城居留民団だった。「併合」1周年記念祝賀会の開催を前にして彼らは8月29日を共通祝日と定め、これを各地域の民団に通達し、多くの賛同を得ることとなり、当日は祝意を表して臨時休業および国旗球灯の掲揚が行われることとなった[25]。『毎日申報』が1911年8月30日付3面で提灯行列の様子を「彩旗を掲揚し、球灯を掲げ、一切の休業をもって我が社の提灯行列を観光する者々が堵を成し」と伝えているように、提灯行列の盛り上がりには居留民団のこうした取り決めが背景にあったのである。

　さらに、居留民団は、商業界のみならず、言論界とも深いかかわりを有していた。朝鮮総督府の事実上の機関紙だった『京城日報』は、そもそも朝鮮統監府が「保護政治の施設に関し、世上の疑惑と誤解を一掃する」ために居留民が経営していた『漢城新報』と『大東日報』を買収して1906年9月に発行されたものである[26]。また、1910年9月から1912年2月まで『京城日報』の主幹を務めた深水　清[27]は、1911年から民団解散まで京城居留民団議員をも兼任していた[28]。『京城日報』主催の提灯行列に、京城居留民団が積極的にかかわっていたであろうこ

とは、想像に難くない。

　もっとも、「日韓併合」の記念行事に朝鮮総督府が全くかかわらなかったわけではない。提灯行列の範囲には総督府官邸などの官舎も含まれていたし、主要人物は祝辞を新聞に掲載することもあった[29]。ただ、あくまでも朝鮮総督府は受動的な立場を見せ、この日の祝賀ムードを盛り上げようと能動的に動いたのは居留民団の方だったのである。そして、この居留民団は、朝鮮総督府と施政方針をめぐって対立していたが、その最も主要な事案は「韓国人＝朝鮮人」本位の是正と日本人本位の実現だった。

　「日韓併合」前から、居留民団と総督府の前身である統監府のあいだには「韓人本位主義」と呼ばれる事案をめぐる葛藤があった。朝鮮統監府は、自らを侵略者ではなく、韓国近代化の先駆者として位置づけるために司法制度の導入や教育制度の改革などを謳ったが、これらはすでに本国の法のもとにおかれた日本人居留民にとって特にメリットのないものだった。キ・ユジョンによれば、こうした統監府の統治方針を居留民団は韓人本位と批判し、日本人優位を強調しながら、劣等国民である韓国人と日本人が同様の扱いを受けること自体が日韓の位階的な政治関係を忘れた所作であると主張したようである（キ　2011：192）。統監府は朝鮮人の「同化」に、居留民は朝鮮人との位階的な「区別」に重きを置いていたとも言える。

　こうした居留民と統監府の葛藤は、そのまま朝鮮総督府との葛藤に引き継がれた。建前ではあっても、「日韓併合」の際にも謳われた「一視同仁」の実現を朝鮮総督府は意識した。日本人居留民に特権的な地位を認めている居留民自治制度が「一視同仁」にもとると判断してその撤廃に着手し、居留民団は文明的に差異のある朝鮮人と同等の制度におかれることに強く反発したのである（李東勲 2019：162-64）。1913年の「日韓併合記念日」をめぐる『毎日申報』社説の「日鮮人同化」の言い分と、実際の記念行事のあり方に齟齬があったのは、こうした居留民団と朝鮮総督府の「区別」と「同化」をめぐる対立が背景にあったと考えられる。

　前述したように、『毎日申報』は、深刻な経営難に苛まれ、その立て直しをす

る上で総督府から経済的な支援を受けていたことが先行研究によって指摘されている。1913年の「日韓併合記念日」をめぐる『毎日申報』社説で強調された「日鮮人同化」というメッセージは、主な資金出資者だった総督府の言い分に配慮したものだったと解釈できよう。一方、にもかからず、実際の「日韓併合記念日」の行事に日本人本位の側面が強く表れたのは、その記念行事に総督府よりも積極的にかかわっていた居留民団の日本人本位的な考え方が反映されたためであると考えられる。居留民団からしてみれば、朝鮮人を説得して「同化」に努めることよりも、あくまでも自らの植民者としての優位を保つことの方が重要なのであり、そうした「区別」の観点に立てば、「日韓併合記念日」の行事に無理をしてまで大多数の朝鮮人を説得して参加させる必要性は全くない。日本人を中心に「日韓併合」を喜ぶ気持ちが盛り上がればいいのであって、その行事にどれだけ多くの朝鮮人の参加が実現できるかは大した問題ではないのである。

しかし、朝鮮総督府の「同化」の観点からは、そうした「日韓併合記念日」のあり方は大きな問題だったに違いない。1910年に総督府が「日韓併合」の大々的な祝賀を禁じたのは、「日韓併合」を喜ばなかったからではないだろう。それは朝鮮人の人心を乱さないようにという統治の論理にもとづくものであり、「日韓併合」に不満な朝鮮人をも含めた「同化」を総督府が強く意識していたからこその決定だった。現に、朝鮮総督府は、朝鮮統治3年を省みる報告書のなかで、国権回復を図る在外の朝鮮人を批判しつつも「厳密ナル取締ヲ施スヲ以テ足レリトセス能ク彼等ヲシテ新政ノ真意ト実況トヲ了解セシメ施政上寛猛宜ヲ制シ 徐ニ其ノ感化ヲ図ルノ措置ヲ講スルヲ要ス」と述べており[30]、「日韓併合」に反発する朝鮮人をも説得して「同化」すべき対象としている。

こうした朝鮮総督府の立場からしてみれば、「日韓併合記念日」は、皮肉にも「同化」の障害物にもなり得る。「日韓併合記念日」行事に深くかかわっていた居留民団の日本人本位的なあり方の問題だけでなく、説得対象となっていた在外朝鮮人にとってこの記念日が「国恥日」に該当するという問題もあったのである。

大韓民国臨時政府[31]の機関紙である『上海独立新聞』[32]は1919年8月29日付1面の「国恥第九回を哭する」と題した記事で「半万年の自由民の歴史が断絶さ

れ、詐欺と武力により二千万神聖民族が日本の奴隷になった日」と述べる[33]。「詐欺」というのは、日本が各種条約で朝鮮の独立保護を明記しながら、それを「日韓併合」により破ったことを示していると思われる[34]。また、一進会の「合邦運動」を思い起こせば、これを「合邦」を「併合」にすり替えた意味として読んだ者も少なくなかっただろう。

　朝鮮総督府が「日韓併合記念日」の行事に関して消極的な態度に徹したのは、こうした朝鮮人側の認識を気にしていたからだと推察される。実際、1914年3月31日をもって居留民団が解散した後、朝鮮総督府は小規模の祝宴会や同年の京城府主催の臨時祭典への山県伊三郎政務総監の出席を除き、提灯行列といった大々的な「日韓併合記念日」行事の開催には全く携わらなかった。結果、居留民団の解散とともに「日韓併合記念日」を冠した目立った記念行事は行われなくなり、報道上からも確認ができなくなる。「日韓併合記念日」は、逆説的にも、日韓の「区別」を強く意識した居留民の手によって前景化し、本来の「同化」の意味合いに力を入れた朝鮮総督府への統治権力の一元化によって後景化したのである。

　無論、この1910年代における「日韓併合記念日」の後景化は、朝鮮人に対する配慮などではない。朝鮮人の「国恥日」認識には「日韓併合＝詐欺」のイメージが強くあった。朝鮮総督府の初代総督である寺内正毅は、桂太郎同様「併合」を推し進めた当事者であり、「合邦」の構想から大きく外れる「武断統治」の張本人でもあるため、こういう朝鮮人側の認識には敏感にならざるを得ない。「一視同仁」を掲げた「日韓併合」がまるで「詐欺」にしか感じられない状況になっていたことを寺内自身が誰よりも強く認識していたはずである。さらに、「合邦運動」にかかわった朝鮮人側が寺内に大いに期待していた（西尾陽太郎　1978：190）ことを併せて考えれば、朝鮮総督府が「日韓併合記念日」に消極的だったのは、朝鮮人に対する配慮というよりも、自らの裏切りに対する責任を回避していたと解釈するのが妥当だろう。「日韓併合記念日」を朝鮮総督府が盛大に祝うことは、「一視同仁」を実現させるどころか、むしろ、朝鮮人の「国恥日」認識との明確な対立軸を作ることで「日韓併合＝詐欺」を浮き彫りにし、その責任追及から逃れられなくなる恐れがあったのである。

3　8月のスポーツ・イベントと日本人本位の参加

全鮮野球争覇戦と日本人向けの「内鮮融和」

　一方、居留民団の解散後、新聞報道から確認できる「日韓併合記念日」を冠した記念行事は1914年の京城府主催の臨時祭典が最後となったが、8月29日前後に全く何らイベント事が組まれなくなったわけではなかった。「日韓併合記念日」こそ冠していないものの、1925年から8月29日前後に『京城日報』と『毎日申報』共催で開催された全鮮野球争覇戦は、同日前後を盛り上げる主要なメディア・イベントの1つだった。

　1919年3月1日、朝鮮側の民族代表が鍾路に位置する泰和館という高級料亭に集まって独立宣言をしてから朝鮮半島では抗日独立運動の機運が高まり、この出来事によって朝鮮総督府の統治方針は武力による「治安」維持に重きをおくいわゆる「武断統治」から「文化統治」に変わることになった。全鮮野球争覇戦は、こうした統治方針の転換のなかで『京城日報』を中心に企画され、その初回が1924年に開催されることとなった。

　1936年まで延べ13回にわたって開催された同大会は京城に各地方の社会人チームの強豪が集まり、トーナメント形式で数日間競技を行うというものだった。最初から8月29日前後のメディア・イベントとして企画されたわけではなく、初回は4チーム参加で9月14日から2日間にかけて京鉄グラウンドにて開催されていた。正確な経緯は不明であるが、その翌年からは8月29日前後で大会が開催されるようになり、1925、26年には8月29日から3日間、27年には8月28日から3日間、28年には8月26日から4日間と、8月29日前後開催がつづくようになった。

　1925年から28年は同大会がメディア・イベントとして定着する上で極めて重要な時期だった。1925年には『京城日報』が同年8月29日付朝刊3面で野球ルールの詳細を特集し、26年には京城運動場内に電話ボックスが設置されて競技結果を迅速に地方に伝える態勢が整った[35]。ちなみに、京城運動場は、当時の皇

表3　出場チームとそれぞれにおける日本人・朝鮮人選手の内訳

開催年	出場チームと日本人・朝鮮人選手の内訳
1924年	全大邱(日12人、朝0人、不明1人)、全平壌(日9人、朝6人)、咸興(日14人、朝0人)、京倶(日15人、朝1人)
	総出場チーム・人数：4組、58人
1925年	釜山(日14人、朝1人)、全州(日15人、朝1人)、慶熙(日19人、朝0人)、全大邱(日15人、朝0人、不明1人)、咸興(日10人、朝2人)、三菱(日13人、朝0人)、龍全中(日22人、朝0人)
	総出場チーム・人数：7組、113人
1926年	慶熙(日16人、朝0人)、全咸興(日5人、朝4人)、全大邱(日12人、朝4人)、三菱(日17人、朝0人)、龍鉄(日12人、朝0人、不明1人)、釜山(日14人、朝0人)、全州(日12人、朝0人、不明2人)
	総出場チーム・人数：7組、99人
1927年	釜山(日13人、朝0人)、全州(日9人、朝0人、不明1人)、平鉄(日12人、朝0人)、元山(日10人、朝2人)、慶熙(日16人、朝0人)、逓信局(日14人、朝0人)、龍鉄(棄権)、全大邱(棄権)
	総出場チーム・人数：6組、77人、棄権2組
1928年	全木浦(日13人、朝0人)、新義州(日11人、朝1人)、釜山鉄道(日12人、朝0人)、大邱東雲(日11人、朝2人)、慶熙倶楽部(日19人、朝0人)、京電(日19人、朝0人、不明1人)、逓信(日18人、朝0人)、平壌日糖(日13人、朝0人)、全咸興(日4人、朝6人、不明1人)、大田鉄道(日12人、朝0人)
	総出場チーム・人数：10組、143人
1929年	新義州(日16人、朝0人)、大田(日13人、朝0人)、平壌(日12人、朝0人、不明1人)、京電(日17人、朝0人)、咸興(日8人、朝5人、不明1人)、全大邱(日15人、朝1人)、逓信局(日19人、朝0人)、釜山鉄(日14人、朝0人)、光州(日11人、朝0人、不明2人)
	総出場チーム・人数：9組、135人
※1930年	釜山(日10人、朝0人)、逓信(日11人、朝0人)、全州(日9人、朝0人)、平鉄(日9人、朝1人)、大邱(日8人、朝2人)、大田(日9人、朝1人)、平実(日11人、朝0人)、新義州(日8人、朝1人)、興南(日11人、朝0人)
	総出場チーム・人数：9組、91人(※補欠含まない)
1931年	逓信(日13人、、朝1人、不明1人)、大邱(日16人、朝3人)、大田(日12人、朝0人)、朝窒(日12人、朝0人)、新義州(日14人、朝2人)、釜山鉄(日12人、朝0人)全裡里(日16人、朝3人)、府庁(日12人、朝3人)、慶熙(日本人22人、朝鮮人0人)、平壌(日本人13人、朝鮮人0人)
	総出場チーム・人数：10組、155人
1932年	逓信(日15人、朝1人)、府庁(日13人、朝3人)、龍山鉄(日13人、朝0人)、殖産銀(日15人、朝1人)、京城電(日15人、朝1人)、慶熙(日13人、朝0人)、大邱(日15人、朝1人)、平実(日12人、朝0人)、全州(日14人、朝0人)、新義州(日12人、朝1人、不明1人)、咸興(日15人、朝1人)、大田(日14人、朝0人)、釜山(日10人、朝2人)
	総出場チーム・人数：13組、188人
1933年	逓信(日15人、朝1人)、釜山(日9人、朝3人)、大田(日15人、朝0人)、朝窒(日13人、朝0人)、新義州(日12人、朝0人)、殖産銀(日15人、朝1人)、大邱(日13人、朝1人、不明1人)、平実(日12人、朝1人)、木浦(日12人、朝2人)
	総出場チーム・人数：9組、126人
1934年	釜山(日8人、朝2人)、平実(日10人、朝3人)、大田(日14人、朝0人)、殖産銀(日13人、朝2人、不明1人)、大邱(日15人、朝2人、不明1人)、咸興(日14人、朝1人)、木浦(日12人、朝1人)、清渓(日18人、朝0人)、高麗(日0人、朝13人)、仁川(日12人、朝3人)
	総出場チーム・人数：10組、145人

1935年	大邱(日11人、朝2人、不明1人)、兼二浦(日16人、朝2人)、府庁(日13人、朝2人)、大田(日11人、朝0人)、平壌(日13人、朝2人)、殖産銀(日17、朝1人、不明1人)、新義州(日13人、朝1人)、釜山(日10人、朝4人)、仁川(日11人、朝0人)、咸興(日13人、朝0人)、全全倶(日11人、朝0人)
	総出場チーム：11組、155人
※1936年	大田(日8人、朝2人)、大邱(日10人、朝1人、不明1人)、全州(日8人、朝1人)、清津(日10人、朝0人、不明1人)、殖産銀(日11人、朝1人)、平実(日7人、朝3人)、釜山(日8人、朝2人)、兼二浦(日8人、朝1人)、高麗(日0人、朝9人)、府庁(日9人、朝2人)、仁川(日10人、朝0人)
	総出場チーム：11組、113人(※補欠含まない)

『京城日報』にほぼ毎年特集として組まれた選手名簿から作成。ただし、※は選手名簿が確認できない年であり、『京城日報』の大会結果報道から実際に出場したチームと選手をまとめた。そのため、1930年と36年は補欠選手が人数に含まれておらず、予定されていた出場チームの数も多少異なる可能性がある。

太子（後の昭和天皇）の結婚記念事業として1923年から建設が計画されたものであり、25年10月に完工となったもので、これ以降、全国的な主要大会は同競技場で行われるようになった。

　また、同年からは総督府逓信局のラジオ放送を通じて競技結果が伝えられるなど、ラジオ放送との連携も始まり[36]、翌年に京城放送局が正式に発足すると、27年からは競技結果の放送ではなく、実況も行われるようになった[37]。このようにメディア・イベントとしての態勢が整うにつれ、大会の規模も大きくなり、1924年初回開催時に参加チーム4組、出場選手総人数57人から、1928年には参加チーム10組、出場選手総人数143人にまで拡大し、これ以降同大会はまさに全朝鮮のチームを網羅した競技として定着するようになる（**表3**）。

　当然、同イベントを主催していた『京城日報』と『毎日申報』の8月29日前後の紙面では全鮮野球争覇戦の祝賀ムードが形成された。開会式に当たり、鳩が飛ばされ、百貨店では優勝旗が展示され、祝賀飛行も行われた。『京城日報』や『毎日申報』はこれを大きく報じ（**図9**、**10**）、特に『京城日報』は、大会出場メンバーが決まると、全面広告を掲載し、優勝チームを当てる懸賞をかけるなど、一般の参加を積極的に呼びかけていた（**図11**）。居留民団解散後、提灯行列のような大掛かりな「日韓併合記念日」のイベントは行われずにいたが、『京城日報』と『毎日申報』主催の全鮮野球争覇戦は、1911年と1913年の提灯行列時並みに「日韓併合記念日」を盛り上げるメディア・イベントになっていったのである。

図9 『京城日報』の全鮮野球争覇戦報道(『京城日報』
1926年8月30日付夕刊1面)

図10 『毎日申報』の全鮮野球争覇戦報道(『毎日申
報』1926年8月30日付日刊3面)

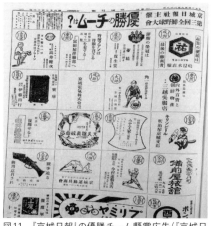

図11 『京城日報』の優勝チーム懸賞広告(『京城日
報』1926年8月28日付夕刊5面)

　もっとも、既述したように、同大会は「日韓併合」や「日韓併合記念」を冠して行われていたわけではなかった。全鮮野球争覇戦の開催には、1924年には下岡忠治総監、26年には生田清三郎内務局長、29年には児玉秀雄政務総監、30年には今村武志内務局長が始球式で参加しており、朝鮮総督府もこの大会にかかわっていた。このことを踏まえるなら、同大会が明らかに8月29日前後開催を意識しているにもかかわらず、「日韓併合記念」を掲げられなかったのは、朝鮮総督府の8月29日「日韓併合記念日」に対する消極的な態度の表れでもあると言えよう。ただ、『京城日報』が1927年8月28日付3面社説「全鮮野球争覇戦」のなかで「常に論議されながらも一向其実を挙げて居ない内鮮人の融和が、運動競技においては、何等の支障なく渾然たる融和の下に運動王国がきづかれて居る

72

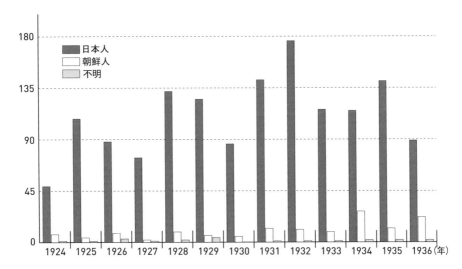

図12　京城・毎日主催全鮮野球争覇戦における日本人と朝鮮人出場選手数の比較（『京城日報』選手名簿から作成）

のを見るとき、運動競技の重大性とその恩恵の大なるを思ふのである」と述べているように、同大会はまさしく「内鮮融和」を強く意識した側面があった。

「日韓併合」の謳い文句である「一視同仁」とは、日本人と朝鮮人の区別なしに同じ「皇国臣民」として両者が融合することを意味する。すなわち、「日韓併合記念日」という名称こそ使わないが、行われる時期、主催者側が同大会に「内鮮融和」の意義を見出していることからして、間接的にではあるにしろ、「日韓併合記念日」に相応しい行事として同大会が位置づけられていたものと考えられる[38]。ところが、その「内鮮融和」のメッセージが、朝鮮人よりも日本人をより強く意識したものだったことには注意が必要である。

　1927年の社説で全鮮野球争覇戦を「内鮮融和」と関連づけた『京城日報』は、翌年の8月25日朝刊3面の「争覇戦近し」で、「彼等は日本人の持ちうる最高度の心肉の表現者であつて、今回の争覇戦の意義は更にこの原理を朝鮮地方に局限して、精視せんとする点にある」と述べている。また、図12は『京城日報』の紙面から確認できる全鮮野球争覇戦への出場メンバーの数を筆者が集計したものであるが、日本人選手の数が圧倒的に多いことが一目瞭然にわかるだろう。

図13　『京城日報』の号外報道（『京城日報』1926年8月29日付号外）

　全鮮野球争覇戦が主に日本人に向けられたイベントだったことは、出場選手の割合だけでなく、同大会を共催していた『京城日報』と『毎日申報』の報道傾向からも見て取れる。既述したように、『京城日報』は、優勝チームを当てる懸賞を用意するなど、同大会への自らの読者（＝日本人）の参加を積極的に意識した紙面づくりを心がけた。この懸賞大会の参考資料として同紙が読者に提供していたものが出場選手の名簿であり、同紙は1930年と36年を除いては大会数日前に野球特集の一部として毎回これを掲載した。

　一方、『毎日申報』では、大会当日の盛大な開会式や、競技結果などがトップ記事として報じられてはいるものの、『京城日報』のような読者（＝朝鮮人）の参加を呼びかける懸賞広告などは一切確認できない。当然、出場チームメンバー名簿も掲載されることはなかった。また、『京城日報』では同大会の競技結果を号外で伝えていたことが確認できているが（**図13**）、『毎日申報』に関しては号外の発行は見当たらなかった。共催とは言っても、両紙の報道には明確な温度差があったのである。

優越意識の是正の課題と朝鮮人の参加

　このように、全鮮野球争覇戦の報道は主に日本人のオーディエンスに偏って

おり、実質的な「内鮮融和」とは乖離していたと言える。「内鮮融和」のメッセージを込めた『京城日報』が、こうした状況を認知していなかったとは考えにくい。では、なぜ、『京城日報』は、圧倒的に日本人の参加が多いメディア・イベントに「内鮮融和」のメッセージを込めたのだろうか。その背景を理解する上で重要なのは、「日韓併合」をめぐる日本人の優越意識である。

『京城日報』は、1919年の3・1抗日独立運動の拡大の原因を内地人が朝鮮人の自尊心を尊重しないことに求めた。「朝鮮の実情は普く内地人に知了せられある筈なるに拘らず今日までも朝鮮の真相に通せず、鮮人の心理を理会せざるに於いては不諒解の責は寧ろ内地人に多し」とし、これこそが両者間の葛藤の根本原因であると考えたのである[39]。そして、この日本人の優越意識は、「日韓併合」やその記念日をめぐって明確に表れた。

「日韓併合記念日」に関した大々的な記念報道こそ確認できないものの、日本本土の教育現場では同日付に際した校長講話が行われた[40]。高橋梵仙著『新撰日本年中行事講話』[増補4版](大東出版社)のなかではこの日[41]が「東洋平和確保の為め、日本と韓国と條約を締結し、永久に韓国を日本に併合せしめたる記念日」と説明される一方で、「若し万一この親善を傷け、徒に差別的観念を有するものありとせば、陛下の大御心に背反するものとして、大に啓蒙膺懲し、以つて共々に永久に社会人類の幸福の為めに努力せなければならぬ」(高橋 1936：299)とその問題についても言及されている。

「日韓併合記念日」をめぐる差別意識の問題は朝鮮半島内でも日常的に起きていたものと思われ、次に引用する朝鮮人女学生の日記からはその一端が窺える。1914年8月31日、普通学校に通っていたある女子生徒は、大正天皇の天長節式を終えて日本人の先生と話している最中にふと「日韓併合」のことを思い出して次のように問いかけたという。

　　「過ぎた29日が日本と我が国とが合併した日って、本当ですか」と聞きました。日人の先生は（そうだよ。しかし、日本は我が国ではないか。だから、内地と朝鮮とが合併した日と言うのです。日本と我が国が合併したと言うと、

無知だと他の人に笑われるよ。）／（なぜ日本が内地に変わったのですか。）
／（変わったのではなく天皇陛下がいらっしゃるところを尊称するのです
よ。）／「ならば、世界各国はみんな日本を内地と呼ぶのですか」／「いい
え。まだ世情に疎いのね。朝鮮は日本のなかにある朝鮮だからだよ。我が国
のなかではお互い内地と言う言葉を使うのです。例えるとすれば、首都みた
いなところで、行廊たちが大きな宅と呼ぶのと同じなのです。」[42]

　ここで、行廊とは使用人の意味であり、「大きな宅」とは、主人の意味である。
「日韓併合」が対等なものなどではなく、まさに主従の関係におかれているとい
う認識が窺えるだろう。さらに、『朝鮮日報』1925年7月20日付朝刊2面によれ
ば、全羅南道潭陽邑内に位置する潭陽尋常小学校の佐藤耕作校長が朝礼の時間
に次のような講話をし、物議を醸したという。

　　全羅南道潭陽邑内の潭陽尋常小学校長佐藤耕作は6月29日の朝礼時間に学
　生全員に対し、朝鮮が我々日本と併合したのは協議の結果ではあらず、強制
　的に奪って植民地にしたのであり、大和族として他人に負けないことが重要
　であり、しかも日本人として植民地の民である朝鮮人に譲歩することはあり
　得ず、勝つことを覚悟しろという教訓を述べたという。この噂を耳にした町
　の人々はもちろん、近隣村の人々までもが、おそらくこれが日本政治の秘密
　であり、我らも覚悟に覚悟を重ねて対抗しなければ、民族的な見地から我ら
　は死んだも同然であるという騒ぎであった。しかも、普通学校長らも日本人
　がこのような考え方の下で教育を行うとすれば、それが今に始まったことで
　はないからこそ、より一層看過できないという世論が浮上しているようだ。

　ここで注目すべきは、「日韓併合」を「強制的」なものとして捉える視点が
「日韓併合」に反発する朝鮮人だけではなく、植民者の観点からも提示されてい
たことである。それは、侵略や支配された被植民者の鬱憤というより、植民者の
優越感からくるものだったが、その優越感は被植民者の鬱憤とは別のベクトルで

76

「一視同仁」を中核とする「日韓併合」を十分に脅かし得るものだったと言えよう。「日韓併合」の最前列たる教育現場におけるこうした優越意識やそれに連なる差別意識は、当局にとって都合が良いとは言えない。総督府の御用新聞だった『京城日報』が、日韓対立の原因を朝鮮人側よりも日本人側の優越意識に求めたのには、朝鮮人本位で物事を考えていたからというより、「日韓併合」の最前列たる日本人からのこうした捻れた「日韓併合」観が今後の朝鮮人の支配に大きな障壁となるからにほかならない。『京城日報』が「日韓併合記念日」前後に開催する全鮮野球争覇戦に「内鮮融和」のメッセージを込めたのには、野球という当時の日本人に大きな人気を博していた競技を借りてその意味を日本人こそに宣伝する狙いがあったのだろう。

　一方、全鮮野球争覇戦は、日本人本位の競技ではあったが、朝鮮人の参加が全く行われなかったわけではない。全鮮野球争覇戦への出場選手全体における朝鮮人の割合は極端に少ないものの、1924年の全平壌（補欠を含む出場選手15人のなかで朝鮮人6人）、26年の全咸興（補欠を含む出場選手9人のなかで朝鮮人4人）、28年の全咸興（補欠を含む出場選手11人のなかで朝鮮人6人）などメンバーの3分の1以上が朝鮮人で構成されたチームの出場もあった[43]。なかには、李栄敏や咸龍華[44]といった「民族のスター」も含まれ、1934年には異例のオール朝鮮人チームである高麗倶楽部が大会に出場し、その主将は咸龍華が務めた。

　このような朝鮮人選手の活躍は、朝鮮人観衆の参加もある程度確保することにつながり得るものであり[45]、それが『京城日報』にして日本人向けの「内鮮融和」のメッセージを込めることを可能にしたと言えよう。無論、朝鮮人選手やその観衆が「内鮮融和」に同意していたかどうかは別である。ただ、李栄敏が自身の社会人野球生活を日本人だらけの状況と根強い朝鮮人に対する差別のなかで「彼らに認識を与え、実力を示すために、私としては実に苦心しました」[46]と回顧するように、日本人の差別的な視線を是正するという点では『京城日報』の趣旨と一致する側面もあった。朝鮮人がこの競技を「内鮮融和」として意識しているか否かにかかわらず、『京城日報』と朝鮮人の参加の志向性が日本人の差別意識の是正として重なる地点において『京城日報』の日本人向けの「内鮮融和」の

メッセージは成立していたのである。

全鮮野球争覇戦の9月への回帰と閉幕

　一方、「日韓併合記念日」前後に開催され、日本人向けの「内鮮融和」の宣伝が明確に意識されていた全鮮野球争覇戦だが、1929年からは徐々に8月29日の「日韓併合記念日」から離れていき、同日を開催期間に含まなくなる。以下の**表4**は大会初回から最終回までの予定された開催日時をまとめたものであるが、1929年から31年までは「日韓併合記念日」前日までに競技が終了するように大会開催期間が決められ、32年には再び「日韓併合記念日」が大会期間に含まれるものの、33年以降は9月開催になっていくことがわかる。なぜ全鮮野球争覇戦はこの時期に「日韓併合記念日」から徐々に離脱していくのだろうか。その背景を考える上で重要なのが、「日韓併合記念日」をめぐる朝鮮人の抵抗の文脈である。

　全鮮野球争覇戦が「日韓併合記念日」から離れ始めた1929年の場合、朝鮮統治20周年記念行事の一環として行われた朝鮮博覧会の特別警戒が背景にあった。同博覧会は、朝鮮統治の業績を一般に広く示すために同年9月12日から10月31日にかけて京城府の景福宮で開かれることとなったが、その前後にかけて「大騒擾策謀」の情報が総督府に入り[47]、8月25日から約70日間にかけて警察が担当区域を鉄道に乗って移動しながら警備に当たる特別警戒態勢が敷かれた[48]。仁川地域では、早くも8月20日から朝鮮博覧会特別警戒が行われ、集会が禁じられている。さらに、京城では、左派系のソウル青年会および各在京青年団体が毎年8月28日頃に行ってきた国際青年記念日[49]（毎年9月第1日曜開催）のための

表4　全鮮野球争覇戦の開催予定日

1924年	9月14日から2日間（京鉄グラウンド）
1925年	8月29日から3日間（京中グラウンド）
1926年	8月29日から3日間（京城運動場）
1927年	8月28日から3日間（同上）
1928年	8月26日から4日間（同上）
1929年	8月18日から4日間（同上）
1930年	8月24日から4日間（同上）
1931年	8月23日から4日間（同上）
1932年	8月28日から5日間（同上）
1933年	9月02日から4日間（同上）
1934年	9月02日から4日間（同上）
1935年	9月07日から5日間（同上）
1936年	9月05日から5日間（同上）

『京城日報』と『毎日申報』の大会に関する社告から作成。

打ち合わせが禁じられることとなった[50]。こうしたなかで、全鮮野球争覇戦が特別警戒開始前の８月21日に終了するように計画されたのは、自然な流れだっただろう。

　1929年以降も、「日韓併合記念日」をめぐる警戒態勢や抵抗の機運はますます高まっていった。1930年の『特高月報』によれば、「全協」関東自由労働者組合なる朝鮮人団体などが９月１日の関東大震災記念日と８月29日の「国恥日」を連携させ、指令ニュースや檄文によりデモとストライキを促していたようであり、日本各地域において厳重な警戒態勢が敷かれたという[51]。無論、「日韓併合記念日」または「国恥日」をめぐる檄文撒布やデモなどは、1930年に始まったわけではない。朝鮮半島においては、ハン・チョルホ（2010、2011）がすでに指摘しているように、「日韓併合記念日」をめぐっては、「日韓併合」当初はもちろん、その後も朝鮮半島内外で国権回復を目指した抗日活動があり、朝鮮人側のいわゆる「民族紙」は同活動を継続的に報じていた[52]。現に、1919年の３・１抗日独立運動の影響で1920年に創刊された『朝鮮日報』は、こうした抗議活動をほぼ毎年報じていた[53]。

　ただ、1930年の報道は、それまでの報道とは規模が異なり、「日韓併合記念日」に際した国内外の檄文撒布や労働ストライキを８月28日付夕刊２面トップの大部分を使って報じている[54]（図14）。ちなみに、同年の８月26日から開催された全鮮野球争覇戦に関しては、その競技結果を２日後の８月28日付夕刊７面の「運動競技」欄にて簡潔に伝えているだけだった[55]（図15）。

　1930年の国際青年記念日には、昨年の「日韓併合記念日」に会員30人余りが検挙された咸鏡北道清津青年会が腹いせに駐在所および民家を破壊する事件も起きており[56]、1929年の特別警戒以降に状況がますます悪化している様子が見て取れる。さらに、同年は、一般民衆の娯楽活動にも「日韓併合記念日」前日の８月28日から厳しい警戒が行われ、京城に位置する朝鮮劇場および各市内の劇場では開演とともに警察が扉を閉めて出入りを厳禁し、場内を隅々まで監視したという[57]。1930年と、31年の全鮮野球争覇戦は、前者が８月27日、後者が26日と、いずれも「日韓併合記念日」警戒開始の直前に終了するように開催期間を設定し

図14 『朝鮮日報』における「日韓併合記念日」報道(『朝鮮日報』1930年8月28日付夕刊2面)

図15 『朝鮮日報』における全鮮野球争覇戦報道(『朝鮮日報』1930年8月28日付夕刊7面)

ており、明らかに「日韓併合記念日」前後の険悪な雰囲気の影響を受けている。

　ただし、1932年には、8月28日から5日間にかけて大会が企画されており、「日韓併合記念日」はもちろん、9月1日震災記念日まで大会期間に含まれている。1930年の『特高月報』からもわかるように、「日韓併合記念日」と震災記念日は、日付が近いということもあって両記念日に際した抗日活動において連携が意識さ

れていた。また、1932年の『朝鮮日報』の8月の記事は確認できないが、日本本土においては反帝国同盟なる団体が『反帝新聞』を発行して「忘れるな！八月二十九日朝鮮国恥日を」などの記事を書き、特高警察もこれに厳重警戒しており[58]、決して世情が安定していたわけではなかった。

　こうしたなかでも、「日韓併合記念日」前後の開催が敢行されたのは、新興満蒙博覧会の開催を盛り上げるためだった。1931年の満州事変以来、1932年には「満州国」が樹立されるが、新興満蒙博覧会はこれを祝うために、『京城日報』と『毎日申報』の共催で京城運動場がある城東 原 頭訓練所にて7月21日から9月
<ruby>城東原頭<rt>ソンドンウォンドゥ</rt></ruby>
18日まで開催されたものである。同行事と同年の全鮮野球争覇戦は密接に連携しており、争覇戦への先着入場者には新興満蒙博覧会の観覧券が贈呈された[59]。加えて、『京城日報』は8月29日付夕刊1面全体を争覇戦の特集にし、そのタイトルを「第八回全鮮野球争覇戦／新興満蒙博記念」と銘打っている。大陸進出への活路を開いたという意味で、「満州国」樹立と「日韓併合」は酷似しており、「満州国」樹立を祝う雰囲気がその年限定で「日韓併合記念日」行事としての全鮮野球争覇戦を復活させたものと思われる。

　現に、1933年からは、9月2日以降の開催となり、「日韓併合記念日」はもちろん、震災記念日を避ける形で大会期間が設定された。1933年に『朝鮮日報』が8月27日付朝刊2面にて警察は「日韓併合記念日」と国際青年記念日を前にして「昨今両年は極東の物情が緊張にある時期で、もしや非常な陰謀があるやも知れぬという心配もなきにしもあらず、平常より非常に緊張している」と報じているように、「日韓併合記念日」をめぐる状況は年々深刻化していったのである。そして、ついに1934年には『朝鮮日報』上で「併合記念」の「併合」が伏せ字になり[60]、「日韓併合記念日」という言葉が8月の報道から消え、全鮮野球争覇戦も1936年の大会を最後に幕を閉じた。

　ただし、注意すべきは、全鮮野球争覇戦の大会時期が「日韓併合記念日」から離れていった背景には同記念日に際した抵抗の文脈があったにしろ、それが同大会を終わらせたわけでないという点である。むしろ、争覇戦が終わる直接的な背景は、朝鮮民族の抗日活動とそれに対する抑圧ではなく、朝鮮人の植民地支配へ

の参加が重視されるようになる文脈と結びついているように思える。

　日中関係の悪化、極東情勢の不安定化に対し、朝鮮総督府は警戒態勢の強化という一元的なアプローチのみを取ったのではない。周知のように、それまでの「内鮮融和」を一層強化する方策をも講じていた。その1つが、1935年頃に始まった「心田開発」である。「心田開発」とは、要するに、国体観念や日本人のような愛国心を朝鮮人が持つように心を開発するというものであり、いわゆる朝鮮人の「皇民化」を目指したものだった。そして、その有効な手段の1つとして考えられたのが野球だったのである。

　小野容照によれば、1931年以降、甲子園大会朝鮮地区予選に参加する朝鮮人の数は日本人を凌駕する勢いで急増し、1936年に同大会の朝鮮地区予選を観覧した総督府の富永文一学務局長はこれまでこの競技を見なかった自分を愚か者だったと述べたという。小野の言葉を借りれば、「学務局にとって、数多くの朝鮮人が参加する朝鮮地区予選は同化政策推進の魅力的な道具だった」のである（小野　2017：298）。すなわち、全鮮野球争覇戦が1936年の大会を最後に消えるのは、「日韓併合記念日」をめぐる朝鮮人の抗日活動が活発だったからというより、彼らの参加を引き出す大会として魅力がないという判断があった可能性が高い。これまで明らかにしてきたように、全鮮野球争覇戦は朝鮮人よりも日本人の参加者が圧倒的に多い大会であり、主に朝鮮人を対象とする「心田開発」には向かないのである。

『京城日報』が主催していた大きなスポーツ大会には、野球のみではなく庭球大会も含まれていた。野球は全鮮野球争覇戦、庭球は、女子庭球大会のことであるが、前者は1936年で幕を閉じた反面、後者は総督府がスポーツ選手の養成よりも一般民の体意向上を明確に打ち出す1939年まで継続的に行われている。女子庭球大会については、次章でまた詳しく言及するが、全鮮野球争覇戦とは異なり、参加人数の過半数が朝鮮人で構成されていた。このことからも、全鮮野球争覇戦が1936年で幕を閉じた理由が朝鮮人の抵抗で競技進行が難しくなったからというよりも、朝鮮人の参加とその植民地支配への動員が一層強く意識される文脈と関連がある可能性が高いことが窺えよう。

もちろん、抵抗の文脈が「日韓併合記念日」前後の大会の開催に全く影響がなかったとは言えない。これまで検討してきたように、全鮮野球争覇戦が「日韓併合記念日」前後から離れていったのは、この日をめぐる抵抗の激化があったからだろう。さらに付け加えれば、全鮮野球争覇戦が終了してから、『京城日報』や『毎日申報』が「日韓併合記念日」前後に何らかのスポーツ大会を主催することはなかった。1934年には「日韓併合記念日」の「併合」が伏せ字になり、これを境に、毎年のように同記念日前後の抗議活動を伝えてきた『朝鮮日報』の8月報道から関連報道が消えた。「日韓併合記念日」をめぐるこうした緊張の高まりのなかで、総督府当局やその事実上の機関紙が全鮮野球争覇戦に代わる新たな「日韓併合記念日」イベントを創出することは難しかっただろう。そもそも朝鮮総統府は「日韓併合記念日」には消極的だった。おそらく、自らの「日韓併合＝詐欺」に対する責任問題があり、朝鮮人の「国恥日」認識と明確な対立軸を作りたくないという判断がその背景にはあるだろう。朝鮮人の「日韓併合記念日」に際した抵抗は、全鮮野球争覇戦を終わらせる直接的な原因ではなかったにしろ、同記念日に「内鮮融和」により適した新たな大会が設けられることを難しくする要因ではあったはずである。

　ただし、ここまでの8月29日に際した「日韓併合」の記念のあり方の歴史を朝鮮人の抵抗の証明とばかり捉えるのは「日韓併合」に対する日本帝国政府や朝鮮総督府の責任問題をあやふやにする恐れがある。日本帝国政府や朝鮮総督府は朝鮮人の抵抗が激しかったから「日韓併合記念日」を祝えなかったというより、一進会の解散やこれまでの記念状況の分析からもわかるように、そもそもその記念に参加者として朝鮮人を迎え入れるつもりがなかった。「日韓併合記念日」のあり方が途中から朝鮮人本位から日本人本位に変わったわけではなく、最初から最後まで一貫して日本人本位だったことはそのことを物語っている。8月29日という「日韓併合」の最も象徴的な日付をめぐる1910年から全鮮野球争覇戦の終焉に至るまでのその記念のあり方から浮かび上がるのは、朝鮮人の抵抗の激しさの証明というより、朝鮮人の8月29日「日韓併合記念日」への参加の疎外の問題であり、「日韓併合」に対する植民地支配の現実を日本帝国政府や朝鮮総督府

が覆い隠そうとしたことに対する証明なのである。

　日本人向けの「内鮮融和」の宣伝を意識した全鮮野球争覇戦が「日韓併合記念」を冠せず、8月29日から離れ、ついには消えてしまう過程は、最終的には日本人の参加をも封印することで、朝鮮人の抵抗からも、日本人本位の記念日への参加状況からも浮かび上がる「日韓併合」の歪みがぼやける過程を意味する。朝鮮人の抵抗が望んだことは「日韓併合」の歪みの暴露であり、その意味でこの過程は、朝鮮人の抵抗の望みと逆行する動きでもある。日本帝国政府と朝鮮総督府の「日韓併合記念日」に対する消極的な態度は、朝鮮人の抵抗への配慮などではなく、「日韓併合」の歪みに対する口封じであり、自らの責任の意図的な忘却だったことを抵抗の強調のなかで見失ってはいけないだろう。

4　おわりに

「一視同仁」を意味するはずの「日韓併合」は、その性質が植民地支配的で差別的であったために、8月29日という最も象徴的な日付に朝鮮人の参加を積極的に促す形でそれを祝うことができなかった。その歪みは8月29日「日韓併合記念日」への日本人本位の参加として表れた。そして、こうした「日韓併合記念日」のあり方は、「一視同仁」という建前を遂行していく必要があった朝鮮総督府や日本帝国政府にとって決して都合が良いものではなかったと言える。

　日本では「日韓併合」当年の祝賀イベントからすでに大々的なイベントが制限され、朝鮮半島でも朝鮮総督府に植民地権力が一元化されたことで居留民団の提灯行列といった盛大な祝賀イベントが封印された。こうした過程は、まさに「日韓併合」の怪しさと歪みを「日韓併合」を実行した側こそ明確に意識していたことを意味している。

　もちろん、朝鮮総督府として「日韓併合」を祝いたくなかったわけではないだろう。しかし、8月29日という日付が朝鮮人との対立軸を意識せざるを得ない以上、その祝賀は「治安」の観点から日本人本位的にならざるを得ず、その状態は「日韓併合」への朝鮮人の「不合意」を露呈させつづけることにもなる。「日韓併

合記念日」前後を盛り上げるメディア・イベントだった全鮮野球争覇戦が「日韓併合記念」を冠することがなかったのは、上記のような朝鮮総督府の「日韓併合記念日」に対する認識の表れだったと解釈できよう。

　一方、日本人の「日韓併合」にまつわる優越意識の是正は、植民地支配という本音を暴露させないためにも必要だった。全鮮野球争覇戦はその役割を担わされていたのであり、日本人向けに「内鮮融和」を宣伝するものとして形作られたものだった。もっとも、そこには朝鮮人プレイヤーの参加も見られ、主に朝鮮人を読者とする朝鮮総督府の事実上の機関紙だった『毎日申報』も『京城日報』とともに主催社として参加していた。しかし、実際に大会に参加していた朝鮮人プレイヤーは日本人に比べて少なく、『毎日申報』も『京城日報』のように積極的に自らの読者を参加させる工夫をすることはなかった。また、いわゆる「民族紙」の1つだった『朝鮮日報』が同競技をそれほど重要なものして報じることはなく、むしろ、「日韓併合記念日」に際した抵抗を同紙は積極的に報じていた。

　この全鮮野球争覇戦は「日韓併合記念日」に際した朝鮮人の抵抗が激しくなるにつれ、8月29日前後の開催から外れていき、日中関係の悪化、極東情勢の不安定化により朝鮮人のいわゆる「皇民化」プロジェクトが重要になるなかで閉幕を迎えた。朝鮮人を「皇民化」するには、その参加を確保することが不可欠であり、朝鮮人の参加があまり目立たなかった全鮮野球争覇戦はそれほど魅力的なものではなかったのだろう。

　この大会の閉幕以降も、「日韓併合記念日」前後を盛り上げる新たなメディア・イベントが組まれることはなかった。それは朝鮮人の抵抗が激しかったことも背景にあるだろうが、それよりも、そもそも朝鮮総督府が8月29日前後の朝鮮人の参加を促すことに消極的だったというのが大きい。この日付に朝鮮人の参加を確保できるとしても、「国恥日」認識との衝突は避けられないものであり、日本人本位の祝い方も「日韓併合」の歪みを露呈させかねない。「日韓併合記念日」を何らかの形で祝うよりも、封印する方が日本帝国政府や朝鮮総督府の「日韓併合」の歪みに対する責任を回避する上で得策だったのである。

「日韓併合記念日」をめぐる一連のこうした過程で浮かび上がってくるのは、

「日韓併合」が日本人本位的なものでしかなかったことであり、それを朝鮮総督府が明確に意識していたという事実である。その意味で、「日韓併合記念日」から明らかになるのは、朝鮮人の抵抗か協力かという問題より、支配側の自らの強引さや歪みに対する自覚であり、その責任を回避しようとしていたという事実である。そして、その責任の回避は、日本人と朝鮮人のこの記念日への参加の封印、特に朝鮮人のこの記念日からの疎外の上に成り立っていたのである。日本人は、自らの優越意識をあらわにする形であろうが、それを是正する形であろうが、その記念日への参加の主体としてありつづけたが、朝鮮人はこの記念日における日本人向けの「内鮮融和」の引き立て役とされ、自らの異議申し立てを行う機会も厳重な警戒態勢のなかで封印されてしまったのである。

　もっとも、朝鮮人の参加を制限し、封印しつづけることもまた「日韓併合」の歪みを認めることにほかならない。日本帝国政府も朝鮮総督府も建前としては「日韓併合」が朝鮮人のためのものであることを主張しつづける必要があった。確かに「日韓併合」を公布した8月29日は、そのことを宣伝するなら最も象徴的な日付ではある。だが、その日付は「日韓併合＝詐欺」という認識のもとに展開されていた朝鮮人の「国恥日」認識との対立を避けられない日でもあり、日本人の「日韓併合」にまつわる優越意識の噴出もあって、かえって日本帝国政府と朝鮮総督府の「日韓併合」の歪みに対する責任が暴露される恐れがあった。

　そこで、朝鮮総督府が考案したのが10月1日の「始政記念日」である。朝鮮総督府はこの日を中心に「日韓併合」の成果を示し、それをもって朝鮮人に「日韓併合」の意義を納得してもらおうとした。そして、実際、10月1日の「始政記念日」には朝鮮人が積極的に参加し、それに確かな感触を得た朝鮮総督府はこの日を中心に朝鮮人の「皇民化」を実行するようになる。次章では、10月1日の「始政記念日」における朝鮮人の参加の過程とそれが「皇国臣民」としての動員へと転換される様子を引きつづき朝鮮総督府の事実上の機関紙といわゆる「民族紙」の報道から明らかにしたい。

第2章　「始政記念日＝体育デー」のメディア史
——参加と動員

1　「始政記念日」の誕生と朝鮮人の参加

共進会の成功と「始政記念日」の定着

「日韓併合」を祝う記念日は8月29日の「日韓併合記念日」だけではない。1910年8月29日の「日韓併合」宣布の後、同年9月30日にそれまでの朝鮮統監府が改められ、朝鮮総督府が正式に発足した。翌日の10月1日から朝鮮総督府の朝鮮施政が始まることになり、総督府は同日を「始政記念日」と名づけた。李東勲によれば、初めは「施政」という言葉が主に使われたが、1914年頃から「始政」が多用され、「日韓併合」からの治績が強調されるようになったという（李2015：105-6）。同記念日は、まさに8月29日に代わって「日韓併合」を祝うもう1つの「日韓併合記念日」だったのである。

「始政記念日」への新聞の言及自体は、『毎日申報』が1911年10月1日付1面に「総督始政一周年」という論説を掲載しているように、「日韓併合」直後から確認できる。しかし、この日に際して、同年の「日韓併合記念日」の提灯行列のようなイベントの開催は見当たらなかった。「始政記念日」に際した記念行事の動きが現れるのは、居留民団制度の廃止が固まった1913年からであり、居留民団の「日韓併合記念日」と入れ替わる形で計画され始めた。そこで計画されたものとは、これまでの朝鮮総督府の治績を示し、朝鮮の物産を奨励するという朝鮮物産共進会だった。そして、このイベントは、「日韓併合記念日」とは異なり、朝鮮人の参加を促すことが明確に意識されたものだった。

　朝鮮総督府は、『朝鮮統治三年間成績』のなかで、朝鮮人の朝鮮内外の「排日思想」にもとづく国権回復の動きに批判を加えつつも、彼らを単純に押さえつけ

る対象というより、第1章ですでに引用したように、「厳密ナル取締ヲ施スヲ以テ足レリトセス能ク彼等ヲシテ新政ノ真意ト実況トヲ了解セシメ施政上寛猛宜ヲ制シ徐ニ其ノ感化ヲ図ルノ措置ヲ講スルヲ要ス」[1]対象として捉えていた。朝鮮物産共進会は、まさに、この認識を体現するものとして計画された。ただ、同記念行事が実際に行われたのは、1913年ではなく、1915年だった。朝鮮総督府の『施政三十年史』によれば、朝鮮物産共進会自体はすでに1913年に構想があったが、多額の費用の問題や観光客の収容問題のためさらなる準備が必要とされた。そこで、翌年には帝国議会に予算を申請、京元鉄道および朝鮮ホテルの新築工事の落成を待って1915年10月1日に開会式が行われる運びとなったという[2]。

同共進会が朝鮮人の参加を促すことが強く意識されたものだったことは、『毎日申報』の動きによく表れている。『毎日申報』は、9月11日共進会開催少し前の9月2日から10月31日にかけて1日当たり1万部の特別増刷を行い、これを日本や朝鮮のみならず、満州や台湾の各地に配る計画を立てていた[3]。満州地域は、当時、いわゆる「排日思想」の朝鮮人が多く在住していた地域であり、こうした『毎日申報』の企画は上記で確認した「新政ノ真意ト実況トヲ了解セシメ施政上寛猛宜ヲ制シ徐ニ其ノ感化ヲ図ル」方針を後押しするものだったと言えよう。すなわち、「始政五周年」を記念して行われることになった朝鮮物産共進会は朝鮮半島に限定されず、朝鮮内外にかけて広範囲な朝鮮人の参加を促すことが明確に意識されたイベントだったのである。このイベントが「朝鮮人の為」であることを『毎日申報』は次のように報じる。

総督府始政五周年記念日を迎えて新政治施行以来満五ヶ年間の聖上の恩恵が朝鮮半島に普及した実証と総督が朝鮮人の為に苦心努力した成果を宮殿下に御覧に入れる好機を得られた。〔中略〕内地の名士が続々と来観し、短期間での朝鮮半島のこのような発展を嘖々賞賛すると同時に、内地人にして日本の宝庫となり、東洋の楽土となった朝鮮を一刻たりとも疎忽に付せぬよう覚醒させ、一方の朝鮮の民衆に対しては新政の徳が是ほど偉大であることを目撃及び口伝させて、今後も益々奮発せずにはいられぬよう振作する。此れが共

進会開設の趣旨であり、将来朝鮮の発展が此れによって速歩で前進する機運を誘致すれば、新記録を作りに足るだろう[4]。

　朝鮮物産共進会は、夜間のイルミネーション、「新旧施政ノ比較対照」など近代化を視覚的に示す装置や朝鮮の妓生（キーセン）による日本舞踊公演などの余興も用意され、全開催期間で116万を超える観覧客を得たが、李東勲によれば、そのなかでも朝鮮人の観客は多く、全体の7割ほどだったという（李　2015：94-96、98）。また、チェ・ビョンテクは、朝鮮物産共進会には朝鮮人が総督府に反抗せずにその統治を受け入れた場合に得られる未来のビジョンを示す性格があったと言い、共進会場内部に開設された朝鮮美術展示では、朝鮮文化の価値を高く評価し、朝鮮総督府こそ李王朝より優れたその後継者であることも併せて表明されていたと指摘する（チェ　2020：149-50）。

　朝鮮総督府側の資料であるため、留意は必要だが、『京城府史』では同共進会の効果を「殊に地方民衆の頑迷固陋なる思想を、一挙に啓発する啓蒙的役割は他の如何なる施設にも見得ざる」[5]と評価しており、朝鮮人の参加割合も考慮に入れると、「新政ノ真意ト実況トヲ了解セシメ施政上寛猛宜ヲ制シ徐ニ其ノ感化ヲ図ル」目的はある程度果たせたものと思われる。少なくとも、当局側にはその感触があっただろう。

　こうした、朝鮮物産共進会の成功を背景に、1915年には「毎年十月一日を以て朝鮮総督府始政記念日と定め、当日は管下諸官署の事務を休止することゝ為し、以て永く此の盛事を記念すること」[6]が正式に決まることとなった[7]。これ以降、朝鮮総督府は「始政記念日」には祝宴を開いて「内鮮融和」を強調した[8]。1917年からは始政記念祭典も改めて定められ、朝鮮各地の神宮にて学校職員・生徒・官士などが集まって同祭典が挙行されるようになった[9]。始政記念祭典には民官の多数の参拝客があり、神宮の鳥居付近には玩具商や風船商の屋台が立ち並ぶ光景が広がっていたようである[10]。

　また、1917年には高句麗の壁画を題材にした始政記念絵葉書が発行された。これについて当時朝鮮総督府の諮問機関に該当する中枢院の小田幹治郎（おだみきじろう）書記官は

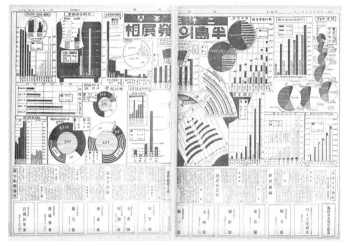

図16 「始政」の成果の提示(『毎日申報』1935年10月1日付朝刊4、11面)

「服装の優美にして清楚たる」と評価し、「法隆寺の画は唐代の仏画であり、此れは当時の風俗を写したもので歴史の参考としては彼の比ではありません」と述べたが、『京城日報』はこれを同年10月2日付夕刊3面のトップに据え、葉書の写真とともに大きく報じた。1910年施政元年から1920年までは毎年記念葉書が発行されていたようであるが[11]、新聞がこれを大きく報じたのは確認できる限り同年が初めてであり、「始政記念日」の定着を物語っている。

　さらに、第1次世界対戦の影響で小規模ではあったが、新聞社によるイベントは「朝鮮物産共進会」の後も行われるようになる。『京城日報』と『毎日申報』は1918年の「始政八周年」を記念して朝鮮人の児童が通う普通学校と主に日本人の児童が通う小学校の生徒を集めたお伽話講演会を10月1日に共同開催した。同イベントでは、京城市内の普通・小学校ともに3年次以降の生徒が集まり、普通学校と小学校の校長らによるお伽話が企画された。

『京城日報』は1918年9月29日付夕刊3面にて「皆さん此記事を好く読でお出下さい」と親しげに呼びかけ、その記事の冒頭で「世界の文明を居ながら学ぶ事の出来る普通学校の生徒の皆さんと、内地から来て皆さんと仲よく暮して居る小学校の皆さんとが、この記念日を一堂に会して、面白く可笑しく暮すのも決して無駄な事ではありますまい」と述べた。「日韓併合記念日」に代わって「日韓併

合」を記念する記念日として1913年からそれと入れ替わるように浮上し始めた10月1日「始政記念日」は、1915年「朝鮮物産共進会」の成功をもって正式な朝鮮総督府の記念日となり、その後も、このように日本人と朝鮮人、なかでも特に朝鮮人に近代化の成果（**図16**）やそれに連なる「内鮮融和」を宣伝する記念日として定着していったのである。

植民地朝鮮という認識をめぐる葛藤

　一方、「始政記念日」に際した「内鮮融和」の宣伝においても、「日韓併合記念日」同様、日本人の優越意識や差別意識は大きな障壁になっていた。李東勲によれば、朝鮮物産共進会は、イルミネーションや会場の様々な装置に驚く朝鮮人の姿を日本人が「幼稚」なものとして見つめるなど、支配民族の優越意識を再確認し、「我々」と「彼ら」の境界がより一層明確になる側面があったという（李 2015：96）。在朝日本人居留民は、朝鮮総督府が彼らに望む朝鮮人の「指導」や「同化」に同意して同共進会に参加していたというより、あくまでも「実利」の側面から参加していた側面が強かったというのである（李　2015：104）。

　こうした日本人の「実利」の観点と優越意識は、同共進会後にもつづいた。当然、朝鮮総督府はこれを大きな問題と認識しており、様々な是正活動を行うが、その1つが「朝鮮は植民地に非ず」を在朝日本人居留民に説法することだった。『大阪朝日新聞』の鮮満付録版1面において「日韓併合記念日」と「始政記念日」を含む形で1916年8月25日から10月16日にかけて展開された総督府の外事課長小松緑と京城で商売を営む自称京城隠士のあいだの論争は「非植民地」か「植民地」かをめぐる総督府と在朝日本人居留民の葛藤をよく表している。以下から、その論争の詳細を確認してみたい。

　まず、事の発端となったのは、1916年『大阪朝日新聞』[12]鮮満付録版8月25日付1面に小松の「朝鮮は植民地に非ず」と題した寄稿が掲載されたことだった。小松は同論説の冒頭で「時人動もすれば、朝鮮を以て植民地と称し、朝鮮人を異族視するものなきに非ず」という問題意識の下、朝鮮は欧米の言う植民地とは違って同等同質であると主張し、内鮮人[13]同化がいかに必然的で自然なものな

のか、そして、それがいかに日本人の「実利」になるのかを次のように述べた。

　誤つて斯く速了するものとせば、愚なり。知つて而して雷同するものとせば、狂なり。植民地といふは其の意味の当らざるのみならず、其の言葉や極めて悪し。〔中略〕併合の廟義決せらるゝや、朝鮮統治の方針として、内鮮人間に差等を置かざるを原則とし、朝鮮人は特に法令又は条約に於て別段の取扱を規定せるものゝ外全然内地人と同一の地位を有することに定められ、爾来一に此の方針により万般の施設経営を進行せられつゝあり。／斯の方針たるや必ずしも朝鮮人のみの幸と謂ふべからず。之に由りて国家の結合を□固にし、富量も、実力も共に強大を加ふべきが故に、畢竟帝国全体の幸たるや瞭けし、何時までも、足手纏ひの半開にして貧弱なる属土隷民を其の儘に放任するよりも、多少の資本と労力とを犠牲としてなりとも、新附人民を誘導同化し、之を文明の域に進めて純然たる帝国臣民たらしめ、相互の慶福を増進する目的に副ふものなり。〔中略〕抑日鮮の関係たるや、独り彊域の輔車相倚りて三千年来密接の利害を俱にしたるのみならず、種族の先を同うに、言語の源を均うし、文字の用を同うし、学芸の本を同うし、習俗の趣を同うし、風教の揆も亦大差なし打つて一丸となるは固より自然の勢必至の理に非ずや。

　この寄稿に対し、同年9月18日1面に京城隠士と称するものから「小松緑君の非植民地論を読みて」と題した反論が掲載される。京城に住む一般の商売人という京城隠士は、朝鮮は植民地じゃないという小松の言い分に対して欧米の言う意味での植民地ではないことは知っているとした上で、「只自国外へ自国の民が盛に移住し農業に従事し而して自国の法治下にあつた事実を以て常識的にこれを植民地と呼び傚はして居たのである」［傍点は原文のまま］とした。その上で、今更欧米的な意味での植民地ではないとわかり切ったことを言う小松の本音について、次のように述べる。

小松君は (一) 年々本国政府からの補給と総督府の役人の執務を指して資本と労力の犠牲と云ふのかそれとも (二) 官民を通じて朝鮮人開発の為に費す金と労力を指すのか不明であるが兎に角此犠牲の二字の内には内地人の朝鮮移住問題に関する重要意味を含んで居ると思ふ。朝鮮半島を日本の必要構成分子として役立たしむる説に左の三説ある。／〔中略〕(二) 半島の活力を生成する為に朝鮮人の開発を必要とし其目的の為に内地人の移住増加を必要とする説。(三) 半島の活力生成に日鮮人合同の活動を必要と認むるも内地人の多数移住は鮮人開発に妨害あるを以て鮮人の開発は之を総督府役人の手に委ね内地人の移住は成るべく抑制したしとの説。／吾人は第二説を取るが朝鮮人の成績次第では多少第一説を加味せなければならぬかも知れぬ、第二説を持する者に取りては朝鮮に投下さるゝ資本と労力とは毫も犠牲の意味を含まない、何となれば自己の収穫を大いにする為の資本や労力であるからだ。さすれば犠牲の二字を用ふる小松君及び総督府は第三説を取る者と見なければならぬのは自然の帰結であるまいか、此に於て初めて今更の如く『朝鮮は植民地にあらず』と唱ふる必要が読めたような気がする。敢えて小松君にお尋ねをするのである。［傍点は原文のまま］

　小松の「非植民地論」に対し、京城隠士は朝鮮人本位のメッセージを読み取り、「植民者」としての自らの「実利」を朝鮮人の「実利」のために「犠牲」にしろと言っているのではないかと強い反発を示したのである。この批判に対して、小松は腹を立てて、「お叱り」の反論を返したようだが、紙面上では確認できなかった。その代わり、小松からの「お叱り」を受けて、それに対する再反論が同紙同年の10月16日1面に掲載されている。「再び小松君に呈す」と題した寄稿で、京城隠士は「サーベルをガチャガチャさせて威丈け高になつて居る顔が見いる様な怒り方には、少々面喰つた」とした上で、次のように述べる。

　小松君は僕が不明瞭な同君の文から補うて拾ひ上げた三箇条中の第三説を『断じて執るものではない』と言明された、此れは甚だ結構だ、処が氏は非

植民地論を書いた動機は『内地人に向つて朝鮮を一時の腰掛けと心得ること・・なく自国自郷の観念で愛護すべし』との趣旨にあつたと弁明された、是れは聊か大山鳴動して鼠一匹の感がある、ナーンの事だ只単に腰掛の落ち着かぬ手合を戒めるのなんら、欧人の引合ひも三千年来の歴史を引ツくり返して来なくても、只『落附いてやれ』とさへ云へば夫れで済む事だ。〔中略〕だから小松君にしても今後モ一度同論を書かれる場合には『非植民地論』などと迂遠な論題は止めて単刀直入『非腰掛論』と銘打たゝ方が誤解もなく又隠士の手間も要らぬし一挙両得だ、分かりましたか。〔中略〕稲飯命は神武天皇が軍敗れて熊野浦に風に遇ひ船漂蕩して中々に要領を得さうになかつたのに憤慨して兵を引いて姙国に還つたといふ説と更に又新羅に入つたのだといふ説とがあるさうですが、共に韓土統治の具体的記録の明かに存せぬは遺憾です、或は占領されたかも知らぬが、夫れは極一小部分で今の朝鮮全体を挙げて日本と利害を俱にしたものとは云はれまいと思ふ。其上此種の統治は何時でも永続しないで、日本は絶えず朝鮮から苦しめられて居ろ、即ち過去に於ては日本は朝鮮から利益を受けた事もあるが随分害も受けて居る、だから「三千年来利害を俱にし云々」と大雑派には云へまい、日本の朝鮮統治・・・・・の古い歴史は皆小松君の所謂腰掛けの落附かぬ関係で、日本人としては余り誇りにならぬ歴史である。［傍点は原文のまま］

　日本人の「植民者」としての優越意識と「実利」の観点は、前章でも述べたように、まさしく「区別」の観点にもとづいており、朝鮮総督府が彼らを「内鮮融和」の尖兵にするには、その考え方を是正する必要があった。小松の「非植民地」という言い回しは、日本と朝鮮が物理的な距離だけでなく、精神や文化の面でも近いことを示すためのものだったと言える。「三千年来」の日朝間の密接な利害関係はその言い分を裏づける根拠となっていた。しかし、京城隠士は、朝鮮は「植民地」と言い切り、日本人と朝鮮人の歴史的な関係性を運命共同体などではなく、むしろ敵対関係に近い形で認識していたのである。京城隠士にとって、「日韓併合」が喜ばしいものだったとすれば、それは、長年の日朝間の友好の延

長線上ではなく、厄介な隣人をとうとう征伐したという認識に連なるものだった
だろう。

　もっとも小松緑とて心から朝鮮を「植民地に非ず」と思っていたとは考え難い。
「日韓併合」のとき、朝鮮統監府の外務部長として併合準備委員会に参加し、「併
合」後の朝鮮の処理についての原案作成[14]に携わった彼は「日韓併合」の実像を
誰よりも間近で経験している。彼の言う朝鮮との古代からの歴史も「日韓併合」
に合わせて作られたものにすぎず、しかも、それは日本の民族的な優越性を表す
ものだった（海野福寿　1995：228-29）。その意味では、差別意識が明確に表れると
はいえ、京城隠士の認識の方が朝鮮半島の状況をより的確に理解し、実像に近い
形で認識していたと言えるだろう。小松緑を含め、朝鮮総督府側がこうした日本
人の認識に困っていたとすれば、それは、彼らの認識が間違っていたからではな
く、むしろ、植民地支配の実像を暴露する本音に近かったからに違いない。

　こうしたなかで、朝鮮総督府が朝鮮人に対して「一視同仁」を主張しようと、
朝鮮人からしてみれば、欺瞞にしか見えなかっただろう[15]。それは朝鮮に在住
する日本人の植民者としての視点からも欺瞞でしかなかった。朝鮮の実像をある
意味「正しく」理解していた在朝日本人は自らを植民者として認識しており、朝
鮮人はその差別に不満を募らせていた。このような葛藤を単純に「一視同仁」や
「内鮮融和」といった言葉のみで解決できるわけもなく、しかも、日本人の民族
的な優越性にもとづいた歴史観をもって「植民地に非ず」と主張するのはそのス
ローガンの怪しさを露わにするものでしかなかった。1919年に朝鮮半島全体で
巻き起こった3・1抗日独立運動は、このような日本統治の現実を如実に表すも
のだったと言えるだろう。そして、この運動の影響は「始政記念日」にも及び、
『大阪朝日新聞』鮮満付録版1920年10月3日付3面の「總督政治記念日」では次
のように描写された。

　　一日は総督政治開始十周年記念日に付き例に依り不逞鮮人の流言飛語盛んな
　　りしも大体に於て各地共に平穏に経過したるが如し京城にては内地人側が国
　　旗を掲揚したるのみにて従来の如く鮮人に対して国旗の掲揚方を強ひず学校

にて授業を休み別に式典を行はざりしことが却て一般鮮人の心を和らげ不祥
事を発生せざりしものと観測され居れり（京城）。

　1919年の３・１抗日独立運動の後、「始政記念日」に際した「内鮮融和」は、
このように一層難しいものとなっていった。日本人と朝鮮人がともに式典を祝わ
なければ、平穏に過ごせたという報道は一種の皮肉にしか見えない。朝鮮総督府
が居留民団制度の廃止の決定とほぼ同時に「日韓併合」を正式に記念する日付を
その最も象徴的な８月29日から10月１日「始政記念日」にずらしたのは、日本
人の「日韓併合」に連なる優越意識や朝鮮人の「国恥日」認識の両方を軽減する
狙いがあったのかもしれないが、それでも「日韓併合」後の統治に対する日本人
と朝鮮人からの不満や猜疑心は容易には抑えられなかったのである。
　一方、居留民団の「日韓併合記念日」は葬られたが、朝鮮総督府の統治を象徴
し、自らが正式な記念日として定めた「始政記念日」を当局側がそう簡単に諦め
ることはなかった。朝鮮総督府やその機関紙たる『京城日報』と『毎日申報』は
こうした状況を打破するため、この後も日本人と朝鮮人に対する「内鮮融和」の
指導やその「実利」を節目ごとに示していった。例えば、当時の京城日報社長
だった副島道正は1924年10月１日『京城日報』朝刊２面と『毎日申報』１面の社
説欄に掲載した「始政第十五回記念日に際して」という彼自身の論稿のなかで現
状の朝鮮統治における問題点とその指導方針を次のように述べた[16]。

　文化政治を理想とし、一身上の総てを犠牲として半島統治に尽瘁せらるゝ現
　総督の下にも尚ほ且つ統治の前途に就て何となく不安の念の存ずるものある
　を見るのである。／その原因を問ふ者あらば吾人は容易に之に答ふることを
　得るのである。則ち曰く内地人の多数が日清日露の両戦役、及我帝国の大使
　命を忘却し、動もすれば誤てる思想に支配されるが為である。〔中略〕又ウィ
　ルソン氏が民族自決を唱ふるや、その真の意義を解せずして妄りに朝鮮の独
　立運動に雷同し、或は又欧米諸国は常に劣等人種を迫害することを説くもの
　あれば、則ち直に朝鮮人は威圧すべしとの暴論を吐くものもあるのである。

彼らは帝国の使命を解せず、又何故に日韓両国が併合し、何故に日支親善が必要であるかを知らないのである。内鮮の関係は英国と印度との関係と異り、又英国と愛蘭との関係とも異るのである。愛欄は百年間英国の迫害に苦んだのである。朝鮮統治に就ては二三の不幸なる事件、及依然として歴然たる差別待遇を除いては、大体に於て善政が布かれて居るのである。／吾人は日韓両国の併合が両国は勿論、実に東洋平和の為に大なる利益あることを確信すると同時に、内地生まれ及朝鮮生れの七千余万の同胞が、その共存共栄の為め真に握手、否実に相抱擁するに至らん事を祈願して已まざるのである。

　副島の論法は、1916年の「朝鮮は植民地に非ず」と題した総督府の外事課長小松緑のものと大きく変わるものではない。違いがあるとすれば、3・1抗日独立運動に手を貸していた日本人に対する批判も併せて行われているところだろう。その他は、優越意識にもとづいて「朝鮮人は威圧すべし」とする日本人の朝鮮人に対する敵対意識や、依然として残されている朝鮮人への差別待遇の是正を「文化政治」の課題としているなど、1916年時点での問題意識が時代状況と絡みながら再度提示されていると読み取れる。この「文化統治」の趣旨に関しては日本の植民地支配に不満を抱く側からも一部分肯定的に受け止められているが、一方では朝鮮人の独立をうやむやにするための新たな詐欺とも思われていた。3・1抗日独立運動の影響で上海に誕生した大韓民国臨時政府の機関紙『上海独立新聞』は、朝鮮総督府および日本帝国側の「文化統治」への転換の動きを朝鮮人の独立運動の成果として宣伝し、「二千万の韓民を日本の使い勝手のいい奴隷にすることが不可能とやっと悟り口先だけでも（韓日無差別）（韓人の韓土）を唱えるに至ったのであり実に日本人としては大覚醒であり大進歩である」としながらも次のように述べる。

　　朝鮮内に日本人の官吏がみんないなくなって総督一人のみ残るとしても、総督までも出ていき名義だけ日本の領土になるとしても、自由の思想に覚醒した我が民族性はこれを決して我慢できないだろう。／或いは朝鮮人本位を

云々し、或いは参政権、或いは自治を云々するが、云々するのは彼等の自由であり、我らには馬耳東風である。日本よ、子どもをなだめる手段で韓人を悦服せしめようとする徒労をやめるべきだ。浅薄な利害関係と憎たらしい威圧と詐欺の手段を以て韓人を籠絡しようとする徒労をやめるべきだ。もし、韓人に対して本当に誠意があるとすれば、韓人を統治しようとする欲を捨てるべきだ。そして、韓人の唯一の希望であり意思は、独立であり自由であることを知るべきだ[17]。

　このように朝鮮人からの信頼は得られず、「文化統治」が朝鮮人の独立と自由を蝕む新手の「詐欺」としか思われていない状況のなか、朝鮮総督府は第2の3・1抗日独立運動を起こさないためにも「韓日無差別」「韓人の韓土」を単なる言葉ではなく、明確な実践として示す必要があった。これまで見てきた1910年代の「始政記念日」に際した種々の行事や、1917年に発行された始政7周年の絵葉書で高句麗壁画を朝鮮の優秀な美として讃えるあり方は、その実践の1つだったかもしれない。しかし、いずれも単発的であり、継続的なものではなく、十分な効果を収めることはできなかった[18]。

　3・1抗日独立運動以降、朝鮮総督府は従来の実践とは明らかに異なる新たな「始政記念日」行事のあり方の必要性に迫られたのであり、その新たな記念行事のあり方は「始政記念日＝体育デー」という形で表れる。そして、この記念行事の新たなあり方には植民地支配に抵抗的な朝鮮人のいわゆる「民族紙」も積極的に参加し、朝鮮民族の身体の「壮観」が特に女性の身体を中心に展示されていくようになる。

2　11月3日「体育デー」の誕生と「内鮮融和」

「体育デー」と社会教育としてのスポーツ

「体育デー」は、1924年に、教育を司る日本の文部省によって初めて行われたものである。その開催時期は、10月1日ではなく、明治天皇の誕生日、すなわち

明治節の11月3日に設定されていた。野口穂高(のぐちほだか)によれば、文部省はこの日を全国一斉に体育的活動を実施する日として定め、各地の学校や関連団体の参加を呼びかけたようであり、当時としても規模の大きい国家的行事だったという（野口2014：48）。「体育デー」の誕生の背景については、運動競技の主管省庁の座をめぐる文部省と内務省の対立があったとする研究があり[19]、野口はこれらの研究を踏まえた上で、これをさらに内務省を中心とする運動競技の普及と文部省を中心とする「体育化」の対立として整理している（野口　2014：60）。

　文部省と内務省の争いについては、先行研究に譲るとして、ここでは、まず、文部省が「体育デー」をどのような日として位置づけようとしたかを確認してみたい。次に引用するのは、1924年の「体育デー」の実施の後、その後の実施の参考とするために文部大臣官房学校衛生課がまとめた『大正十三年全國體育デー實施概況』の冒頭の部分である。当局は日本の「内地」だけでなく、朝鮮や満州などの「外地」においても「体育デー」が一斉に実施されたことを「真に挙国一致、官民合同の盛挙であつた」として、次のように述べる。

　而(しか)して吾人の常に主張して止まざる体育の国民的普及の上に多大なる効果を齎(もたら)したのは勿論、稍(やや)もすれば体育を以て学生生徒の占有物なりと考へ、又は優秀選手の要請を以て、体育向上の目標となし、何等思を一般国民の体育運動に及ぼさず、加ふるに教育的見地を離れ、単なる運動競技の奨励を以て、国民体育の本領なりと考へ、精神的淘治の第一義を忘れんとするが如き傾向のある現代に於て、広く一般国民の間に健全なる体育思想を鼓吹し、その真意義を闡明(せんめい)し、以て体育の国民化、社会化と、運動の教育化体育化とを図る上に於て、得るところ頗(すこぶ)る大なるものがあつたのである。〔中略〕運動の国家的管理は、その目標を実に国民保健の問題を超越したる、団体的訓練、徳性の涵養、国民精神の養成等に置かねばならぬことが明かとなり、国を挙げて、体育の一般的普及が画策せられ、それが不断の実行及び教育的指導が力説せらるゝに至つたことは、我国における体育事業の健全なる発達の為め誠に慶賀の至りといはねばならぬ[20]。

文部省は、要するに、スポーツなるものを何らかの教育の目的、特に国民たらしめる上で重要な要素を含むべきものとして捉え、それを学校内部に限定せず、広く一般を巻き込む形で社会教育として実行することを念頭においていたのである(21)。そして、この「国民精神の養成」の趣旨は、朝鮮半島では日本人と朝鮮人がともに競技を行うことに力点をおくことで「内鮮融和」を示す形として適用されていくようになる。

「内鮮融和」の実践の日としての「体育デー」

　文部省の資料でも言及されているように、1924年に初めて実施された「体育デー」は、朝鮮半島においても11月3日に行われていた。この時期、朝鮮半島では、1919年の3・1抗日独立運動、1923年の関東大震災時における朝鮮人虐殺事件を受け、「内鮮融和」は危機に瀕していた。そのなかで文部省の通達によって実施されることとなった「体育デー」は、「内鮮融和」を意識し、それを実現する方向で行われるようになる。「体育デー」の催しは、行政府が主催するものと、新聞社が主催するものとに分かれていた。ここでは、京城府主催の催しと、『京城日報』と『毎日申報』の催しを主に紹介したい。

　京城府の催しは、『京城日報』と『毎日申報』の報道でも大きく取り上げられた。各地方の催しも報道から確認できるが、朝鮮統治の中心地が京城であり、また、両紙の本社も京城に位置している関係で、他の地域より扱いは断然大きい。1924年の時点では『毎日申報』は催しの要点を紹介するのみだったが、『京城日報』では**図17**のように11月4日付夕刊2面のトップ記事として扱われた。**図17**から見える写真は京城府内官公立各学校児童の連合運動の様子を捉えたものである。連合運動、すなわち、連合体操のことであるが、翌年に完成する京城運動場が位置している城東原頭訓練院グラウンドにて行われたもので、『京城日報』の報道によれば、主に日本人児童が通う小学校10校、朝鮮人児童が通う普通学校16校が参加したという。

　現在の知事に相当する京城府尹(22)が登壇、「体育デー」実施の趣旨を説明した

図17 『京城日報』における「体育デー」報道(『京城日報』 1924年11月4日付夕刊2面)

のち、君が代の斉唱を行ってから体操が行われ、それが終わると、各学校の代表選手による400メートルリレー競走が催された。また、午後1時からは、京城女学校体育連盟が主催する運動会が南山付近にある 奨 忠 グラウンドで挙行され、京城全女学生が参加する綱引き大会が行われた。『京城日報』は11月4日付夕刊2面の記事で同日の様子を「実に京城あつて以来の壮観」と表現している。ちなみに、**図17**の左下の写真は、綱引き前の女学生の写真である。画質が悪く、はっきりと区別はつかないが、上が白く下が黒いチマチョゴリを着た朝鮮人女学生の姿が写真の右半分に写っている。

　この年の「京城あつて以来の壮観」は、グラウンドだけでなく、京城市街地でも演出されていた。『京城日報』と『毎日申報』が共催した町洞対抗リレー競走である。同競技は、「体育デー」を記念して11月3日に行われたもので、商店の店員から弁護士に至るまで町の住民のなかから代表選手が選ばれ、それぞれの町または洞を代表する青年らが決められたコースの疾走タイムをリレー形式で競うというイベントだった。競技は甲組と乙組に分かれて行われ、前者では全員朝鮮

図18 『京城日報』における町洞対抗リレー競走報道（『京城日報』1924年11月4日付朝刊3面）

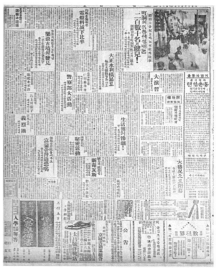

図19 『毎日申報』における町洞対抗リレー競走報道（『毎日申報』1924年11月4日付日刊3面）

人の学生で構成された武橋町が1等に、後者では全員が日本人の青年会員で構成された本町1丁目が1等に輝いた。

　なぜ甲乙に分けて競技が行われたかは不明であるが、甲組は日本人34名、朝鮮人53名が出場し、乙組は日本人48名、朝鮮人34名が出場している。いずれにせよ、全体では朝鮮人も日本人も盛り上がるような形になっており、そのコースには朝鮮人の繁華街だった清渓川以北の鍾路通りが含まれた。『京城日報』は1924年11月4日付朝刊3面にて同競技の結果を「體育デーを飾った朝鮮未曾有の大壮擧！」と報じ（**図18**）、『毎日申報』は、競技結果の報道の一部分がちぎれて確認できないものの、同日3面にて「体育日を紀念する本社の壮挙／町洞の名誉に胸を張る二百数十名の健児！[23]／朝鮮初有の町洞対抗『リレー』競走」とその前景を報じている（**図19**）。

　翌年の1925年の11月3日も、1924年の「体育デー」とほぼ同じ行事が行われた。ただ、なぜか町洞対抗リレー競走は『京城日報』単独主催に変わり、大会の参加人数もA組に日本人24名、朝鮮人24名、B組に日本人25名、朝鮮人17名

図20 『毎日申報』における連合体操報道(『毎日申報』1925年11月4日付日刊2面)

と前回の大会よりは少なくなった。一方、京城府主催の行事に関しては、同年に京城運動場が完成し、同行事が京城運動場で行われたこともあって、1924年より一層充実したものとなった。参加児童数は2万人から3万人に増え、庭球大会、初等学校児童の野球大会、女学生の連合体操が加わった。また、運動場の入場には料金が課されるが、「体育デー」はこれを無料にし[24]、いつもなら行われていたいかめしい取り締まりもなく、「今日だけは懐手で誰でも入れ、府民全体が競技に打興じられる」ように配慮されていた[25]。

　ただ、野球と庭球が加わったとはいえ、スポーツに教育的な観点を求める「体育デー」においては、それらの競技よりも日本人と朝鮮人の学生が合同で行う連合体操が特に重視された。『京城日報』は1925年11月4日付夕刊1面にて連合体操の前の写真を大きく掲載し、「体育デーの花形」とキャプションを添えている。『毎日申報』も図20のように、同年11月4日付2面トップとして京城日報社同様の写真を掲載していた。また、特筆すべきは、この連合体操において特に女性の美しさが強調されていたという点である。『京城日報』は1925年11月4日付夕刊2面にて「けふの體育デー／白熱して技を競ふ三萬の學童の跳躍／紅白のリボンが蝶の様に舞ふ／觀覽者五萬に達す」と見出しを打ち、次のようにその様子を描

写している。

　　府尹が場中央の高い台にたつて体育デーの挨拶をやり愈々体育デーの幕がき
　　つて落とされる直(ただち)に小学普通学校生徒の連合体操女性生徒の頭にひるがへ
　　るリボンが色とりどりに蝶のやうであり、単色の鮮人少女の服も美しい色彩
　　を描き出してゐる、真白な鮮人児童の服、小倉服の内地人児童、その
　　二万五千人が号令の下に跳躍、肢(し)の体操などを行ふ、目もさゆるやうな美し
　　さだ、

　規律正しく行う体操は、文部省の言う教育的な運動に適しており、朝鮮におけ
る「体育デー」においては最も冒頭に行われる「花形」だった。ただし、その意
味は単なる身体の規律訓練というより、日本人と朝鮮人がともに行うことに力点
があり、まさに「内鮮融和」が強く意識されていた。そして、『京城日報』がそ
の見出しに「白のリボンが蝶の様に舞ふ」を打ち出しているように、体操におい
て女性の動きは特に注目されていたことがわかる。では、なぜ、男女連合体操に
おいて、女性の姿が殊更に強調されたのだろうか。こうした女性への着目は「体
育デー」のみではなく、「始政記念日」のメディア・イベントの特徴でもあり、
両者が1926年に統合することによってさらに明確になっていくが、次節ではそ
の背景を見ていく。

3 「始政記念日＝体育デー」の成立と女性の身体

女性の身体と記念日

　当時の体育は、女性の身体と不可分の関係にあった。冒頭で引用した文部大臣
官房学校衛生課『大正十三年全國體育デー實施概況』(1925)では、「各種の団体
中よりその代表とも見るべきものを挙ぐる」とされており、そのなかには女学校
の実践が含まれた。例えば、福井県武生(たけふ)高等女学校学友会が1924年11月3日に
行った「女学校の窓から女子体育の叫び」と題した講演内容が取り上げられてい

る。講演では出産や育児を担う女子の身体こそが「直に国や家の盛衰に関係します」とされ、女子体育の重要性が次のように力説された。

　　体育といふことを学校の仕事とのみ思ふのは大層誤つてゐます。体育は老幼
　　男女の別なく、凡そ人間として自分の身体に対する教育で一生涯せねばなら
　　ぬ務です。近来学校運動の盛んになつたに伴ひ運動も追々に民衆化し、国
　　際化する様になりつゝあるのは、国民体育上誠に喜ぶべきことです。乍然
　　女子の体育には、女子自身も、男子の側からも、まだ十分理解のない人が沢
　　山あります。女子が子供を生み、育てゝゆかねばならぬ以上は、其身体を丈
　　夫に鍛ふことは男子以上に必要ではないか。〔中略〕日本女子の健康を害ふ
　　原因は、従来女子に対する社会の圧迫と、極端な礼法、道徳と、窮屈な髪と、
　　幅広い帯と、開放的な裾と、栄養量の少い食物と誤られた人形式の女性美な
　　どです。之をウント改善せねば、女子の健康は増進しませぬ。乍然「健康だ」
　　「体育だ」と申しても現今の状態では学校以外の処女や、日々家政にいそし
　　む主婦や、職業夫人に、血潮の燃ゆる女性徒と一緒にユニホーム姿で、グラ
　　ンドに立つて、ボール抛げをしたり、駆けくらべをして、其巧拙や、タイム
　　を争ふことは到底望まれぬが、責めて女子体育の必要なことを、合点して古
　　い風習を改め、服装、飲食、姿勢などに注意し、化粧美よりも、健康美、調
　　和美を、女子も、男子も、目標とする様になつて欲しいものです[26]。

　女子体育を「男子以上に必要」と認識していたのは、女学校の関係者だけでは
なく、「体育デー」を実施した文部省の関係者にも共通したものだった。1917年
に体育の研究のため渡米し、20年にはフランスとドイツなどのヨーロッパ各地
を巡回して帰国後、1921年に文部省の視察委員、1924年には文部省衛生官と東
京師範学校教授を兼任した大谷武一[27]も、女子の体育を特に重要なものとして
認識していた。
　大谷武一は、体育は民族の消長にもつながる重大な問題であり、闇雲に運動を
行えば良いのではなく、「正しく導かれなければならない」（大谷　1924：1-4）と

考えていた。こうした問題意識のもと、大谷は1924年に『體育の諸問題』（目黒書店）を出版し、日本における体育の諸問題とその指導方針を示したが、そのなかには女性の問題も含まれていた。大谷は、体育問題が国家の重要問題として浮上する当時において、男性の体育についてはかれこれ議論も多いが、女性の体育については議論が不足しているとし、婦人の健康が種族の安寧に直結するとした青年心理学者スタンレー・ホールの言葉を引用しながら「婦人の健康は、男子の健康に比べて決して軽視すべきものでなく、実は男子の体育よりも婦人の体育の方が、一層緊要な問題である」（大谷　1924：125）と指摘した。

　その上で、女子スポーツの教育的目的を良妻賢母に連なる「立派な婦人を造ること」に求め、女子固有の美形を崩さないまま、健康な身体作りが可能な競技をいくつか提案している。大谷武一は、骨盤が発達した女子の身体に適した足を使った競技、例えば、短距離競走やリレーレース、跳躍などや、動きの激しさよりも容姿・表情・優雅さに焦点を当てたダンスを女性に適したスポーツとして挙げた。その他、「過激ならざる運動であればどんな運動でもよい」として、庭球、バスケットボール、弓術、薙刀、水泳などに言及している（大谷　1924：127-132）。日本において、上記のような方針がどこまで貫かれたかは定かではない。ただ、こうした「体育デー」をめぐる女性の身体への高い関心は、朝鮮半島においても十分に共有され得るものだった。

　朝鮮半島では、1919年の3・1抗日独立運動の後、「文化統治」の名のもとで様々な制度の改革が行われるが、体育に関する問題もその1つだった。西尾達雄によれば、朝鮮総督府は「文化政治」を掲げ、文化・教育・スポーツに関して朝鮮人にある程度の「譲歩」を示し、3・1抗日独立運動の直後には朝鮮人の通う普通学校においても日本人学校同様に体操を必修科目にしたという。そして、1922年2月には「第2次教育令」が施行され、日本人と朝鮮人のあいだに存在していた教育的差別待遇が表面的には撤廃となり、「一視同仁」のもとで体育内容が展開されることになった（西尾　2003：240、321）。

　1920年代におけるこうした展開のなかで、旧来の風習によって運動が不足しがちな朝鮮における女性の身体の問題も指摘されるようになった。男子の産業活

動に貢献する「社会家庭的」能率を上げるという文脈において女性の体力の向上が叫ばれ、「朝鮮における婦女子の解放」と称して意義づけられていったようである（西尾達雄　2003：315-18）。このような状況のなかで実施された朝鮮半島の「体育デー」において女性の身体に高い関心が示されたのは、不思議なことではなかったと言えよう。

　朝鮮半島における「体育デー」において女性が特に注目された背景として、もう1点指摘しておかなければならないのは、3・1抗日独立運動への女性の参加に対する朝鮮総督府や学校関係者らの反応である。3・1抗日独立運動と呼ばれているため、忘れがちであるが、その発端となったのは東京における朝鮮人留学生による2・8独立宣言だった。この宣言および運動にかかわった留学生が逮捕されるにつれ、朝鮮半島においても3・1抗日独立運動の兆しが現れ始めた。京城府学務係はこれに危機感を抱き、1919年2月24日に京城府内各私立学校の内地人教員を招集した。朝鮮総督府からは上田駿一郎視学官、京畿道からは入沢重麿第一部長が臨席し、各学校の状況を聴取した上で対策を講じることとなった[28]。その際の答申の概略が『京城府史』でまとめられており、その内容は次のようである。

　　外部よりの煽動に関しては厳重な監視あるにも拘らず、パンフレット或はビラを窃に生徒に送付或は配布するものがあり、又生徒は之を校内に持ち込み、生徒の集合場所或は便所の壁等に貼付する等の行為あり。その取締りは相当困難な状況であつた。／又留学生の帰鮮する者多く、それ等の内には盛に各学校生徒間に出入して之を煽動しつゝある形跡を認められるのであつた。従つて亦学生々徒の学習態度は全然落着きを失ひ、聊かの事にも付和雷同興奮する態度を示した。又女学生等は東京留学生慰問金募集等に狂奔し、中には一人にて廿円、廿五円と醵出する者もあり、従来屋内に蟄居し、社会情勢に対して全然無関心の慣習を有する朝鮮婦人が、此の種の運動にたづさはるのを生じたのは、大なる変化として極めて注目に価する問題であつた[29]。

3・1抗日独立運動は「朝鮮教育史上一大汚点を印したもの」で、従来の教育の方針の「厳密なる再検討」につながったとされるが[30]、上記の答申からは、その事件における女性の政治的主体としての浮上が当局および教育関係者らにいかに重大な問題として認識されたかが窺える。「体育デー」の目標が「実に国民保健の問題を超越したる、団体的訓練、徳性の涵養、国民精神の養成」にあったことはすでに述べたとおりである。そうした目標を掲げる以上、3・1抗日独立運動をきっかけに「極めて注目に価する」教育的・政治的課題として浮上した女性の問題を無視することはできない。彼女らをいかに「内鮮融和」に組み込んでいくのかは、3・1抗日独立運動以降、まさに緊急を要する課題となっていったのである[31]。

　3・1抗日独立運動の影響で「第2次教育令」が実施され、そのもとで男子の産業活動に貢献する「社会家庭的」能率を上げるための女性の体力の向上の必要性が叫ばれていたことを併せて考えれば、この問題はまさに朝鮮半島の近代化の問題にも直結するものだった。朝鮮半島の「体育デー」における女性の身体に対する高い関心は、文部省関係者の「体育デー」における女性重視の認識とは別に、こうした朝鮮人女性の「内鮮融和」への吸収と彼女らの身体の近代化の課題が1919年の3・1抗日独立運動後に浮上したことも背景にあったのである。

　一方、「体育デー」が実施される前からも朝鮮半島では女性のスポーツ大会が活発化していた。主に日本人を購読者とし、『京城日報』と双璧を成していた『朝鮮新聞』は、全鮮女子オリンピックという大会を1923年から主催するようになった。また、『京城日報』と『毎日申報』は一足先に中等女学生が参加する全鮮女子庭球大会を22年から主催している。

　どちらも、1920年代半ば以降に「始政記念日」のメイン・イベントとなる大会だが、特に後者は、1922年から10月1日「始政記念日」に開催されている[32]。1924年には『京城日報』同年9月29日付夕刊2面の社告にてその期日を知らせる欄に「十月一日（始政記念日）」と、同記念日との関連が明確に示された。1922年の新聞社による同大会の初回開催[33]の始球式を朝鮮総督府学務局長の夫人が

担当しており、教育との結びつきも窺える(34)。なお、「始政記念日」に『京城日報』と『毎日申報』が主催するスポーツ大会は全鮮女子庭球大会のみであり、同記念日と女性の身体との結びつきは強固なものだった。

「始政記念日」において、1922年からスポーツ大会をとおして女性への関心がここまで明確に表れたのは、すでに述べたように3・1抗日独立運動によって当局側が朝鮮人女性を「内鮮融和」に組み込む必要性を特に強く感じたからだろう。1922年は、「一視同仁」のもとで体育内容が展開されるきっかけとなったいわゆる「第2次教育令」が出された年でもあり、こうしたなかで女性とスポーツが結びつき、「始政記念日」にもその影響が表れたものと思われる(35)。そして、1926年には、京城府主催の「体育デー」が「始政記念日」の日に行われるようになり、同記念日はますます「内鮮融和」に朝鮮人の女性を組み込む記念日として定着していく。

「体育デー」は、1933年以降、文部省からの通牒等などは行われなくなり、各地域による自発的な実施になった（野口穂高　2014：49）。しかし、朝鮮半島ではすでに1926年から10月1日「始政記念日」に合わせて開催されるようになり、早くから文部省の「体育デー」から離脱している。なぜ1926年にいち早く単独での「体育デー」を「始政記念日」に行うようになったのか、その詳細な経緯は不明である。ただ、「始政記念日」において、女性とスポーツ、そして教育の観点が結びついた記念行事がすでに1922年から行われていたことは、その背景として重要だろう。さらに、「東洋一の大殿堂」と謳われた(36)朝鮮総統府新庁舎の落成式が1926年10月1日に行われており、当年は朝鮮総督府の施政にとって極めて象徴的な年になっていたことも背景にあったものと推察される。また、同年には、日本民族と朝鮮民族がともに日本帝国民として協力・融合して国民の本分を尽くすことが謳われた朝鮮人中等学校向けの『女子高等普通学校修身書』第3巻が発行された年でもあった(37)。

　いずれにせよ、こうして1926年から「体育デー」は「始政記念日」と同じ日に設定され(38)、『朝鮮新聞』の全鮮女子オリンピックは同年の大会から、「始政記念日」に行われていた『京城日報』と『毎日申報』主催の全鮮女子庭球大会も

1928年から「体育デー」大会の一部として行われるようになる。しかも、新聞社主催の「体育デー」大会は全て女子大会だった。また、1925年から行われた女学生の連合体操は、女子中等学校生徒による「女子マス・ゲーム」という名称となり、「体育日の花」として位置づけられた[(39)]。「体育デー」と「始政記念日」が統合したことで、「始政記念日」は一層女性の身体を「壮観」として「展示」する記念日として形作られていったのである。そして、この記念行事には、多くの朝鮮人が参加するようになる。

解放と支配の妥協──「壮観」としての女性の身体

　上記したように、『朝鮮新聞』主催の全鮮女子オリンピック大会は「体育デー」が10月1日「始政記念日」に統合された1926年からすぐに「始政記念日＝体育デー」のメイン・イベントとして配置されるが、『京城日報』と『毎日申報』主催の全鮮女子庭球大会が「始政記念日＝体育デー」の競技として組み込まれるのは、２年遅れの1928年だった。両紙の報道を確認する限り、この２年間において同大会が10月１日前後に開かれた痕跡は確認できない。『京城日報』と『毎日申報』主催の全鮮女子庭球大会は、『朝鮮新聞』主催の全鮮女子オリンピック大会より４年も前から10月１日に開催されてきたが[(40)]、1926年から28年のあいだの２年間、なぜ、10月１日開催ではなかったのだろうか。

　実は、「体育デー」が初めて10月１日の「始政記念日」に行われることとなった1926年に、『朝鮮新聞』とともにスポーツ大会の開催を任されたのは『京城日報』と『毎日申報』ではなく、1919年の３・１抗日独立運動の影響で1920年に『朝鮮日報』とともに創刊された『東亜日報』だった。そして、同紙が主催することになった大会こそ、全鮮女子庭球大会である。『京城日報』と『毎日申報』が同大会を主催していなかったのならまだしも、総督府側の新聞がすでに1922年から、しかも、10月１日に合わせて行っていたものを採用せず、『東亜日報』がその主催を担うことになったのはなぜだろうか。おそらく、すでに確認したように、３・１抗日独立運動によって朝鮮人女性が政治的な参加の主体として認識され、彼女らを「内鮮融和」へと取り込むことが何よりも「極めて注目に価す

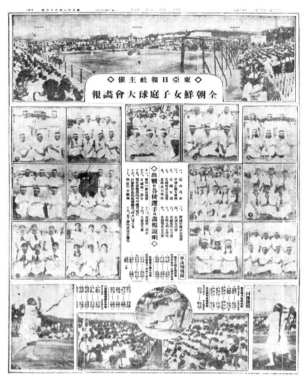

る」課題となったこと
が決定的だろう。植民
地支配に抵抗的な代表
的な「民族紙」だった
『東亜日報』を「始政
記念日＝体育デー」に
参加させることで、同
記念日がまさに朝鮮人
のために行われている
ことを象徴的に示す思
惑が当局側にあったの
かもしれない[41]。そ
して、これは『東亜日
報』にとっても決して
都合の悪いものではな
かった。

　1920年代に朝鮮半
島におけるスポーツが

図21　『東亜日報』における全鮮女子庭球大会報道（『東亜日報』1926年
10月3日付夕刊5面）

教育活動と結びつきながら1つの画期を迎えたことは前述のとおりであるが、『東
亜日報』は、いわゆる「民族紙」のなかでもいち早く民族の身体の近代化とス
ポーツ活動を結びつけていた。金誠は、その『東亜日報』の活動のなかでも代表
的なものとして1923年6月30日に初回が開催された同紙の全鮮女子庭球大会を
取り上げ、女性の身体の近代化と儒教的な抑圧からの解放が朝鮮民族の自立と解
放の観点においていかに重大な問題だったかを論じている（金　2017：127-36）。

　朝鮮民族の自立と解放のために女性の身体に着目していた『東亜日報』は、
10月1日前後に自らが主催するようになった全鮮女子庭球大会を**図21**のように
大きく報じ、朝鮮人女性の活躍を讃えていた。また同大会には多くの朝鮮人が参
加しており、日本人選手の2倍以上が朝鮮人選手で占められることも多かった

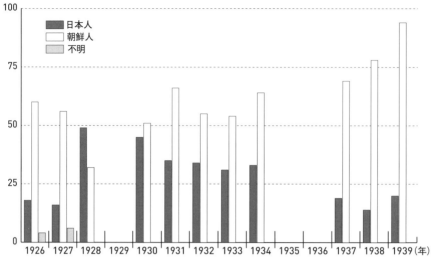

図22　新聞社主催の体育デー女子庭球大会における日本人と朝鮮人出場選手の比

（図22）。朝鮮総督府は朝鮮人女性を「内鮮融和」というのちの「皇民化」につながる文脈に組み込もうとし、「民族紙」の『東亜日報』はあくまでも朝鮮人としての自立と解放を念頭においていたが、両者のその異なるベクトルは朝鮮人女性の身体の近代化という側面においてこのように交わっていたのである。

　ただ、「始政記念日＝体育デー」に『東亜日報』が大会を主催するのは1928年までであり、それ以降は同記念日に際して大会を主催することはなくなった。明確な理由はわからないが、1929年に全鮮女子庭球大会は「始政記念日＝体育デー」の大会から外れ、1930年からは朝鮮総督府側の『京城日報』と『毎日申報』の共同主催に変わっている。『東亜日報』はこうした状況に不満を抱いていたのか、大会の主催を外された1929年には関連の記事をほとんど掲載せず[42]、同年10月1日に『東亜日報』後援で延禧専門学校の校庭にて開催された中学校陸上競技大会の報道に力を入れていた。しかし、**図22**のグラフでも確認できるように、『京城日報』と『毎日申報』主催に変わっても全鮮女子庭球大会に多くの朝鮮人女性が参加しており、朝鮮人の活躍が依然として目立っていた[43]。こ

れは新聞社主催ではないその他の大会においても同様であり、『東亜日報』は1929年から「始政記念日＝体育デー」の報道を再び積極的に報じるようになっていく。

　例えば、『東亜日報』は1929年10月3日付夕刊2面に「呉周泳君、児童競技二百米で新記録／体育デーと朝鮮児童の活躍」と見出しをつけた記事を大きく掲載している。また、1932年10月3日付夕刊2面では「年毎に向上する朝鮮学童の体力／尋常小学校より百米で断然優勢／体育日の成績良好」と題した記事のなかで、日本人よりも好成績を収めた朝鮮人学童の記録を列挙しながら「これは結局朝鮮学童たちの体力が根本的に弱くないということを物語っている」と朝鮮民族が身体的に日本人に引けを取っていないことが力説された。『東亜日報』にとって多くの朝鮮人が活躍する「始政記念日＝体育デー」はまさしく民族の身体の近代化を示す「壮観」だったと言える。そして、『東亜日報』がその「壮観」をイメージとして示す際に特に注目していたのは、ほかでもない京城府が主催する女学生のマス・ゲームだった。

　1929年10月3日付夕刊2面に「呉周泳君、児童競技二百米で新記録／体育デーと朝鮮児童の活躍」とその記録を大々的に報じる隣には「始政記念日＝体育デー」の「大壮観」を示す報道写真[44]が併せて掲載されるが、その写真はチマチョゴリに身を包んだ朝鮮人女学生の姿が写った女学生のマス・ゲームの写真であり、「花畑を成した大壮観＝体育デー女学生マスゲーム」というキャプションが添えられた（**図23**）。「始政記念日＝体育デー」の報道写真は、1928年と10月前後の新聞が発行されなかった1936年を除けば1939年の同紙の廃刊まで毎年掲載されており、1930年からは2面左上トップ掲載が定着する。そして、同紙から報道写真が確認できる12回分のうち7回分が女性単独のマス・ゲームの写真だった。こうした傾向は『東亜日報』のみならず、もう1つの「民族紙」の『朝鮮日報』においても共通して表れていた。

『朝鮮日報』は1931年10月1日付夕刊7面にて「同日午前九時から庭球コートで全朝鮮女子庭球大会が開催され、その次の日（十月二日）には午前九時から全朝鮮女子『オリンピック』大会、また、正午からは京城府内女子中等学校の連合体

図23 『東亜日報』における女学生マス・ゲーム報道（『東亜日報』1929年10月3日付夕刊2面）

図24 『朝鮮日報』における女学生マス・ゲーム報道（『朝鮮日報』1927年10月2日付夕刊2面）

操、日本人青年団の野球『リーグ』戦があり、大盛況と予想されている」と、「体育デー」への期待を述べている。また、『東亜日報』と同じく、10月前後の新聞発行が確認できない1926、32年を除いては、紙面のばらつきはあるにせよ、ほぼ毎年[45]「始政記念日＝体育デー」の様子を伝える写真を掲載した。なかでも女学生のマス・ゲーム関連は、報道写真が確認できる11回分のうち7回分掲載されており、女学生と体操に対して特に高い関心が示されていたことがわかる（図24）。では、なぜ『東亜日報』も『朝鮮日報』もこうも女学生のマス・ゲームに注目していたのだろうか。それには大きく2つの背景があるように思える。

　まず、1つ目は、両紙が「始政記念日＝体育デー」に主催する大会がなかったことである。1928年から10月1日「体育デー」全鮮女子庭球大会を主催した『京城日報』と『毎日申報』も女学生のマス・ゲームの写真をほぼ毎年掲載しているが、大きく扱われるのはやはり自らが主催する女子庭球大会だった。『東亜日報』の場合も、「始政記念日＝体育デー」に際した全鮮女子庭球大会を主催していた頃は、体操の写真など一切掲載せず、同大会の画報特集をすでに示した図21のように掲載していた。主催する大会がなくなるとともに『東亜日報』の女性の身体の近代化への関心は女子マス・ゲームに向かう形となったのである。次に、2つ目は、体操が民族的な見地から保健体育において特に重視されていたことが挙げられる。『朝鮮日報』は、「日韓併合記念日」に際した雰囲気が険悪になっていた1931年8月30日、その日の夕刊1面の社説「民衆保健と民衆体育／民族的にも重要な問題」にて次のように述べる。

　　体育の民衆化と教育の民衆化この二つは先進諸国家においてもとても必要な経世的大方針であるが、朝鮮人にとってはより一層緊切なる民族的一経論である。〔中略〕民衆文化はしばし別問題としてさておくとしても、保健に関しては再び一筆認めて吟味醍醐を加えたいと思う。医療摂生の方面はさておき、体育の民衆化、即ち、民衆的体育方法の樹立及びその遂行は朝鮮人にとっても実に等閑視できない。『チェコスロバキア』人の民族的復興と『ソコール』運動の体育的、その民族的気風上の効果は識者が興味深く思っているところ

である。吾人もまた日常的に注意するところであり、『体育増進』の方法を
なるべく一般化することで民族的体育の科目にし、或いは民族的体育の核心
的手段にするのも推奨するに足ると信じるところである。〔中略〕今回、『ニ
ルス・ブック』氏が朝鮮に訪れることとなり、京城でも同氏の指導の下でそ
の男女門生とともにニルス・ブック体操の実習及びその研究を見るに至った
が、吾人はこれを朝鮮人民間の一機関として幹旋できなかったことを遺憾に
思いつつ、その技術方法に関しては広く朝鮮人青年男女と、体育指導者諸氏
においてはより一層鑑賞見学及び習得の必要があることを断然主張するとこ
ろである。

　ニルス・ブックは青少年の身体の基礎的改造、矯正、発育促進を目的に考案さ
れたデンマーク体操の創始者であり、玉川学園の創立者小原国芳の強い要請に
よって1931年9月の来日が実現した。同学園のホームページの説明によれば、
元々玉川学園の生徒のための来日だったが、ブックが全国青少年の健康促進を目
的として、日本全国40数ヶ所を48日わたって駆け回り、実演と講演を行ったと
いう。これをきっかけに日本全国にデンマーク式体操が普及し、1932年に全日
本体操連盟が創案した「ラジオ体操」に、リズミカルな律動と芸術性を兼ね備え
たデンマーク体操の原型が取り入れられるまでになったようである(46)。
　一方、朝鮮民族の身体の近代化に大きな関心を寄せていた『朝鮮日報』もまた
ニルス・ブック式の体操を「『チェコスロバキア』人の民族的復興」と関連づけ
ていたのであり、「その民族的気風上の効果」を期待していたのである。『東亜日
報』も1931年ニルス・ブック来鮮の後、翌年の1932年2月12日から天道教青友
堂にて1週間にかけて開かれたデンマーク体操講習会を後援しており、「民族紙」
の体操をとおした「民族的復興」の願望が窺える。しかし、こうした「民族紙」
の「民族的復興」の願望は、皮肉にも「民族の消失」への潤滑油でもあった。
　ソコール運動とは、体育を通じた民族意識の覚醒を目指して19世紀チェコス
ロバキアで起こったもので、黒田勇によれば、当時の日本の官僚はこの運動が
チェコスロバキア共和国成立に大きな影響を与えたと認識していたようである。

さらに、簡易保健局は1927年8月に昭和天皇即位の礼に際した記念事業について考える会議を持ち、ここでラジオ体操も提案されたようだが、このときにソコール運動が大いに注目されていたことが併せて指摘されている（黒田 1999：15）。チェコ人とスロヴァキア人は民族的には西スラヴ系列だが、全く同様のアイデンティティを共有していたわけではない。チェコスロバキア共和国成立は、同じルーツを持つ民族が独立国家を樹立したと解釈することもできる一方で、日本人と朝鮮人の本来的な民族的な差異はなく、ゆえに両者は「皇国臣民」として1つになるべきだとする「内鮮融和」の文脈として解釈することもできる。ソコール運動に着目することは、朝鮮人の「民族的復興」を象徴し得ると同時に、朝鮮人の民族としてのアイデンティティを抹殺して日本人にしようとした「皇民化」にもつながるという曖昧さがあった。

　いわゆる「ラジオ体操」は、1931年に朝鮮にも導入され、1934年から本格化し、植民地を含んだ日本帝国の団結が図られた。そのような身体・健康の管理と「規律化」が最終的には「朝鮮人の日本化」を目指した「皇国臣民化政策」に帰結した（権 学俊〔クォンハクジュン〕 2021：140-46）という指摘があるように、「民族紙」の体操への関心は、後の「総力戦体制」に朝鮮人を朝鮮人としてではなく「皇国臣民」として動員する土壌の形成にもつながるものだったと言えよう。この妙な朝鮮人の民族主義と日本帝国側の朝鮮人の支配の論理の重なり合いは、女性の身体の側面からも指摘できる。

　日本に植民地支配を受ける前から朝鮮半島では女性を取り巻く環境の近代化がその重要な課題として掲げられていた。徐載弼〔ソジェピル〕が独立協会の機関紙として1894年に創刊した『独立新聞』は、自由・民権・独立を掲げ、そのためには家庭の革新、女子教育が必要性であるとし、女性は国家の後継者を育成する権限があるとして、女性を家に閉じ込める野蛮な風習からの解放を主張していた（山下英愛〔やましたよんえ〕2000：221）。

　このような主張は植民地支配下の「民族紙」でも見られるものであり、『東亜日報』は1926年10月1日付3面の「女子庭球選手に対する二つの希望」と題した評論で「国民の体格を改善する上ではまず母の体格をよくしなければなりませ

ん」と述べている。そして、これは皮肉にも「国民精神の涵養」を謳い、婦人の健康が種族の安寧に直結するという文部省関係者の「体育デー」の視点と見事に合致するものでもあった。1928年「始政記念日＝体育デー」2日目に馬野精一京城府尹は、女学生のマス・ゲームの前に彼女ら全員の前で体育と「賢母良妻」の関係性を説教していたようであり[47]、朝鮮人の民族主義と朝鮮総督府側の女性の身体をめぐる巧妙な共犯関係がここからも浮かび上がる。「民族紙」の民族主義的な朝鮮人解放の願望と、朝鮮総督府側の朝鮮人を「内鮮融和」に組み込むという課題は、本来ならぶつかり合うはずだが、こと女性の身体の近代化をめぐっては重なり合っていたのである。

　女性の「解放」は、民族的な対決以前に、社会的に抑圧されてきた彼女らの身体の近代化がまず先決課題として浮上する。この問題において、民族主義側も朝鮮総督府側も、いずれも「支配者」であると同時に「解放者」となる。民族主義と植民地支配の対決構図は、少なくとも女性の問題に関しては解消され、両者は全くの同等の地位に立ち、ある意味「同志」にもなるのである。

　そもそも、朝鮮人の民族主義は女性の「母性」を重視し、従来の儒教的な観念からの脱却を図りつつも彼女らに「朝鮮民族生産」の必要性を付与しており、この論理はのちに彼女らを戦時体制下で「皇国臣民の母」「軍国の母」の先鋒に立たせる土台をも提供している（山下英愛　2000：238-39）。「日韓併合」の当時、朝鮮は「女性」に喩えられ、その「女性」が日本という「男性」に「結婚」を申し込む形で成立したのが「日韓併合」だとする認識が日本帝国政府側にあったことも併せて考えれば[48]、「始政記念日＝体育デー」における女性の身体の「壮観」をめぐる民族主義と朝鮮総督府の一種の妥協はまさにそれぞれの「男性性」から成り立っていたとも解釈できるだろう。

　このような民族主義側と朝鮮総督府側の「始政記念日＝体育デー」における相互乗り入れ的な関係性は、「日韓併合記念日」と「始政記念日」における抵抗の文脈の強度にも表れる。第1章で、「日韓併合記念日」をめぐり『朝鮮日報』紙上において強い抵抗の紙面作りがあったことはすでに述べたが、10月1日「始政記念日＝体育デー」ではどうだったか。右の表5は、『朝鮮日報』上において「日

韓併合記念日」および「始政記念日」前後に確認できるその記念日の名称を冠した警戒・檄文・取締といった抵抗関連の記事を抽出し、その有無と件数をまとめたものである。三角は、「日韓併合記念日」や「始政記念日」と明言されていないものの、それらの日付前後に行われた何らかの抵抗関連の報道があった場合につけている。

「始政記念日」にも新聞発行が認められない時期を除いて、1936年まで何らかの抵抗の言説がなされていた様子が窺えるものの、全体的に

表5 『朝鮮日報』上における「日韓併合」の記念日関連の警戒・檄文・取締記事の有無と件数

	8月27日〜31日	9月29日〜10月3日
1921年	△	データなし
1922年	データなし	データなし
1923年	△	●(1件)
1924年	●(1件)	●(1件)
1925年	●(2件)	データなし
1926年	△	データなし
1927年	●(1件)	△
1928年	データなし	●(1件)
1929年	●(1件)	●(1件)
1930年	●(19件)	●(2件)
1931年	●(3件)	△
1932年	データなし	データなし
1933年	●(4件)	△
1934年	●(1件)	△
1935年	△	●(2件)
1936年	△	△
1937年	△	×
1938年	×	△
1939年	△	×

「日韓併合記念日」の方に抵抗の文脈がより明確に表れていることがわかるだろう。特に「日韓併合記念日」をめぐる朝鮮人の抵抗の文脈が活発化した1930年[49]にその差異は際立っている。1939年には京城の東大門高等係から「民心の動向を最も端的に捉えるために二十五日官下各駐在所と交番に通牒を出し、来る三十日に官下にある停留所、学校、各公衆便所全部にかけて落書きの一斉検索を断行しろとの命令が下った」[50]ようであり、当時の抵抗の文脈が8月29日前後に集中していた様子が垣間見える。

　こうした結果は、朝鮮人が「日韓併合記念日」と「始政記念日＝体育デー」を明確に区別していたからではない。記念日前後の紙面が確認できる範囲において『朝鮮日報』が唯一10月1日の「始政記念日＝体育デー」の報道写真を掲載しなかった1929年、同紙が「十月一日は併合二十周年記念日に該当する」[51]と述べているように、朝鮮人にとって「日韓併合記念日」と「始政記念日＝体育デー」に厳密な区別はなかった。それにもかかわらず、報道上での抵抗の紙面づくりに差異が表れたのは、後者には「民族紙」の耳目を集めるイベントがあったからで

はないか。すなわち、植民地支配に対する抵抗が、朝鮮人の参加の日となっていた10月1日をめぐりその対立よりも、まさしくある意味「融和」を示すこうしたあり方は、両記念日の日付の相違からくるというより、朝鮮人、なかでも女性の身体の「壮観」をめぐる総督府側と「民族紙」の妥協がその背景を成していたものと推察されるのである。

4「始政記念日＝体育デー」の「皇民化」への転換

　一方、このような朝鮮民族の身体的な「壮観」への参加は、1939年で終焉を迎える。同年の9月には第2次世界大戦が勃発し、戦争局面が本格化するなかで『東亜日報』も『朝鮮日報』も翌年の1940年8月には廃刊となる[52]。朝鮮総督府の朝鮮語の新聞で唯一残されたのは朝鮮総督府の事実上の機関紙だった『毎日新報』のみだった。『毎日申報』から1938年に『毎日新報』に改題し[53]、同紙は植民地解放まで「始政記念日」を報道しつづけたが、その報道の様子は、「始政記念日＝体育デー」から急激に離れていくことになる。
『毎日新報』における「始政記念日＝体育デー」の報道は、1939年がピークとなった。同年にはこれまで『京城日報』と共同で主催してきた全鮮女子庭球大会を『毎日新報』が単独で主催し、同紙はその大会の様子を号外を出すほど大きく報じていた。『朝鮮日報』も同年の「始政記念日＝体育デー」の様子を10月2日付夕刊2面にて「祝福された天気に長安はスポーツ一色／各所で繰り広げられた熱戦！」と報じながら、庭球大会の結果の詳細を掲載している[54]。だが、同年の10月2日には「国家総動員法」第4条にもとづいて朝鮮においても国民徴用令が実施され、この年を境に「始政記念日＝体育デー」は朝鮮民族の身体の「壮観」を提示するあり方から「皇国臣民」としての身体の「錬成」の日へと転換していく。
　1940年10月1日には、総督府の東庭で「始政記念日」の式典がその30周年を迎えて大々的に挙行され、韓国の「併合詔書」が南次郎総督によって読み上げられた。また、総督府の背後にあり、もともと国王の即位式が行われていた勤

政殿では、「始政」以来の功績者と殉職者の招魂祭が挙行された。これらの様子を唯一残された朝鮮語の新聞である『毎日新報』は、翌日の夕刊2面トップに「皇恩の温光から三十年／天地に満ちる喜び／輝く白亜の大館／南総督、中村軍司令官以下　軍官民四千、一同に集い感激／始政三十周年記念式荘厳」と題してその面の半分以上を使って大きく報じた。そして、その記念の意味を「三十年前の昔に日韓合併により皇恩がこの江山に宿り始め、兵站基地としての"青年朝鮮"は世紀的に飛躍することを約束するもの」として提示した[55]。また、同紙は「始政三十周年／歓喜と感謝と懺悔と盟誓」と題した1940年10月1日付夕刊1面の社説で、朝鮮総督府の治績を次のように讃える。

> 今日の朝鮮が持っている全ての良きものは、皇恩下の三十年間で成し遂げられたものばかりである。貪官汚吏の悪政は除去され、治安が確保された。少数の両班階級が庶民を圧迫搾取していた時代は終わった。教育は普及し、衛生施設が整備され、人口は増加し、平均寿命が延びた。女子は、その長いあいだ蹂躙されてきた人権を回復した。〔中略〕しかし、始政三十年の治績の中で最も冠することができるのは、朝鮮人皇民化の完成である。二千余万の民心を国民化する事業こそ歴史的大事業であり、難しい事業であるというのが母論だったのであり、これはおそらく、英国のスコットランド同化以降に初めて試みられ、成功した偉業である。その間には同化、融和、一体といった形で朝鮮人に対する政策的標語に多少の変遷があった。また、朝鮮民衆側からも、分離を夢想し、或いは、自治を論じ、或いは、同化不可能を論じる等、絶生的自暴自棄に陥ることもなきにしもあらずが、寛大なる大きな御心を体し、歴代為政者は一張一弛、一恩一威の方便であったにしろ、明治大帝の鴻謨どおり朝鮮民衆の皇民化を目標として一路精進し、南総督の代になって皇民化完遂の大きな結果を収めるに至ったのである。

同社説で、『毎日新報』はすでに朝鮮人の「皇民化」が達成されたと宣言し、それを朝鮮総督府の統治の最も偉大な業績であるとしている。この「皇民化」の

観念は、上記の社説からもわかるように、朝鮮人が日本人から独立して存在するのではなく、日本人に吸収されるべき存在として規定されることを意味した[56]。1940年2月に施行されて朝鮮人の日本風の氏名への変更を促した「創氏改名」[57]は、朝鮮人が朝鮮人としてではなく「日本人」として存在することを要求されたことを端的に表している。

　このような「朝鮮人の日本人化」の要求は、身体の管理にも及び、「もはや朝鮮人個人は、自身にふさわしい養成法を自主的に追求するよりも、帝国日本が定めた「国民」の標準として規定した身体に合わせて、自分の身体を義務的に管理しなければ」ならなくなっていく（権学俊　2021：146）。朝鮮の兵站基地化の宣伝と朝鮮総督による朝鮮人の「皇民化」完了の宣伝が行われるなか、「体育デー」の報道は「始政記念日」の報道から消え、その代わり、朝鮮半島における徴兵の必要性が高まるにつれて朝鮮人の身体を軍事的に「錬成」していくことが重視されるようになるのである。

　1942年10月1日朝刊1面には『毎日新報』の「始政三十二周年」と題した社説が掲載され、そのとなりには「今日・朝鮮青年特別錬成令公布」という記事が掲載されて1面トップを占めた。10月1日「始政記念日」に合わせて出された「朝鮮青年特別錬成令」は、朝鮮における徴兵制度の実施に備えて、17〜21歳未満の朝鮮人男性の皇国軍人としての「資質錬成」を意図したものだった。錬成の期間は大体1年に定められ、戦時などの緊急時には朝鮮総督の判断で6ヶ月に減らせるものとした。上記の年齢に該当する朝鮮人男性は錬成を受けることが義務づけられ、何らかの理由で選定されなかった17歳以上30歳未満の朝鮮人男性は志願により錬成を受けられるとしている。また、国民学校初等科を修了した者やその他朝鮮総督が指定する者は、特別な理由がない限り、錬成を受けなくても良いことになっていた[58]。こうした準備のもとで進められた朝鮮における徴兵制度実施は、翌年の1943年8月1日に行われた。徴兵制度が実施されてからも錬成はつづき、府民体育大会として女性をも含める形で展開されるようになる。

　1943年10月1日、午前9時から京城運動場で府制三十年記念府民体育大会が開かれた。府内の各機関によって代表選手が男女合わせて千人ほどが選ばれ、

図25 『毎日新報』における府民体育大会報道①（『毎日新報』1943年10月2日付夕刊2面）

図26 『毎日新報』における府民体育大会報道②（『毎日新報』1944年10月2日付日刊2面）

「相撲」「銃剣道」「陸上戦技」「自転車」のそれぞれの種目に当てられて競技を行った。「体育デー」が行われていた時期は、女学生のマス・ゲームなどで朝鮮人女性は民族衣装を着用する場合もあったが（図23、24）、「錬成」に変わってから女性はモンペ、男性は国民服の着用が義務づけられた。府制三十年記念府民体育大会は1944年にも行われ、『毎日新報』は、43年と44年の同大会をどちらも写真つきで報じている（図25、26）。

「始政記念日＝体育デー」は、このように戦争の激化とともに「始政記念日＝錬成」へと転換していった。この転換はまさに朝鮮人としての「始政記念日＝体育デー」への参加ではなく、「皇国臣民」としての「始政記念日＝錬成」への動員を示し、朝鮮人としての「自主性＝参加」を失うことを意味した。

5　おわりに

　日本人の優越意識や朝鮮人の「国恥日」としての認識が噴出しやすい居留民団の「日韓併合記念日」が封印された一方、「日韓併合」を祝うはずの「始政記念日」は朝鮮総督府の正式な記念日となった。朝鮮人の参加を確保できる、という感触を朝鮮物産共進会の成功で朝鮮総督府側が得ていることがその背景にあり、「日韓併合」の成果を日本人と朝鮮人両方に示し、「内鮮融和」を促す日として定着した。

　しかし、8月29日の「日韓併合記念日」同様、日本人の優越意識は朝鮮物産共進会でも表れ、むしろ一層強化された側面もあった。朝鮮総督府は「朝鮮は植民地に非ず」という主張を展開したが、そのような建前は日本人居留民にすら通用するものではなかった。日本人と朝鮮人との葛藤はつづき、1919年の3・1抗日独立運動の後は、とうとう日本人と朝鮮人の式典は別々になった。朝鮮総督府が居留民団制度の廃止の決定とほぼ同時に「日韓併合」を正式に記念する日付を10月1日「始政記念日」にずらしたのは、日本人の「日韓併合」に連なる優越意識や朝鮮人の「国恥日」認識両方を軽減する狙いがあったのかもしれないが、日付をずらしただけでは「内鮮融和」はそうは簡単に実現できなかったのである。

『京城日報』と『毎日申報』が行ったお伽話講演会、朝鮮の美を優秀なものとして紹介する記事の掲載は、そうした状況を改善するための1つの方策として解釈できよう。このような朝鮮人のオーディエンスを意識した新聞の報道は、1919年の3・1抗日独立運動後の「文化統治」時代にさらに盛り上がり、特に女性の身体と深く結びついて展開された。

　日本では国民の身体と精神を育て上げるものとして1924年に「体育デー」が考案され、婦人の健康が種族の安寧に直結するとしてその身体の重要性が叫ばれるようになった。一方の朝鮮半島では、3・1抗日独立運動の影響で「文化統治」への転換があったことや、その過程で朝鮮人女性が政治的な参加の主体として朝鮮総督府に認識されるなかで「体育デー」が取り入れられた。朝鮮人の女性をいかに「内鮮融和」に取り込むか、という問題が浮上し、「始政記念日」ではすでに1922年から全鮮女子庭球大会というメディア・イベントが行われていたが、1926年からはこうした「始政記念日」と「体育デー」が同じ時期に行われるようになり、朝鮮人女性の身体への注目はより明確に表れるようになった。「始政記念日＝体育デー」に行われる新聞社主催の大会は全て女子大会であり、『京城日報』と『毎日申報』が主催した全鮮女子庭球大会の参加者の過半数は朝鮮人で構成されていた。

　「始政記念日＝体育デー」には、いわゆる「民族紙」の『東亜日報』も初期の頃は全鮮女子庭球大会を主催する形で参加していた。また、その主催から外れてからも『東亜日報』は「始政記念日＝体育デー」の花形とされた女学生のマス・ゲームを毎年のように写真つきで報じた。『東亜日報』と「民族紙」として双璧を成していた『朝鮮日報』も同様の傾向を見せた。『東亜日報』は、民族の解放と自律の上で女性の身体の解放を重要な課題として考えており、『朝鮮日報』は「民族的復興」に体操が特に効果的であると考えていた。朝鮮総督府と「民族紙」の意図は朝鮮民族の支配と朝鮮民族の自立という別のベクトルを有するものであるが、女性の身体の近代化はどちらからも必要とされる課題だったのであり、その点において両者は「同志」になり得たのである。

　しかし、そのような「同志」の関係性も戦時局面の深刻化のなかで解体され、

「始政記念日＝体育デー」への朝鮮人の参加は、「始政記念日＝錬成」への「皇国臣民」としての動員に取って代わられた。『東亜日報』も『朝鮮日報』も1940年には廃刊となり、唯一残った朝鮮語の新聞であり朝鮮総督府の事実上の機関紙だった『毎日新報』を中心に朝鮮人の「皇民化」の完遂が演出されることになった。その「皇民化」では、朝鮮人の分離、朝鮮人の自治、朝鮮人の不同化を否定し、ただ単に朝鮮人が日本人に吸収されることが目指された。こうしたなかで行われた「総動員」や「徴兵」は、朝鮮人の民族的な身体の表現を制限し、「皇国臣民」として統制しようとするものであり、ここにおいて「始政記念日」は朝鮮人としての参加の日ではなく、「皇国臣民」としての動員の日へと転換したのである。

　この動員への転換の第1の責任が日本帝国政府や朝鮮総督府にあることは言うまでもないが、これまでの議論で指摘したように、朝鮮人の民族主義の「民族的復興」や自立・独立への願望が女性に投影されたとき、朝鮮を「女性」としてまなざす植民地支配の「男性性」と妥協的な側面を見せていたことにも責任があると言わなければならない。これはよく言われる1930年代における民族主義の日本帝国に対する抵抗から協力への変節に起因するのではなく、民族主義のそもそもの女性に対する一貫したまなざしにルーツがある。

「抵抗」か「協力」かの問題ではなく、ここに立ち表れるのは、やはり朝鮮人としての参加の問題であり、それが「皇民化」へと横滑りしていく植民地支配の巧妙さである。この参加の動員への横滑りは、朝鮮人としてのアイデンティティが保たれるか、そうでないかという決定的な差異があるにもかかわらず、それが主に女性の身体をとおして巧妙に重なり合っていたがために、その差異を埋もれさせることにもつながってしまった。10月1日に際した「皇国臣民」としての動員に朝鮮人の民族主義に責任があるとすれば、抵抗から協力への裏切りにあるというより、この巧妙なすり替えにうまく対応できなかったことにあると言えるのではないだろうか。

　しかし、韓国社会において「歴史を忘れるな」というスローガンが長年叫ばれながらも、こうした複雑な植民地支配の構造は一般的な認識としては定着してい

ない。「日本帝国＝絶対悪」であり、そこに少しでも協力した者は民族の裏切り者という意味が込められた「親日」として捉えられ、断罪の対象とされがちである。このような歴史認識のなかで、朝鮮人の植民地支配への参加の歴史と抵抗の文脈をも含むその責任は埋もれてしまっているのである。

　日韓両社会の一部からはこうした状況が「反日」という言葉で単純化され、韓国社会の歴史に対する異常な執着と偏狭的な視点として切り捨てられる向きもある。だが、こうした状況を「反日」と批判する前に、その第1の責任が日本帝国の動員にあることを忘れるべきではない。

　植民地支配末期の動員への転換は、今でも「民族抹殺」という言葉で韓国社会において広く共有されていることからもわかるように、「皇国臣民」としての動員は朝鮮人としての「自主性＝参加」を喪失させ、自分が何者であるかという重大なアイデンティティの問題をもたらした。『親日文学論』の著者である林 鍾 国は、植民地教育を当たり前のものとして受けてきた自画像を描きながら、「わたしをあれほどの愚か者にしたてあげた当時の一切を憎悪せざるを得ない。わたしが新羅・高句麗の血筋をひく者であることを知っていたなら！」と嘆く（林1966＝1976：viii）。

　彼は1927年生まれであり、彼が自分のアイデンティティを作り上げていく青少年期にはすでに朝鮮半島は参加から動員へと変わりつつあった。私は誰か。これは林のみならず、多くの朝鮮人が植民地解放後に感じた疑問だったはずである。その疑問を抱かせる日本帝国の一切が許せない、という感情もまたそうだろう。自分自身をも傷つけるかもしれない「親日」の断罪への願望は、自分が何者かを失った人々の怒りであると同時に、その失ったものへの果てしない希求でもあったと捉えられよう。

　もし、これを「反日」と言うのならば、その1次的な責任は動員を実施した日本帝国政府や朝鮮総督府にあると言わねばならない。韓国社会が「日本帝国＝絶対悪」の呪縛から脱して「悪」とも「善」とも言い切れない植民地支配の巧妙さとそこへの自らの参加の責任を自覚すること以上に、日本社会もまた朝鮮人としての「自主性＝参加」の喪失という動員への痛烈な責任を自覚することが植民地

支配を相互への責任のなすりつけではなく主体的に考えていく上で重要である。

　なお、日本社会が動員の責任から目を逸らさないためには、韓国社会の現状の「日本帝国＝絶対悪」の認識が、必ずしも「戦後日本への憎悪」を意味するわけではないことを理解することも重要になるだろう。「日本帝国＝絶対悪」という認識を成立させた動員という「民族抹殺」への植民地解放後の韓国社会の対応を「戦後日本への憎悪」として理解し、そのあいだにあった自主性確立のための葛藤と願望を無視してしまっては再び韓国社会の自主性を歪める過ちを犯してしまいかねない。韓国社会は植民地解放後に植民地支配への動員により失いかけた自主性をいかに取り戻そうとし、いかに葛藤したのだろうか。この問題を考える上でも記念日は引きつづき重要な検討対象となる。

　結論を先取りすれば、「民族抹殺」に対して植民地解放後の韓国社会が目指したのは「戦後日本への憎悪」というある種の日本への依存というより、何よりも自分たちのアイデンティティを取り戻すことだった。そして、その枠組みをつくり、公布した日付はほかでもない10月1日であり、3・1節と8・15光復節がその結果生まれることとなる。植民地解放の翌年である1946年10月1日、植民地時代に京城と呼ばれていたソウル市では、日本式の行政区域名が韓国式に変更されることとなった。またその2年後にアメリカの監視のもとで樹立した大韓民国政府は、1949年に「国慶日に関する法律」を公布し、3・1節、7・17制憲節、8・15光復節、10・3開天節を「4大国慶日」として制定するが、この法律の公布・実施も10月1日だったのである。

　この「国慶日に関する法律」により制定された国慶日のうち、3・1節は3・1抗日独立運動を記念するものであり、この運動は朝鮮民族の自主性の象徴でもあった。そのため、韓国の憲法の前文でも大韓民国政府がこの精神を継承することが明記された。3・1節を国慶日として10月1日に制定することは、植民地支配への動員から抜け出し、朝鮮人のための国家を作るという歴史的な流れを象徴的に示していよう。3・1節に加え、植民地からの解放を意味する8・15光復節の存在もまた10月1日の動員からの朝鮮人の自主性の回復という図式を鮮やかに示してくれている。

しかし、朝鮮半島における自主性の回復・継承は、植民地解放ですぐさまに実現されるものではなく、冷戦構造に巻き込まれ、南北が分断するという状況のなかで課題として残されつづけることとなる。また、朝鮮戦争特需で高度経済成長を成し遂げ、再びアジアの主要国として浮上する戦後日本と世界最貧国の韓国という対比的な状況は、韓国社会にして再び植民地状態に陥ることを現実味のあるものにしていく。韓国社会はこうした状況のなかで自主性の回復・継承の課題にいかに直面したのだろうか。そして、それをいかに解決しようとし、そのなかで、日本との関係性をいかに再構築しようとしたのだろうか。次章からはこの問題について3・1節と8・15光復節の報道を中心に検討する。

第3章　3・1節報道と自主性の継承
——抗日の記憶の再評価

1　3・1精神と国家中興の課題

　1945年8月15日、朝鮮半島は「解放」を迎える。8月15日に本当に「解放」が訪れたわけではないが[1]、その3年後、1948年8月15日に李承晩を初代大統領に据えて大韓民国政府が樹立したこともあってこの日付は韓国の光復を祝う日として定着した。しかし、周知のように、大韓民国政府の樹立は、朝鮮半島の南半分のものであり、北朝鮮を含むものではなく、その樹立は皮肉にも南北分断の狼煙でもあった[2]。朝鮮民族が一致団結して日本帝国に抗ったはずの3・1抗日独立運動を記念する3・1節は、植民地解放直後のこうした雰囲気のなかで、社会主義系の行事と民族主義系の行事に分かれ、先行研究が指摘するように、激しく対立もした[3]。そして、ついに、1950年、朝鮮戦争が勃発するのである。

　1950年6月25日に開始された朝鮮戦争は、韓国軍と北朝鮮の人民軍のみならず、連合国軍とソ連・中共の人民軍が参戦し、激しい戦いを繰り広げた。日本はこの戦いに物資を提供することでいわゆる「朝鮮特需」を得ることになり、戦後の高度成長への基盤を獲得したが、戦場になった朝鮮半島は極端に疲弊した[4]。この戦争による被害は、死者南北双方に150万、負傷者360万以上とされ、国土は焦土と化し、多くの産業基盤を失った。特に、北朝鮮の場合、米軍の爆撃によりもはや爆撃するターゲットがないほどだったという[5]。

　国土が疲弊するほどの激烈な戦いの後、朝鮮半島に訪れたのは「終戦」ではなく「休戦」であり、南北の分断だった[6]。1953年7月27日、連合軍と北朝鮮の人民軍のあいだで休戦協定が結ばれることで戦争は一段落したが、南北統一ではなく、38度線を基準に南北が全く別々の政府に分割統治されるようになったの

131

表6　『大韓ニュース』における記念日関連映像の上映時間

年／記念日	3・1節	制憲節	光復節	開天節
1954年	7分16秒	37秒	2分38秒	✕
1955年	4分30秒	35秒	1分32秒	39秒
1956年	✕	52秒	✕	26秒
1957年	✕	1分1秒	5分8秒	1分28秒
1958年	1分1秒	✕	56秒	50秒
1959年	2分26秒	1分8秒	2分3秒	✕
1960年	1分9秒	1分28秒	2分27秒	✕
1961年	4分	25秒	5分23秒	✕
1962年	3分37秒	48秒	4分11秒	✕
1963年	1分51秒	25秒	3分28秒	✕
1964年	1分33秒	✕	2分41秒	✕
1965年	2分46秒	✕	✕	✕
1966年	1分24秒	✕	4分2秒	✕
1967年	1分43秒	✕	1分8秒	✕
1968年	1分58秒	✕	6分51秒	✕
1969年	1分34秒	1分2秒	2分17秒	✕
1970年	1分28秒	✕	2分10秒	✕
1971年	59秒	1分14秒	3分44秒	✕
1972年	1分24秒	26秒	1分56秒	42秒
1973年	1分37秒	34秒	4分52秒	52秒
1974年	3分	30秒	8分49秒	✕
1975年	49秒	✕	1分41秒	✕
1976年	29秒	✕	1分25秒	✕
1977年	✕	✕	51秒	✕
1978年	✕	✕	1分30秒	1分7秒
1979年	1分8秒	✕	1分46秒	19秒
1980年	✕	48秒	✕	✕

韓国の「e映像歴史館」ホームページにて公開されている『大韓ニュース』から「国慶日」関連の映像のみを抽出し、その上映時間を年代ごとに示したものである。

である。多大な犠牲を払った大韓民国政府の李承晩大統領はこれに対して強い不満を抱き、これを不服とし、このまま北朝鮮へ進軍するという「北進統一論」を展開するようになる。

　1954年、朝鮮戦争休戦後初の3・1節をめぐる報道にもこのような情勢がそのまま反映された。3・1の記念式典の後、市民により「北進統一蹶起大会」が行われ、新聞各社もこれを大きく報じ、政府の宣伝媒体である『大韓ニュース』[7]も、こうした「北進統一蹶起大会」と北進統一を叫ぶ李承晩大統領の演説を異例の長さである7分16秒もかけて強調した[8]。これは『大韓ニュース』における3・1節関連報道のなかでも、本書の分析期間において最も長い映像となっている（**表6**）。李承晩大統領は、3・1節記念式典の演説のなかで連合国の休戦協定を批判し、北進統一に連合国が協力すべきであると述べながら「しかし、彼らが我らと共にしないのであるのならば、我ら単独でも行う」[9]と強気の発言を行った。

　もちろん、3年間の戦争で国土が疲弊し切っていた状況において、李承晩の北進統一論は現実的なものであったとは言い難い。戦争の勢いがまだ収まっていない状況のなかでこうした非現実的な言説は3・1抗日独立運動の精神性によって支えられていた[10]。1954年、「三・一先覚者たちの心境で」と題した『朝鮮日報』の社説にはそのことがよく表れている。日帝時代の弾圧を回顧しながら、次のよ

うに述べる。

　　我ら自身が発見されたこのとき、我らの取るべき道は明確に現れた。つまり、
　　逆境に対する反抗であった。闘争であった。それには無論、力が必要である。
　　しかし、力よりもまず要求されるのは精気の精神である。我らは確実にこの
　　精気を持っていた。それがはっきりと現れたのが1919年の三一運動である。
　　〔中略〕時は流れ、35年が過ぎた。しかし、三一当時の苦難の歴史は形を異に
　　して再び我らの前に広がっている。民族の生栄のために闘争しなければなら
　　ないのは今も昔も同じである。我らはここで『最後の一人、最後の一刻まで』
　　民族の念願である統一のために当面のすべての難関を突破しなければならな
　　い。このときに再び要求されるのが三一精神である。再び言うが、三一精神
　　とは自己犠牲の精神であることを知るべきである(11)。

　このように、1954年の3・1節言説は、力よりも3・1の精神性が重要である
と力説し、非現実的な北進統一論を構図的に支える形となっている。ただ、こう
した北進統一論への3・1節の迎合と、その精神のみの強調は、朝鮮戦争直後で
あるという特殊な雰囲気のなかで行われたものであり、ジュネーブ会議の後には
力を失うこととなる。
　ジュネーブ会議とは、1954年4月にスイスのジュネーブで朝鮮半島の統一問
題など戦後処理の問題を議論するために開催されたものであり、同会議は当時の
大韓民国政府にとって事実上、統一の最後のチャンスでもあった。李承晩大統領
や、新聞、市民らによる「北進統一論」は、本当にその実現性を見込んでいたと
いうより、この協定に韓国社会の統一への意欲を示す側面があったものと思われ
る。しかし、韓国の統一問題は、すでに休戦協定が結ばれていたこともあって、
何の成果も挙げることなくジュネーブ会議は終了した。この会議は、まだ統一を
諦めていなかった韓国にとって唯一の希望だったが、その希望すら潰えることと
なり、短期的な統一は事実上厳しい状況に追い込まれたのである。これを転機に
して、韓国における統一戦略は、それまでの武力による短期決戦から、国力を養

成することによる中長期的なものへと変わっていくこととなる。1956年、李承晩大統領は、3・1節記念祝辞演説で、次のように述べた。

　〔前略〕我らは、手ぶらでも北進し、死ぬことがあっても一緒になろうと決断したい気持ちは山々です。しかし、世界の大勢に引きずられ、ここまできたのであり、この大勢が一日でも早く変わり、我らの手によって目的を達成するまでは休まず努力することをここで再び誓います(12)。

　もちろん、北進統一が諦められたわけではないが、単独でも北進するとした54年とは、かなり雰囲気が異なる。1954年4月のジュネーブ会議の影響もあるだろうが、11月の「四捨五入改憲」事件以降の政治的混乱(13)により、「単独で北進」に国民がついてきてくれるほどの求心力が与党側にもはや存在しないことも背景にあると思われる。こうした短期決戦から中長期的な統一への移行は、3・1節の言説が単なる精神論から、政治・経済・外交を含めた国力を涵養する方向へと変わることを意味した。「力よりも精神」という論調を展開した『朝鮮日報』にその変化は顕著に現れた。「三・一運動と青年」と題した1956年の社説では、日本帝国に対して死を恐れず一致団結して争った意義を強調しながら、次のように述べる。

　しかし、解放10年、あの日本の侵略から脱して久しいが、国土の統一は成し遂げられず、民国の旗の下、国を形作り、民族の運命を開拓しなければならない重大な時期に、この半分の国土の中においても、政治と経済が軌道に乗らず、権勢と物欲に浸った軽薄な悪しき風潮が民族の精気を濁らせているこの社会の様子を、その時〔3・1当時〕に比較してみると、当時の殉国の血を流した有名無名の志士・烈士たちに対して恥ずかしさを禁じえない。〔中略〕三・一独立運動は政治的な革命であるだけでなく、我が民族の現代的復興運動としても大きな意味を持つ。すなわち、民族自身の再発見であった。〔中略、3・1運動の日帝の弾圧を受けて〕民族の独立が1、2年ですぐに達成できないもの

であることを自覚し、また、独立の日がこようとも、我らが実力を持つことが最も要求されるものである点が意識されたのである。このとき、広範な民族啓蒙運動が起きた。〔中略〕この運動の気運は、従来、農業にだけ縛られていた資本を都市に導入させ、工場を建設し、また物は買って使うにしても、外国で自らの手によって直接〔日本人を介さない〕輸入するという事業を大きく刺激した(14)。

　こうした論調は、反共産主義とも結びつきながら1957年にも引きつづき見られる。『朝鮮日報』は「三・一運動の昔の精神を取り戻す」と題した同年３月１日付夕刊１面の社説のなかで、「共産党の侵略と統一を阻害する陰謀があろうとも、我らは統一を目標に力を育てるべきであり、軍事的であれ平和的であれ、我らの統一運動はいつも己の力を育てることによって統一の最終責任者となることを考えなければならない」としている。

　李承晩政権も、こうした情勢の変化に対応するように、1956年「経済復興５ヶ年計画」を打ち出すが、その資金の拠出先である米国の拒否で実現されなかった。戦後復興が一向に進まないなか、1958年の『東亜日報』の社説は、今までの「四捨五入改憲」などを念頭に「解放以来十三年間我らの政治の足跡は民主主義に逆行」していると李承晩政権の失態を厳しく指摘しながら、そのことと戦後復興の滞りを結びつけて次のように批判した。

　　三・一精神は独立精神である。独立精神は民主精神である。〔中略〕民主精神の発揚とは、この国の独立のために死をも恐れずに勇敢に戦うことだけではなく、この国の民主建設のために創意・努力・忍耐・自制・謙譲・協調を惜しまないことを意味する。このような努力は、民主政治を建設する上においても、民主経済を育成する上においても、民主社会を組織する上においても、民主文化を創造する上においても欠かせないものであるが、解放以来、十三年間を回顧するとき、どのような面においても創意・努力・忍耐・自制・謙譲・協調が遅れていることを率直に認めざるを得ない(15)。

つまり、武力短期決戦から南北統一の中長期化にともなう戦後復興・経済発展・政治的安定という国力涵養の要請に、政権の求心力と正当性を失いつつあった李承晩政権はうまく対応できずにいたのであり、そのようななかで3・1節報道の言説は北進統一と密接に結びついた単なる精神論から国力涵養論へと変化していったのである。では、こうしたなかで戦後の日本やその韓国との関係はいかに捉えられていたのだろうか。

現在ではいわゆる「反日」の記念日として見られる傾向のある3・1節だが[16]、当時、それほど戦後の日本やその韓国との関係が注目されたわけではなかった。李 鍾 元 は1950年代の日韓関係について「朝鮮半島では分断と戦争が続き、日本は戦後復興の途上にあった。それぞれ新しい国づくりが至上課題であり、互いへの関心は低かった」とし、この時代を「日韓関係の空白期」として整理するが（李 2017：31）、そうした傾向が3・1節の報道をめぐっても表れていたのである。

ただ、例外的に1959年には3・1節の社説や特集記事で初めて対日関係が言及された。『東亜日報』は同年2月28日付夕刊1面の「三一精神を蘇らそう」という社説で北朝鮮が韓国を虎視眈々と狙っている最中に「隣国日本は昔のように極東の覇者を夢見て露骨な侮辱政策を取っている」と批判した。『朝鮮日報』も同年3月1日付朝刊1面の特集「三・一の炬火は今日で四十周年／正義と自主の象徴／抗日闘争血史は輝く」で「彼らの野心が敗戦後に徐々に蘇っている兆候は看過できないのであり、我らに対する贖罪の態度はなく、傲慢な態度」を取っていると強く日本を批判した。

背景には、同年の記念式の様子を『東亜日報』が3月1日付夕刊1面にて「3・1の魂で送北反対に総蹶起」と報じたように、59年2月に在日朝鮮人の北朝鮮への帰還事業が日本で決定したことがあった。当時、韓国社会では「北進統一論」が主張されるほど、北朝鮮に対する敵愾心が強く、国力涵養論に重点が移った後も、そうした意識が簡単に消えるわけがなかった。こうしたなかで、日本が在日朝鮮人を北朝鮮に送還することは、重大な「背信行為」とみなされたのである。

一方、戦後の日本についての言及ではないにしろ、3・1節報道では敵として

の日本帝国像が一貫して繰り返し強調されていた。『朝鮮日報』は1954年から59年のあいだ、毎年3・1抗日独立運動の当事者による回顧記事を掲載し、『東亜日報』も1955年と57年を除いては同運動にかかわった国内外の当事者たちによる証言を掲載している。

　この傾向は特に『朝鮮日報』に著しい。1950年代に『東亜日報』は3・1節特集を組んではいないが、『朝鮮日報』は59年に3・1抗日独立運動40周年特集を大々的に掲載した。その内容は「三・一の炬火は今日で四十周年／正義と自主の象徴／抗日闘争血史は輝く」（3月1日付朝刊1面）、「四十年前の今日」（3月1日付朝刊3面）、「三・一運動が起きるまで／四十八人に対する予審決定書全文」（3月1日付朝刊4-5面）、「このように戦い、このように踏みにじられた／統計からみる己未独立運動の被害状況」（3月1日付朝刊6面）などで構成された。

　こうした傾向は、1960年代半ばに日韓国交正常化と結びついて日本による再侵略への心構えとしての「反日ムード」の定着の問題へとつながるが、1950年代の段階においては、日本への敵愾心よりは、反共産主義にもとづいた国力の発展の方が重視されていた。例えば、『東亜日報』は1960年3月1日付夕刊1面に「『三・一精神』を正しく活かす道」と題した社説で、次のように述べる。

　　今日で己未運動四十一周年となる「三・一節」記念日を迎えた。思い返せば、我が民族が抗日玉砕闘争の烽火を高く掲げ、「万歳」の喊声で亡国十年の怨恨と鬱憤を心行くまで晴らしたこの日がもう四十二年も前だったのか。毎年この日を迎える我らは、その昔に随分と痛めつけられたことを回想しながら、骨にまで染みる対日敵愾心が湧き上がると雖も、それは歴史的で過ぎし日の悪夢のような運命だったのであり、それよりかは、八・一五──即ち民族自決原則による解放・独立とともに政府を樹立してからは、我らは誰しもこの「三・一精神」を民族進路の指針にしながら国家中興の金科玉条にしてきた。〔中略〕結論的に我らはこの日を迎え、虚飾的で常套的ではなく、真心からの反省と悔悟を行い、小我・小異・小利から脱却し、大我・大同・大益のために晃然に奮発することを今一度絶叫したい。万が一、そのようにできな

ければ、我らの前途に「三・一」以前の困難と不幸を再び自ら招かぬとも限らないのである。そして、真に剛毅な反共精神もここに芽生えることを知るべきである。

　1950年代の韓国社会では、南北間の対立や戦争、その立て直しと統一が最重要課題だった。その課題のなかで、日本帝国または日本への敵愾心が表れることはあったが、それらはその定着を目指したのではなく、国力涵養の必要性と「反共精神」の強調に力点があったのである。日本帝国への敵愾心が「対日敵愾心」へと明確に結びつけられ、その定着が目指されるのは1960年代半ば前後に日本が韓国のいわゆる「祖国近代化」にとって欠かせない存在として浮上する過程のなかである。

2　3・1精神と日韓国交正常化への反発

自主性と「反日ムード」の定着

　1948年8月15日に大韓民国政府が樹立して以来、独裁をつづけた李承晩政権の権威は相次ぐ不正により失墜し、学生を中心とした反独裁運動である4・19革命により1960年に崩壊した。その後、民主主義を標榜する新たな政権が成立したが、派閥争いを繰り返して国民を失望させて早くも61年には朴正煕率いる5・16軍事クーデタによって解体される。ここに1979年10月29日に朴正煕が暗殺されるまでつづく軍事政権が誕生した。

　朴正煕政権が最も重視したのは、反共主義にもとづく国家の安全保障や、韓国社会の貧困問題の解決だった。いわゆる「祖国近代化」の課題が浮上したのである。「祖国近代化」には多額の資金が必要であり、日韓国交正常化の早期妥結は資金を得るための最重要課題となった。朝鮮戦争で国土が疲弊し、その立て直しが北朝鮮からの侵入を防ぐためにも急務となった韓国社会は、それまで米国からの援助に依存していたが、1957年をピークに援助が減少傾向に転じ、日韓国交正常化は政策的な選択肢ではなく必要不可欠なものになったのである[17]。

韓国の知識人たちも当初は日韓国交正常化の必要性を認め、これを必ずしも否定的には捉えていなかった。キム・リョシルによれば、後に日韓国交正常化反対に主導的な役割を果たす知識人の雑誌『思想界』[18]においても、米国の援助が減少するなかで日本との経済協力は重要とする現実的な認識が現れたという。しかし、1962年11月12日に金鍾泌(キムジョンピル)中央情報部長と大平正芳(おおひらまさよし)外相のあいだで秘密裏に何らかのメモ[19]が交わされたという事実が漏れると、これを機に日韓国交正常化への反発が一気に高まるようになったようである（キム　2015：184-86）。日本より立場が弱い韓国政府が屈辱的な条件で日韓国交正常化をしようとしているのではないか、との懸念が高まったのである。

　しかし、「祖国近代化」を急いだ朴政権は、ベトナム戦争を背景としたアジア冷戦の激化といった国際情勢の圧力もあり、国内の懸念を構わずに1964年の3・1節紀念祝辞で将来のために国交を結ぶと宣言し、3月妥結、4月調印、5月批准という交渉日程を示した。野党は同日に全野党所属国会議員による「対日低姿勢外交反対汎国民闘争委員会」を結成して日韓会談の即刻中止を求め、これを機に野党・知識人・学生を中心に「低姿勢外交」反対運動が拡大した[20]。こうした批判は、『東亜日報』と『朝鮮日報』上にも表れた。

『朝鮮日報』は1965年3月1日付朝刊1面「三・一精神と今日の韓・日関係」と題した社説のなかで、日本が依然として「韓国と韓国人に加えた過去の過ちについては全く目をつぶるか、逆に合理化する論理を未だに捨てていない」と指摘しつつも「国際情勢に起因する大局的な見地を度外視しようというのでもない」と述べた。その上で「しかし、踏みにじられた者が先に寛容な和解を求めるというのは、個人の場合においても国家の場合においても結局は屈辱であり、対等な国家利益の追求にはつながらないのである」とし、正しい日韓条約のあり方として「三・一運動の末裔として恥ずかしくない自主性を持つべき」と主張した。

『東亜日報』も「『人類平等の大義』と『民族自存の正権』」と題した1965年3月1日付夕刊2面の社説で、祖先たちが46年前の3月1日に立ち上がったのは「言うまでもなく『抗日闘争による祖国光復』のためであった」としながら、日韓国交正常化が「「独立国」であり「自主民」であることから外れることなく、

また、「平等の大義」を守り「自存の正権」を謳歌できる韓・日新条約になるのだろうか」との懸念を表明した。日韓国交正常化反対の言説は、日韓国交正常化そのものではなく、過去の「清算」もしっかりしないまま日本へ媚びるような形で国交を結ぼうとする韓国側のいわゆる「低姿勢外交」を問題にし、3・1抗日独立運動に見られる自主性の精神からそのようなことは決して許されない、という見解を示していたのである。

　一進会の「合邦請願」を日本帝国側が朝鮮人の媚びへつらう姿として曲解し、それを自らの支配者としての優越性へと置換していたことを思い起こせば[21]、この「低姿勢外交」というのがなぜここまで問題だったかが理解できるだろう。世界最貧の1つだった韓国が「祖国近代化」のためには「低姿勢外交」も致し方ない、という朴正煕大統領の姿勢はそこまで理解し難いものではなかった。『朝鮮日報』の「国際情勢に起因する大局的な見地を度外視しようというのでもない」という前提は、それを物語っている。にもかかわらず、これが特に問題になるのは、相手が日本だからであり、「日韓併合」の二の舞になる可能性を刺激されたからである。すなわち、韓国人の「合意」の演出によって再び日本に従属的な状態におかれる恐れであり、それを回避するための自主性の強調は「反日ムード」の定着と結びつくこともあった。日本における日韓協定批准国会開催日の前日である1965年10月4日、『東亜日報』はこれからの日本に対する姿勢についてその日の夕刊1面記事で次のように述べる。

　　日本を知ること以上に、何よりも重要なのは我らを知ること、主体性の問題である。／朴大統領は協定調印に際した談話文で「韓日国交正常化がこれから我らに良い結果をもたらすか否かは我らの主体意識がどれほど健在かにかかっている」と述べ、政府は主体性を煽りながら5個公約と実践要綱を掲げて法令整備などの措置を講じている。〔中略〕ただ、それに加えて強調されなければならないのは政府が我らの目標と方向を正しく設定しなければならないことであり、国民それぞれの覚悟と国力培養に先んじて指導層が率先して模範を示さねばならない。／日本に対する警戒を敗北意識や劣等感などと揶

揄する前に、国民の反対意思、反日「ムード」を民族的次元に高め、定着さ
せることは、政府が一つの政権の運命を占う前にすべきことである。韓日問
題が、一つの政権ではなく、民族挙げての関心事であり、民族の運命を分け
る重大事であるためだ。

　つまり、日韓国交正常化後に日本への姿勢として「主体性」を強調することは
重要であり、それを国民個々人が自覚する以上に、政府がその模範と方向性を
しっかり示すべきとし、その模範とは、「反日ムード」を定着させることだった。
もちろん、「主体性」と「自主性」は違う言葉のように見えるが、当時のこうし
たワーディングはあらゆる問題に関して民族的な自我を明確に持って能動的に臨
むという意味合いで使われていたため、基本的には同様の意味合いで使われてい
た。日韓関係において韓国が民族的な自我とそれに連なる自立を保てるのかどう
かは日本に支配されたという受動的な歴史を持つ韓国からしてみれば極めて重要
な論点であり、経済的にも安全保障的にも弱者の立場におかれていた韓国社会に
とって万が一の日本からの侵略に対抗する心性の定着は必要だったのである。
　一方、『朝鮮日報』も３・１抗日独立運動に見られる自主性を過去の「反帝国闘
争」と結びつけ、日本に対する警戒を呼びかけた。日韓国交正常化が強行された
翌年である1966年、『朝鮮日報』は同年の３・１節の社説（3月1日付朝刊2面）で
65年に起きた「韓日協定波動」を「民衆の血管の中に脈打つ３・１精神から連綿
と継承された反日、反帝国闘争の歴史的な変形であった」と位置づけた。その上
で、「韓日国交ムードが蔓延る近年だが、我らは「３・１節」という一年に一度き
りの意義深い国慶日をとおして我ら民族の主権意識がどれほど強烈であったのか
を皆が胸に手を当てて切実に反省すべき」としている。1965年の日韓国交正常
化は、３・１節における自主性の観点を刺激し、いわゆる「金・大平メモ」事件
をきっかけに浮上した日本による再植民地化への懸念と結びつくような形で「反
日ムード」の定着を重要な課題として浮上させたと言えよう。
　こうした問題意識にもとづき、『東亜日報』は、1965年から３・１抗日独立運
動の本格的な歴史編纂作業に取り掛かった。1965年3月には国内外から72名の

歴史学者を集めて3・1運動歴史編纂事業[22]を、翌月には3・1運動の遺跡地に記念碑を建立する事業を開始したのである[23]。事業開始の翌年には3月1日付夕刊5面に「至急な3・1運動史整理」と題した記事を掲載し、資金や人力不足から本格的な3・1抗日独立運動史の整理が行われなかったとして、その至急な体系化を訴え、3・1運動以後の日本帝国による「経済侵略などを究明すること」などを課題として挙げた。日韓国交正常化への反発が日本による経済・政治・文化面での再従属化への懸念から起きたことを考えれば、こうした3・1抗日独立運動の歴史の体系化は過去の日韓関係を未来の日韓関係へとつなぐ作業としても解釈できるだろう。

　こうした歴史編纂作業は遂に1969年に成果を出し、同年の3月15日に『三・一運動50周年紀念論集』が東亜日報社から出版された。同論集は、現在も3・1運動研究の里程標を立てたものとして高く評価されており、同成果が出版される14日前の3月1日、同紙は「三・一運動50周年紀念特集」を9面から12面にかけて掲載した。「三・一運動半世紀／その歴史的意義を再評価する」（1969年3月1日付夕刊9面）、「全世界に拡がった自主の灯火が燃え上がった場所／三一運動その熱風／四海にまで広がる遺跡」（同年3月1日付夕刊10-11面）、「抵抗の語録／国を失った悲しみと血の滲んだ絶叫」（同年3月1日付夕刊12面）がその内容であり、3・1抗日独立運動の意義が歴史とともに大々的に再評価された。

　また、『朝鮮日報』は、歴史編纂作業こそ行っていないものの、1965年以降、1969年までほぼ毎年日本に対する警戒を呼びかけた。1965年と66年はすでに述べたとおりだが、1967年の3・1節の社説（3月1日付朝刊2面）でも「三一節紀念行事が形式的なものになるふしがあり、徐々に無関心と傍観の傾向すらある」とした上で、「強国が弱い国を手中に収めようとする野望は本質的に変わるはずがない。民族が覚醒しなければいつの間にか経済を乗っ取られ、文化と魂を奪われ、政治を蝕まれてしまう」と遠回しな表現で日本への警戒を促した。1968年には3・1節の社説は掲載されていないが、1969年の3・1節の社説（3月1日付朝刊1面）では日本が「再び別の形態で我らに接近し、「第2の浸透」を夢見ている」にもかかわらず、「三一精神はかえって霧のように薄くなっている」と日々高まる日

本の脅威と3・1精神の弱体化を指摘している。

　一方、3・1節における「反日ムード」の抗日闘争の歴史からの継承に全く葛藤がなく、これらの記念日報道においてそれを至高の価値として捉えようとしていたわけではない。そこには、現在における国際情勢と過去の歴史のトラウマのあいだでいかにバランスを取るか、という問題があった。

「自主性＝反日、排日闘争」の相対化

　例えば、自主性の観点から「反日ムード」の定着が主張された1965年に、『東亜日報』は1965年3月1日付夕刊2面の社説にて「『防共連帯としての善隣』にならなければならないという緊要性からも、『経済的共栄体制としての交友国』でなければならない必要性からも、今の韓・日会談を意識的に反対する人は誰ひとりもいないだろう」としている。ただ、「あくまでも日本は『往年の敵』そのままの傲慢な高姿勢で我らに接しているが故に、もう一度3・1のときの敵愾心に我々が戻らざるを得なくしている」というのである。

　また、1966年2月28日付夕刊の3・1節の社説では、「国家と国家の間には永遠な友邦もない代わりに、永遠な敵国もないものである」とし、「我らはまず過去を洗い流し、前途を見渡す雅量を持つべきで、日本はそれよりも先に過去の過ちを正しく認識して侵略によって身に染みた優越感、形態を変えた支配意欲などを綺麗に清算すべきである」とも述べている。これらの言説からわかるのは、日本が韓国を再び支配する意欲がある可能性もあるために自主性の観点から「反日ムード」の定着が必要だが、と同時に、「反日ムード」はそれ自体が本来なら目指されるべきものではないという意識構造である。

　この揺れは、1965年以降に毎年のように日本への警戒を呼びかけた『朝鮮日報』の1966年3・1節の社説により明確に表れている。3月1日付朝刊2面の同社説では、すでに引用したように、1965年の日韓国交正常化反対運動を「3・1精神から連綿と継承された反日、反帝国闘争の歴史的な変形」と位置づけ、そこに「我ら民族の主権意識がどれほど強烈であったのか」を見出していた。しかし、一方で、そのような言説の後に、次のようにも述べる。

ところが、ありきたりなことではあるが、もう一度強調しておかなければならないことは「3・1精神」の真価を正確に記録し、継承しなければならないという点である。日本帝国主義を退け、彼らの植民主義と闘争したことをもって「3・1運動」の全部だと思えば大きな錯覚である。3・1精神をわかりやすく現代式に紐解けば、一つ目が民族の自主独立であり、二つ目が正義人道に立脚した自由で平和な社会、三つ目が民族の平等な団結…この三つではないかと思う。日帝は我らがこの三つの大原則を貫徹するためにこの地から追い出さなければならなかった当面の敵であっただけで、ただ日本と戦ったという反日、排日の低次元闘争ではないのである。〔中略〕国土の北半分を共産党の魔手に奪われた我らがどうして「民族の自主独立」を完成したと言えようか。未だに後進国のレッテルを貼られ、貧富の両極化の中で大多数の国民が生活難に喘いでいる我が社会で「正義人道に立脚した自由で平和な社会」を考えることすら幻想のようであり、老若男女、富貧貴賤の区別なしに皆が団結した3・1運動当時に比べて解放21年史を彩った我が民族の分裂と相剋のどこに「3・1精神」の片鱗を見出せようか。春秋の言葉を借りれば、3・1節はあっても、3・1運動はまだ成功していない。これから我々が不断に力を合わせて勝ち取らなければならない民族精神の象徴なのである。

3・1抗日独立運動の最も重要な精神は自主性であり、「反日、排日闘争」は確かに自主性の一部ではあるが、その闘争のみに意味を求めるのは「低次元」であり、民族精神を象徴し得るものではない、という意識が見て取れる。「自主性＝反日、排日闘争」と捉えれば、むしろそれはその精神を歪めることになるわけであり、民族の統一や社会全般の改善というより大きな現在の課題の指標に「3・1精神」なるものを据えようとしているのである。1965年の日韓国交正常化反対運動を「3・1精神から連綿と継承された反日、反帝国闘争の歴史的な変形」と捉えているように、「3・1精神」は確かに「反日ムード」とつながっているが、そこに固執することもまた「低次元」であり、韓国の現在の問題を解決すること

を優先し、そのための3・1抗日独立運動の精神性を再定位しようとしているのである。

　このように日本に対する敵愾心を「3・1精神」から刺激されると同時に、その敵愾心の継承を最優先順位とすることからは離れようとするあり方は、『東亜日報』の3・1抗日独立運動の歴史の再評価にも表れた。『東亜日報』が主導して1965年から行われた3・1抗日独立運動の歴史編纂作業を終え、その成果が1969年3月15日に出版された。その出版前の3月1日に『東亜日報』の紙面上で特集が組まれたことはすでに述べたとおりである。その特集のうち、夕刊9面に掲載された「三・一運動半世紀／その歴史的意義を再評価する」は、朴鐘鴻（当時・成大儒学大学長）、李用熙（当時・ソウル大文理大教授）の対談で構成されたものだった。「3・1精神が志向するものとは何で、その歴史的な脈絡はどこに探すべきか」について両者は次のように意見を交わした。

　　朴　三・一運動の性格に関する話が出ましたが、私は独立宣言書を読んでその趣旨が現代世界史が志向するものと通ずる点があるのではないかと思いました。言い換えれば、西欧人が展開しようとする方向、すなわち、「共存共栄」ではないかと思ったのです。

　　李　その点について私は意見が異なります。先ほどおっしゃったのはあくまでも戦術的な配慮であり、三・一運動の現実的な進行過程では徹底した「敵」の観念が民衆を支配したではないですか。〔中略〕

　　朴　内面的に見ればそうかもしれませんが、より先を見据えて世界史的見地からの意義は何か、その視点から見るのも必要なのではないかというのが私の考えです。

　　李　先に少し話が出ましたが、三・一運動の民族史的な意義は対内的には行動的な参与を通じた民族の一体感に探せましょうが、対外的には王朝の復興ではなく自由民主主義という政治体制への志向性を持っていたという点、すなわち、政治的志向の方向がほとんど出ていた点に探せましょう。〔中略〕このように見れば、単純な抵抗にとどまらず、世界史的な政治潮流に参加す

る歴史的な契機となった点が三・一運動のもう一つの大きな意義でしょう。

　　朴　そうですね。そのような視点が重要だと思います。単に日帝に対する抗争運動としてだけ見るのではなく、全体的な立場からそのようになるように情勢が熟していったのではないかと思います。

　日本帝国に対する「敵」の観念は3・1抗日独立運動時に決して否定のできない要素だった。朴も李もその点を認めつつ、その現代的な意義を「敵」の観念から探そうとはしていない。むしろ、朴は3・1抗日独立運動の意義を「共存共栄」という現代的な課題に通じる側面から、李は留保をつけつつも「自由民主主義」という世界的な潮流への参加の側面から単なる「抗争」の意味を乗り越えるものとしてその現代的な意義を位置づけようとしているのである。

　3・1抗日独立運動の歴史の体系化は、確かに日韓国交正常化に刺激され、日本による経済・政治・文化面での再従属化への懸念から起きた。この動きが過去の日韓関係を未来の日韓関係へとつなぐ作業としての側面があったことはすでに述べたとおりである。その過程で、日本帝国に対する「敵」の観念が現代の日本に対する「敵」の観念として引き継がれもするだろう。ただし、そのような継承の仕方は、3・1抗日独立運動の意義を矮小化するものとして捉えられてもいたのである。「反日ムード」が刺激されつつも、それ自体の継承には歯止めをかけようとするあり方は、1970年代のデタントムードのなかで日本が韓国社会にとって安全保障的にも経済的にもより重要な存在に位置づけられたことで、さらに具体的に展開されていく。

3　3・1節報道における「反日」の相対化努力と葛藤

日韓関係の緊密化と流すべき過去

　1970年代は国際情勢が大きく変動した時期であり、その変動のなかで日韓関係がいつにも増して緊密になっていく時代だった。その始まりとなったのは、1969年の米国の冷戦緩和政策である。この年に当選を果たしたニクソン大統領

は、ベトナム戦争終結および米中和解を目指した。このような国際情勢の変化は駐韓米軍の削減へとつながった。こうしたなかで南北平和統一論も公然と語られるようになった[24]。

　しかし、そのことは、韓国社会にとって安全保障問題が重要ではないということを意味せず、むしろ、南北間のイデオロギー対立のなかで米国に安全保障の面で大きく依存していた韓国社会では後ろ盾を失うことへの危機意識がいつにも増して高まっていった。同じく米国に安全保障を委ねる日本においても同様に安全保障への危機意識が表面化し、日韓両国はより緊密な連携を確認し合うこととなる。

　例えば、1969年、日米（佐藤・ニクソン）首脳会談後の日米共同声明で言及されたいわゆる「韓国条項」は、日韓両国の安全保障面での接近をよく表している。「韓国条項」は、韓国の安全が日本の安全にとっても緊要な問題であることを確認したものであるが、このことは、韓国の安全保障に関する日本の関心と役割の増大を日米間で確認したことを意味した（木宮正史　2017：111）。そして、この傾向は、1976年の米国大統領選挙でジミー・カーターが当選したことによってさらに深まっていく。彼が駐韓米地上軍の完全撤退を公約として掲げていたためである。

　これを受けて日韓両政府は、駐韓米地上軍の撤退は、1975年の実質的なベトナム統一後にただでさえ流動的だった東アジアの国際情勢を過度に不安定にするのではないかという危惧を共有し、在韓米軍撤退反対の共同戦線を張るに至った。日韓両政府は、安全保障上の懸念を増大させ、駐韓米地上軍の撤退政策を撤回させる方向で協力したのである（木宮正史　2017：111）。このような安全保障面での日韓の共同戦線は、経済面における緊密化としても現れた。安全保障に密接にかかわる韓国の重化学工業への日本の積極的な支援が、その顕著な例として挙げられる。韓国の重化学工業化は、国際通貨基金や世界銀行などの国際金融機関から経済的合理性が疑問視されていたため、国際的にはあまり歓迎されなかった。70年代、日本はこれを、経済的合理性だけではなく、安全保障上の観点から積極的に支援するようになった[25]（木宮正史　2017：120）。

こうしたなかで、1977年8月15日付『東亜日報』には「光復32年韓国と日本の新たな座標『近くて遠い国』から『近い隣人』に」と題した記事が夕刊3面に掲載された。全3段の広告を除いて3面全体を占めた同記事は、両国の「心の正常化」をテーマに、当時の駐韓大使である須之部量三と、『東亜日報』論説主幹を務める金声翰の対談から構成されたものである。日韓両国の軋轢について、その原因を探りながら、両者は次のように述べる。

　　　金　大使は、外交の一線におられるわけですから、なかなか言いづらいと思いますが、私の考えはこうです。どちらかが悪いとか良いとかの問題ではないですね。〔中略〕言うなれば、一時的ではあったにしろ、支配と被支配の関係にあったのがその核心でしょう。支配した側は、過去の被支配者を無意識に見下す傾向があり、支配を受けた側は、いちいち反発する傾向がありますし…。この潜在意識が根本原因です。〔中略〕とにもかくにも、過ぎたことは水に流し、これからどうするか、このことが大事だと思います。
　　　須之部　〔前略〕しかし、現在は過去の延長線上ですから過去の事を我ら日本人は忘れてはならないというのが私の考えであり、この点を大きく強調すべきであると考えます。〔中略〕
　　　金　いちいち指摘しようと思えば、いろいろなことが絡んでくるでしょうが、我らの立場としては、大局的に見て、まず、過去を忘れることが重要なのではないかと思います。

1970年代的な3・1精神の再解釈

　1970年代に入ると、日韓国交正常化反対の中心にあった3・1節社説においても過去を水に流すべきとの議論が1960年代に比べてより明確に浮上する。例えば、『朝鮮日報』は1970年3月1日付朝刊2面の社説「再び三一節を迎えて」のなかで、3・1節についてその日を迎えるたびに日本との関係で何かを想起するような日であるとしつつも「しかし、ただいま我らは過去を噛みしめるだけで良い立場にはいない」とし、「それよりも現在の我らを三一の鑑に照らし合わせて

我らの現在像が歪んでいるか否か」を検討するべきであると述べた。こうした過去よりも現在を重視する論点は、自主性を狭義的な民族主義と差異化することにもつながる。『東亜日報』は同年の2月28日付夕刊2面の社説「三・一精神の七〇年代的解釈」で次のように3・1精神の継承を位置づけた。

> 冒頭で、3・1精神は自主・自立・自営であると述べたが、井の中の蛙になるような民族主義を許してはいけないだろう。いや、反対に、善隣友好を核とする地域的な協調と、ひいては、国際連合憲章の精神を会得した国際協調を惜しんではいけない。従って、我らが韓日間の国交正常化を日帝が去ってから二十年が経過してやっと成し遂げたのは反省を惜しまないところである。特に「ニクソン」米大統領の「グアム・ドクトリン」は、「アジア」防衛の「アジア」化を明らかにしたものであるだけでなく、「ニクソン」「佐藤」共同声明は、「アジア」地域における日本の役割を確かめたものであるのならば、我らは断然、すべての分野において日本と緊密化しなければならないという現実を直視すべきである。〔中略〕だからといって、これからのすべての分野における対日協力姿勢を練り上げる上で、警戒しなければならないことを警戒しなくてもいいというのではない。ただ、日帝時代の不快な記憶を洗い流すことを躊躇することは、我らに何よりも有害である点を指摘するだけだ。

　前節でも確認したように、日韓国交正常化が不平等なものになっているかもしれないという懸念から再び侵略されないための「反日ムード」の定着が叫ばれるなかでも、「我らはまず過去を洗い流し、前途を見渡す雅量を持つべき」との議論はすでに1966年に『東亜日報』紙上で行われていた。1970年には、国際情勢の変動のなかで日韓関係の経済・安保面での重要性が一層高まったために、日韓国交正常化が遅くなったことに対する反省まで述べられるようになり、自主性を「日帝時代の不快な記憶」からではなく、現在的な要請である「国際協調」のなかで位置づけようとしている。すなわち、ここにおける自主性とは、1965年の

ように日韓国交正常化反対の際に見られた戦後日本に対する敵愾心を支える言説としてではなく、「国際協調」重視のなかで狭義の民族主義を排除する言説としての意味合いが一層明確に強調されているのである。

こうした「三・一精神の七〇年代的解釈」は、日韓関係のみならず、南北関係のなかでも推進され、「平和主義」や「植民性の否定」の論理が現代に継承すべきより重要な要素として改めて位置づけられる。そして、その過程において3・1抗日独立運動における「反日ムード」につながり得る要素はさらに相対化されていくこととなる。

すでに述べたように、1970年代は韓国社会において安全保障をめぐる危機意識が以前にも増して高まりつつも、一方では、冷戦緩和ムードのなかで南北平和統一論が盛んに議論される時代でもあった。こうした平和ムードは3・1抗日独立運動の歴史のなかから「平和愛護精神」を積極的に評価する論調へとつながった。『東亜日報』は1973年2月28日付夕刊3面の社説「三・一精神の継承」で、今日の視点から得られる3・1抗日独立運動の教訓の第1を次のように述べる。

> 第一、三・一運動に現れる平和愛護精神である。この運動を契機に二千万の我が民族は全国津々浦で日帝に抗い、日帝の無慈悲な虐殺・弾圧にもかかわらず、我が民衆は最後まで平和精神を守り、罪のない日本人に対して少しも危害を加えなかったのである。〔中略〕今日の国内外関係にあってこのような道義的な伝統を再確立する必要性を切実に感じる。

『朝鮮日報』も同年3月1日付朝刊2面の社説「3・1節に思う」においてほぼ同様の認識を示しつつ、より具体的に独立宣言書に触れながら次のように述べる。

> 今から54年前の1919年3月1日に孫秉熙氏をはじめとする民族の代表33人の名前で宣布した独立宣言書は半世紀が過ぎた現在から見てもその格調が高く、その理論が整然としており、賢明かつ矜持が高い。／「良心が我と同存し、真理が我と並進する」民族の大義の前に侵略者日本も可憐な歴史の罪

人として憐れむべき対象として扱われており、当面の目標は民族の独立に置きながらも、巨視的な観点から遠い東洋の永遠の平和と人道的精神が投影される新文明の世界改造を見据えていたのである。

　戦後の日本への敵愾心につながりかねない記憶、つまり、日帝による虐殺や弾圧といった要素はこのようにそれ自体が絶対的な価値を持つよりも、3・1抗日独立運動の「平和主義」を評価の中心に据えることによって朝鮮民族の道徳的優位性の物語のなかに組み込まれていった。そして、この「平和主義」は自主性の重視とも密接に結びついていた。例えば、『朝鮮日報』1971年3月2日付朝刊2面の社説「歴史の中の三一運動と今日の三一精神」で、その点を確認できる。

　　当面の目標は日帝から独立を争奪することであったが、それを通した究極の指標は自主、自由、平等の民族として人類世界平和に寄与しようとする志で、それが独立宣言書の隅々にまで溢れていることを我らは知っている。それが変わらぬ我が民族の今日の指標であるべきであることもまた知っている。

　つまり、1970年代における自主性言説は、抗日独立運動やその過程における虐殺、弾圧といった戦後日本に対する敵愾心につながりやすい過去の要素よりも、それらを相対化しつつ現在的な要求としての「平和主義」とより密接に結合していたと言えよう。70年代半ばからは自主性は「植民性の否定」とも結びつくが、この構図からも同様のことが指摘できる[26]。『朝鮮日報』は1976年2月29日付朝刊2面の社説「精神的な植民の脱皮を／3・1精神の現時点での理解」で中国における「中体西洋」、日本における「和魂洋才」を評価しながら、これまで韓国社会は無批判的に西洋文明を受け入れてきたと指摘し、次のように述べる。

　　1919年3月1日にあったことを回想することが3・1節というよりは、その出来事の志が今日にどのような意味を持つかを肝に銘じる3・1節としてあるべきだ。だからこそ、3・1節の意味は時期と状況によって可変し、また

可変する今日の意味が何かを把握することが大事だと思う。／3・1運動は、民族挙げての抗日民族運動であったという意味より、歴史上最も広範囲に団結し、歴史上最も強烈に示された、また歴史上最も大きな力を誇示した民族自主と主体力の存在確認という点で今日と未来への意味を持つと思うのである。〔中略〕韓国人は強烈な個性と才能と、少なくとも西洋人より何倍も勤勉であることが科学的に立証されつつある。ただ、これを事大的な尺度、植民的な尺度、欧米的な尺度からしか見てこなかったため否定的な欠陥として認識されてきたところに歴史的な過ちがあったのだ。

　文面からわかるとおり、3・1節の自主性をことさらに評価し、「植民性」から脱皮することが目指されている。注目しなければならないのは、そうした言説構造のなかで「抗日民族運動」という側面が持つ意味自体は相対化されているところである。『東亜日報』の1979年2月28日付夕刊2面の社説「新たな歴史の章を開こう／3・1運動60周年の意味を考える」でも、南北平和統一問題と絡みながら、こうした自主性と「植民性の否定」の言説構造のなかで「反日、反植民地運動」が相対化される。

　国を失った悲劇の中でも民族国家成立の意識的基盤を築いた韓民族なら、その後60年を成長してきた今日に至っては分断の矛盾を克服できるより大きな力量が蓄えられて然るべきだった。／しかし、いまだに北朝鮮は3・1運動を金日成の家門の蹶起史につなげたり、「ロシア」の10月革命に刺激された階級闘争史として歪曲したりしながら民族の自主力量を基礎とした平和統一への道から事実上目を背けているのは深刻な問題である。3・1運動を通して浮上した民族意識の正当性がどこにあるのかを確認するならば、彼らも南北赤十字会談の提起以降繰り返されてきた我らの訴えに耳を傾け、真なる対話の姿勢で平和統一の推進に参与すべきである。／繰り返すまでもなく、3・1運動は反日、反植民地運動として出発したが、究極的には共生の国際秩序を尊重する民族国家の形成に目的があった。

つまり、「平和統一」の根拠を「反日、反植民地運動」ではなく「国際秩序」の尊重に求め、その正当性を担保する3・1抗日独立運動をロシアといった外来勢力によるものとしてではなく、「自主力量」を象徴するものとして捉えようとしているのであり、その言説構造のなかで3・1抗日独立運動における「反日ムード」につながり得る要素は周縁的なものとして位置づけられているのである。

4　日本帝国への敵愾心と戦後日本への心像

　しかし、ここで注意したいのは、「日帝時代の不快な記憶を洗い流すこと」が意識され、抗日独立運動そのものよりも「国際協調」や「平和主義」、そして「植民性の否定」といった現在的要求のなかで3・1節の自主性の評価が行われるとはいえ、それらが歴史を解釈する作業である以上は必然的に歴史を掘り起こす行為に依拠している点である。自主性の継承の中心に「反日ムード」につながる要素を据えることを意識的に避けようとする努力とは別に、その過程において、過去の日本帝国に対する強い敵愾心は否応なしに呼び起こされ、ふとしたきっかけで戦後日本に向けられることはあり、日韓国交正常化をめぐる一連の出来事はまさにその過程を示すものだった。日韓関係の緊密化が1960年代以上に求められた70年代においても、その根本的な図式は変わっていない。

　例えば、1976年の社説で「抗日民族運動」よりも「植民性の否定」の論理として自主性の継承を主張した『朝鮮日報』は、その翌年の2月5日に福田赳夫首相が「竹島」は紛れもなく日本の領土であるという趣旨の発言を行ったことを受け、同年3月1日付2面朝刊の3・1節社説にて次のように論難した。

　　民族の正気を蘇らせるのが3・1精神である。外勢を後ろ楯に卑しい名利を貪る事大主義を排撃することが3・1精神である。銃や刀の威勢の前でも屈せず自尊・自主・自立しようというのが3・1精神である。国家の体面や民族の名誉に構わず、私利私欲に目が眩んだ輩に鉄槌を下すのが3・1精神で

図27　『東亜日報』における在満独立軍への毒ガス使用に関する報道（『東亜日報』1974年2月28日付夕刊7面）

ある。／そのような精神は、五十六年前のその日にのみ必要だったものではなく、今日において尚更必要なものであることを痛感する。見よ、あの東の島国において蘇っている日本帝国主義の亡霊たちを。我らの国旗を路地で千切り、また、厳然たる記録として我が領土である独島を自らのものであると暇を見つけては言い張る彼らの思惑は一体何なのだ。3・1精神の旗の下に我らの老若男女皆が立ち上がって大声を上げなければ〔日本が何を間違えているのか〕わからないのか。

　また、3・1抗日独立運動の歴史編纂作業および記念碑建立事業に1965年から携わり、後者の事業を70年代においても継続的に行っていた『東亜日報』は[27]、1974年2月28日付夕刊7面に「在満独立軍、毒ガスで大量虐殺される／半世紀ぶりに明るみに出た日帝の残虐像」と題した記事を9段にも及んで大々的に報じた（図27）。それまで知らされていなかった毒殺による独立軍の鎮圧に関する部分が力説され、記録としてあまり残っていなかった日帝の残虐性を裏づける貴重な史料[28]であると報じた。これを受けて『東亜日報』は翌日の3月1日付夕刊7面にこの記事を再度掲載し、その日のコラム「横説竪説」で次のように憤怒を露わにした。

　　三・一運動の五十五周年を迎えながら、改めて朝鮮総督の蛮行に怒りで体が

震える。彼らは我らの敵であったために、独立軍が彼らを殺し、また彼らが独立軍を殺すことは、その当時としては当たり前だったと言えよう。しかし、安重根も尹奉吉も敵を殺すのに毒薬は使っていなかった。男らしい堂々とした方法で敵を殺した。なんの毒ガスかは知らぬが、光復団員を毒殺することが、彼らの言う「サムライ」精神なのか[29]。

　こうした日帝時代の「蛮行」への憤怒が直ちに「反日ムード」へとつながるわけではないということはこれまでの分析のとおりである。と同時に、日本帝国に対する敵愾心が戦後の日本に対する敵愾心として「反日ムード」が刺激される意識構造もまた無視できるものではない。韓国社会は、「反日ムード」を継承すべき対象とせず、それを3・1精神の矮小化につながるものと考えつつも、戦後日本との関係において過去の敵愾心が刺激されつづけるという悩ましい状況にあった。『東亜日報』や『朝鮮日報』といういわゆる「民族紙」が3・1節に提示した自主性なる3・1精神は、日本を警戒しつつも日本と手を結びながら独立した国家としての韓国のあり方を常に再確認する作業のなかで、「反日ムード」の定着ともその相対化とも密接に結びついていたのである。
　こうした一連の流れは韓国社会の自己分裂的な矛盾の歴史を示すものではない。この過程を正確に捉えるのなら、3・1抗日独立運動を自主性の観点から現在に有効なものとして蘇らせる過程のなかで直面した「反日ムード」の相対化をめぐる試行錯誤の歴史だったと言うべきだろう。1974年2月28日付夕刊7面に「在満独立軍、毒ガスで大量虐殺される／半世紀ぶりに明るみに出た日帝の残虐像」を掲載し、それを翌日に夕刊7面に組み直した『東亜日報』は、同年3月1日夕刊5面にて「我らにとって日本とは何か？　3・1精神の教訓」と題した特集を掲載している。「対日姿勢を歴史的、現実的視点から再検討」するために掲載された同特集は、当時漢陽大学政治学教授だった車仁錫と『三・一運動50周年記念論集』の著者の1人だった洪以燮の寄稿で構成されていた。車仁錫は、日韓関係の展望を担当しているが、その言説には「反日ムード」の相対化をめぐる韓国社会の試行錯誤が集約的に次のように言及されている。

我らは寛大でも偏狭でもなく、復讐心のない民族でもない。日本が豊かな暮らしをしているためにそれを嫉妬しないわけでもないだろう。しかし、日本は我らにとっていくら好きになろうと頑張っても好きになれない人と同じである。過去はもちろん、今日でも日本が我らに接する〔植民地時代の優越意識を捨て切れないような〕態度が不満であり、いくら頑張って理解しようとしても彼らに対する疑いは消えない。〔中略〕日本に対する我らの心像の外郭には多少の変化がなくはなかったが、その深層は三十六年間の日政に対応しながら得た辛い経験で固められている。これを知覚的硬直性とも呼ぶ。これにより、日本に対して我々が過去に抱いた期待と態度、そして行動様式が今日にもつづいているのであり、時には現実の状況が異なる期待と態度を要求するにもかかわらず、我々はなかなかこれを捨てられない。これが単純な我らの集団的我執であり、非現実的なものであると考える人もいるだろう。また、これが我らの偏見であると非難する人もいるだろう。しかし、それが偏見であっても、我らにとっては隠したくない偏見であろう。／だからと言って、我らはこれを決して誇らしくは思わない。我らは自己文化優越主義などを掲げず、日本語を流暢に駆使し、日本哲学と文学を堂々と論じるべきであるにもかかわらず、そのようにはできない。ある人は、韓日間の過去が清算されたと言う。にもかかわらず、その過去が今現在にその形態を変えて再生されていることを我らは知覚していると信じる。これが日本に対する我らの強迫観念からくるものなのかもしれない。実は、そうであって欲しい。〔中略〕日本に対する我らの心像の根本的な変化なしに両国間の未来関係を予測することは容易いことではない。我らの心像が我らの日本に対する実在を表像していると信じようとする限り、一層難しくなる。ならば、残されているのは沈黙なのだろうか。日本と我らが抱えている問題はおそらく紐解くことの出来ない形而上学的なものなのかもしれない。

こうした葛藤を「反日ムード」の定着とその相対化の矛盾として捉えることは

あまりにも短絡的である。両者は矛盾するというよりも、抵抗の記憶にもとづく自主性の観点において前者が必然的に起こる問題だからこそ、その継承を重視する韓国社会では「反日ムード」の問題を乗り越えてより大きな文脈に自主性の意味を位置づけようとした。「自主性＝抵抗」の継承に軸足を置きながらも、そのなかに含まれている排他性を乗り越える継承のあり方、すなわち、世界の潮流への参加のあり方を模索したのである。

　一方で、日韓関係という「空間的枠組み」と抵抗とそれに連なる受難の記憶という「体験的枠組み」が結びついて絶えず「反日ムード」が引き起こされ、こうしたなかでその相対化は3・1節報道という「言語的枠組み」において意識的に言及しなければならない課題として設定されつづける構図になっていた、とも言える。引用文の最後で車が「日本と我らが抱えている問題はおそらく解くことの出来ない形而上学的なものかもしれない」としているのは、まさしく、こうした状況を示していよう。

5　おわりに

　3・1節は、3・1抗日独立運動の記憶を継承する日であり、その意味で抵抗とそれに連なる受難の記憶を現代の韓国社会に印象づけつづける「時間的枠組み」である。抵抗と受難の記憶は、確かに日本帝国に対する敵愾心を含み、その要素が戦後日本に接続され、「反日ムード」として表れることもあった。しかし、これまでの検討で見てきたように、韓国社会における3・1節言説が、「反日ムード」の継承を目指してきたのかと言えば、必ずしもそうではなかった。1950年代には反共産主義にもとづく国力涵養論の台頭のなかで「反日ムード」の定着よりも国家発展の指針という側面が強調された。1960年代には不均衡な日韓国交正常化という認識に後押しされて自主性の観点から「反日ムード」の定着が主張される一方でそれ自体を3・1精神の最も重要な課題として捉えることには躊躇があった。むしろ、「自主性＝反日、排日闘争」と捉えることは3・1精神を矮小化することにつながりかねないという認識があり、3・1精神を自由民主主義と

いった世界の潮流への参加や民族統一、自由で平和な社会の実現という、より大きな文脈で捉えることが同時に主張されていたのである。

　また、1970年代には、日韓関係が一層緊密化するなかで、その流れが自主性をより具体的に「反日ムード」の定着とは異なる文脈と結びつける形で現れた。南北平和統一や日本との連携強化の必要性を背景に自主性の継承は「国際協調」、「平和主義」、「植民性の否定」といった要素と一層緊密に結びつき、そのなかで「反日ムード」につながり得る要素は相対化されていった。3・1抗日独立運動の記憶を引き継ぎながらも、その自主性を単純な排外主義ではなく、韓国の独立国家としての立場を整備し、国際社会に柔軟かつ自主的に臨むための精神的な準拠点にしようとしたとも言える。

　一方、こうした「反日ムード」の相対化努力にもかかわらず、3・1節が3・1抗日独立運動に基盤をおく限り、その想起のなかでは否応なく日本帝国に対する敵愾心も育まれ、日韓関係に何らかの問題が生じたとき、まさしく「反日ムード」へと結びついていくことも垣間見えた。ただし、これが3・1節報道において決して「誇らしい」とは捉えられない問題だったことは、最後に引用した車仁錫の言説からも読み取れる。『東亜日報』と『朝鮮日報』の報道を見る限り、3・1節に際した報道では、その行為が抵抗とそれに連なる受難の記憶にもとづくがゆえにそのトラウマに引き戻されつつも「反日ムード」のみならず抵抗と受難の記憶をも乗り越える自主性の継承のあり方が模索されてきた、とまとめられるだろう。

「国際協調」、「平和主義」、「植民性の否定」といったように現在の課題を解決する上で必要とされるものをその歴史から引き出して韓国社会の民族的な自我を守りつつ、その自我像から否応なく湧き上がる「反日ムード」をいかに乗り越えながら現状の韓国社会の課題に対応するのか。3・1節の報道が示すのは、そのような複合的なあり方であり、国際情勢の変化に敏感に対応しながら、そのなかで日本への警戒を促すと同時にその連携も否定しないあり方である。ここから見えてくるのはいわゆる「反日」の記念日としての姿よりも、読者にいかに民族的な自我を明確にしながらも日本への抵抗と協力のバランスをとっていくのかを示す

「自主性＝参加」の実践の精神性を探る記念日としての姿なのである。そして、一部で「反日」の盛り上がりとして捉えられる1980年代の「克日」の動きは[30]、このような1970年代までの自主性の展開の上にもたらされたものにほかならない。

　1982年の日韓歴史教科書問題は韓国社会では再び日本が侵略の野心を燃やす前兆と捉えられた。「克日」という言葉は、この歴史教科書問題を契機として盛んに用いられるようになり、『朝鮮日報』はそれを全国的な「克日運動」にしていこうとした。同紙は、知識人による座談会を主導し、歴史教科書問題が盛り上がっていた82年の8月にそれらの座談会の内容を特集しているが、これらの特集で共通しているのは、「克日運動」を「反日」や「鎖国」とは異なる動きとして位置づけようとする点である。

　例えば、1982年の8月12日付朝刊3面の特集のタイトルは「憤怒・感情だけでは日本に勝てない／国民的「克日運動」を行わなければ」となっており、そこでは、「克日運動」を「非日本化」作業として定義し、「日本に石を投げるのではなく、成熟した国、世界のなかでの韓国人らしく」振る舞うための「民族主体意識」の確立として捉えている。世界化や各国との貿易の増加を指摘しながら、「民族主義が閉鎖的な概念で解釈されてはならない」とし、「「反日」の代わりに「勝日」または「克日」という言葉を使うのも良い」と述べる。「反日反米が民族史観という偏狭的な思考を持つこともできようが、それは世界のなかでの成熟した韓国、そのような世界化のなかで未来を開拓しなければならない我が国の立場からは危険な思考になり得る」としているのである。

　国際社会に独立国家として参加する上で「民族主体意識」を持つことは重要である。特に植民地支配をそれらの列強によって経験した韓国社会からすれば、なおさら無視できない問題になる。だからと言って日本との関係において植民地支配に対する激しい憤怒を濾過せずにただ向けるだけでは自分たちの「民族主体意識」は「偏狭な思考」になり、「世界のなかでの成熟した韓国」を志向できなくなる。ならば、この怒りと鬱屈とした感情をどのように消化すれば良いのか。そこで韓国社会が目指したのは、自分たちの現状の課題に集中し、植民地支配に

よって失われかけた自主性を突きつめてそれらの課題に「韓国人」として取り組むことである。3・1節の1970年代までの報道から見えてくる「反日ムード」が刺激されつつもそれを乗り越えようとするあり方はまさにその作業のための精神性を整える意味があった。そして、この脱植民地化の課題の実践がより具体的に模索されたのが8・15光復節であり、日本に対する「韓国人宣言」が行われるようになる。

　次章では、引きつづき同時期の8・15光復節報道を『東亜日報』と『朝鮮日報』から分析し、その報道がいかにして日本に対する「韓国人宣言」にたどり着くのかを明らかにする。そこで行われた「韓国人宣言」は、「反日」の象徴的な事例とされた旧朝鮮総督府庁舎撤去⁽³¹⁾の議論ともかかわりがあり、そこに至るまでの過程を追うことは、その「反日」との距離を明らかにする上で重要な作業になるだろう。また、その撤去対象となった朝鮮総督府庁舎が10月1日の「始政記念日＝体育デー」に落成式を迎えたことを踏まえれば、その作業は「皇国臣民」としての動員から韓国人としての「自主性＝参加」を取り戻そうとした過程を追うことにもなろう。

第4章　8・15光復節報道と自主性の実践
―― 「韓国人宣言」

1　南北分断と非自主性という課題

抗日の3・1節と近代化の8・15光復節

　8・15光復節は、1945年8月15日の植民地解放を祝うものであると同時に、1948年8月15日の大韓民国樹立を祝うものでもある。3・1節が抗日独立運動という植民地支配に対する抵抗の展開をその核とするものであるならば、8・15光復節は植民地支配の終了と独立国家としての出発という抵抗の成果を意味づける「時間的枠組み」だったと言える。しかし、これらの記念日で祝う3・1抗日独立運動や、植民地解放および大韓民国樹立はそれぞれ限界を抱えているものでもあった。

　まず、3・1抗日独立運動は、朝鮮民族が日本帝国からの独立を宣言し、「民族自決」を訴えた歴史的意義があるが、朝鮮民族の独立にはつながらなかった限界を持つ。一方、植民地解放や大韓民国の樹立は3・1抗日独立運動では果たせなかった朝鮮民族の独立を意味する点で重要な意義を持つと言える。だが、それは朝鮮民族の自主的な行為の結果ではなく、連合国にもたらされたものだった。そして、周知のように、米国とソ連の巨大な冷戦構造に巻き込まれる形となった朝鮮半島は、朝鮮戦争を経て南北分断を迎えることとなる。自主性を象徴する3・1抗日独立運動は直接的に独立につながらず、非自主的にもたらされた「解放」は「分断」を意味したのである[1]。こうした、3・1抗日独立運動と8・15光復の限界や捻れは、それぞれの記念日の報道のあり方を少し異なる方向に特徴づけていった。以下では、1950年代における3・1節報道と8・15光復節報道の特徴を比較し、両記念日報道がいかなる方向に特徴づけられていったのかを確認してお

く。

　まず、1950年代における3・1節報道の特徴とは何か。当然のことながら、抗日の記憶や日本帝国による虐殺に焦点が合わされるという点である。『朝鮮日報』は1954年から59年のあいだ、毎年3・1抗日独立運動当事者による回顧記事を掲載し、『東亜日報』も1955年と57年を除いては同運動にかかわった国内外の当事者たちによる証言を掲載していたことは第3章で述べたとおりである。

　一方、8・15光復節報道においては抗日の記憶やそれを弾圧した日本帝国の残虐性は3・1節に比べるとあまり注目されなかった。その焦点の差異は、両記念日の特集によく表れている。1950年代に組まれた3・1節の特集は、管見の限り、1959年の『朝鮮日報』のものが唯一であるが、前章でも確認したように、その内容は「三・一の炬火は今日で四十周年／正義と自主の象徴／抗日闘争血史は輝く」（3月1日付朝刊1面）、「四十年前の今日」（3月1日付朝刊3面）、「三・一運動が起きるまで／四十八人に対する予審決定書全文」（3月1日付朝刊4-5面）、「このように戦い、このように踏みにじられた／統計からみる己未独立運動の被害状況」（3月1日付朝刊6面）などで構成されたものだった。

　それに比べ、1955年に同紙で組まれた8・15光復節10周年の特集は、「驚異的な建軍十年」（8月15日付朝刊6面）という韓国の陸・海・空軍の発展と課題に焦点を当てたものだった。光復13周年、大韓民国樹立10周年を迎えた58年に組まれた次の特集でも、「建国十年社会のあれこれ」（8月15日付朝刊2面）、「国家の干城たる陸海空三軍」（8月15日付朝刊3面）、「建国十年の躍進する社会のあれこれ」（8月15日付夕刊3面）、「経済はこのように成長した／建設10年相」（8月15日付夕刊6面）などが主要議題だった。抗日の記憶そのものに焦点を当てた3・1節報道とは対照的であることが窺えるだろう。

　こうした8・15光復節報道の特徴は、『東亜日報』にも表れていた。『東亜日報』も1954年と58年にそれぞれ『朝鮮日報』と類似した特集を掲載した。54年には経済と政治の「解放十年の足取り」（8月15日付夕刊2面）、58年には「独立前夜の歴史的背景」（8月15日付朝刊3面）、「経済10年の浮き沈み」（8月15日付朝刊4面）、「明暗十年を語る」（8月15日付朝刊5面）、「漫画でみる10年万象」（8月15日付朝刊6面）

などを特集として組んでいる。このうち「独立前夜の歴史的背景」は抗日独立運動と関連を示すかのようだが、その内容は植民地解放後の混乱の責任を共産主義者に求めるもので、1945年解放から48年の大韓民国樹立までを扱ったものだった。

　無論、3・1節報道において国力涵養論が50年代半ば以降に台頭していたことからわかるように、ある要素が3・1節と8・15光復節報道のどちらにしか見られない、というわけではない。ここで指摘したいのは、両者が全く異なる記念日というより、重きの置き方が異なっていた、ということである。では、なぜ、両者の報道においてこのような焦点の差異が表れたのだろうか。

非自主的な「解放」としての8・15光復

　普通に考えれば、3・1節は3・1抗日独立運動を記念し、8・15光復節は植民地解放と大韓民国樹立を祝うものであるため、前者がその記憶の継承に、後者が解放後の大韓民国の成果に焦点を合わせることは自然な現象である。ただし、そうした両報道の特徴を支えている背景は、そう単純ではない。その構図からは、3・1抗日独立運動が結局独立にはつながらなかったという事実と、8・15光復が自主的なものではなく、南北分断につながったというそれぞれの限界が浮かび上がってもいるのである。すなわち、ここで着目すべきは、それぞれの報道の特徴がそれぞれの記念日に適しているという解釈より、3・1節の特集で植民地解放後の成果を語っても良いはずなのに語られず、8・15光復節の特集では解放を感動的に意味づけるように抗日独立運動に焦点を当てても良いはずなのにもかかわらずそうしてはいないというある種の偏りである。そして、この偏りは、まさに両記念日が根差すそれぞれの「体験的枠組み」の否定的な側面をいかに乗り越えるのか、という問題とかかわる。

　3・1抗日独立運動は朝鮮民族の自主性を象徴する尊い史実だが、朝鮮民族の独立には至らず、結果としては「失敗」に終わった。3・1抗日独立運動を記念する上で、その点を克服することは重要であり、『朝鮮日報』と『東亜日報』はその歴史の解釈からこれを乗り越えようとした。例えば、1954年の『朝鮮日報』

3月1日付朝刊1面の社説では「己未当時の外勢を退くことにこの精神だけでは不十分だった」が、「この精神なしで共産主義を退き、統一の大業を完遂できるものか」とその必要性を訴えた。

　1955年には3・1抗日独立運動が失敗に終わった理由を海外における指導者層の分裂に求め、国内に見られる民衆の「犠牲」「一致団結」「自主性」にその根本精神を求めた。確かに3・1抗日独立運動には分裂もあったが、その根本精神は「犠牲」と「一致団結」、「自主性」だったことを強調することで3・1精神の尊さを説明したのである[2]。1958年の『朝鮮日報』の3・1節の社説では、日本帝国の弾圧により3・1抗日独立運動が沈静化した時期もあったが、「第二次世界大戦が終わった日に解放独立を取り戻せたことは、果敢な独立運動への当然の報酬である」[3]とした。その後、同社説は3・1精神を受け継いだ青年たちによる3・1後の独立運動を詳述した。特集が組まれた1959年にも、海外における分裂など反省する点はあるが、「三・一精神と言う以上は我が民族が独立運動時に発揮した高貴な実践行動がこの定義に含まれなければならない」[4]として3・1抗日独立運動の詳細な展開が描かれた。

『東亜日報』の社説も3・1抗日独立運動がその「失敗」を凌ぐ尊い精神であることを説明するため、その価値について多くの分量を割いた。1954年の同紙の3月1日付夕刊1面の社説は3・1抗日独立運動が「当時に成果をあげることはできなかった」が、その後の国内における朝鮮民族の自主的な教育と産業啓蒙運動に影響を与え、民族の価値と権威を世界中に知らしめたことで「第二次大戦中のすべての国際会議において韓国独立を決定させる遠因となった」とその歴史的意義に言及した。57年には「日帝統治勢力の残忍な報復を受け、結局、独立・解放を成し遂げられなかった運動である」としながらも、「我らが乙酉年に解放を迎えられた所以」であると述べ、その後につづく具体的な3・1抗日独立運動の回顧の意義を位置づけた[5]。また、59年にも社説で「民族自決主義」に根ざしたものとして3・1抗日独立運動を評価し、その展開過程を記述した後に次のように述べる。

三一運動はこのような精神の展開過程であったが故に、失敗に終わったとはいえ、日本帝国の野蛮な統治に制約を加えたのである。また、その高貴な闘争の気概と精神は国内外の独立志士に綿々と継承され、厳しい環境での彼らの士気を鼓舞してきた。三一運動が究極的には全土から日本帝国を追い払い、我らの独立国家である大韓民国を創立育成する上で精神的な源流を形作ったということについては誰もが認めよう(6)。

　このように3・1節の報道では、「大韓民国の精神的な源流」を成す3・1抗日独立運動を意義づけるため、その「失敗」の側面を乗り越えようとした。つまり、3・1精神はそれ自体で尊いというより、直接に独立につながらなかったということから、それを継承するにはその尊さをあえて検証しなければならなかったのである。

　植民地解放が朝鮮人の自主的な抗日独立運動の直接的な結果ではないという3・1抗日独立運動のこうした限界は、そのまま8・15光復節の非自主性の問題に接続される。1956年の『朝鮮日報』の8月15日付夕刊1面の社説は朝鮮戦争による「人的、物的損失をもたらした根源が十一年前の八・一五に胚胎されていたことは誰も否定できない」とし、南北が分断したのは「独立が自力によって成就したものではない」ためと言及した。よって、統一のためには「我らの力を養成し、万全の準備を整える」ことが重要という。

　1958年の『東亜日報』の8月15日付朝刊1面の社説も「自身の力量を養成することに注力し、統一を勝ち取る方向に向かわなければならない」と述べ、「八・一五解放は自力解放ではなく、日帝時代の独立闘争は反封建的な社会の近代化のための闘争とは密接に結びつかなかったために、我らは「民族国家であり国民国家である」という「テーマ」を二十世紀後半にもなって完成しなければならない後進的な位置に立っている」との見解を示した。つまり、8・15光復に至る過程に見られる非自主性が南北分断の原因であり、「民族国家」を達成するには過去を振り返るよりも国力を蓄えることこそが重要だという認識である。

　3・1節報道が抗日の記憶を強調することで、その「失敗」を乗り越えて自主

性を現代に継承させようとしたのであれば、8・15光復節はその過程に全くの自主性が認められないという限界があったためにその記憶の継承よりも現代におけるいわば自主性の実践に集中せざるを得なかったのである。こうした、焦点の差異は、1960年代の日韓国交正常化をめぐっても表れることとなる。

2 現在的な課題を議題化する 8・15 光復節

8・15 光復節報道の日本への無関心

　李鍾元によれば、1950年代は日韓両国とも「それぞれ新しい国づくりが至上課題であり、互いへの関心は低かった」（李　2017：31）という。1950年代の日韓関係は植民地支配に対する請求権問題などをめぐる日韓会談が大部分を占めるが、「朝鮮戦争の結果、米国の関与が確定的になり、大規模な復興援助が期待できる状況では、対日関係の修復を急ぐ必要はなかった」（李　2017：56）というのである。現に3・1節と8・15光復節の社説や特集記事でも、現況の日韓関係が言及されることはほぼなかった。当時、日韓両国は反共自由主義陣営の一員という立場を共有していたが、1950年代の李承晩政権が安易な日韓接近を拒絶していた（木宮正史　2017：72）ことも、その背景にあると思われる。

　ただ、前章で確認したように、例外的に1959年には3・1節の社説や特集記事で初めて対日関係が言及された。『東亜日報』は同年2月28日付夕刊1面の「三一精神を蘇らそう」という社説で北朝鮮が韓国を虎視眈々と狙っている最中「隣国日本は昔のように極東の覇者を夢見て露骨的な侮辱政策を取っている」と批判した。『朝鮮日報』も同年3月1日付朝刊1面の特集「三・一の炬火は今日で四十周年／正義と自主の象徴／抗日闘争血史は輝く」で「彼らの野心が敗戦後に徐々に蘇っている兆候は看過できないのであり、我らに対する贖罪の態度はなく、傲慢な態度」を取っていると強く日本を批判した。背景には、同年の記念式の様子を『東亜日報』が3月1日付夕刊1面にて「3・1の魂で送北反対に総蹶起」と報じたように、59年2月に在日朝鮮人の北朝鮮への帰還事業が日本で決定したことがあった。

一方、8・15光復節の社説と特集記事においては、こうした日本への言及は全く見られない。『東亜日報』は同年8月15日付朝刊1面の「八・一五を迎えて」という社説で「共産体制より優れていることを客観的な事実をもって立証」する必要性を主張するのみで、日本との問題には触れなかった。『朝鮮日報』の同年の特集も「解放14周年/経済成長の解剖」を8月15日付夕刊2面に掲載しただけだった。もちろん、一般記事のレベルでは、いくつか対日関係について言及しているものはあるものの、社説や特集では全く扱われず、3・1節に比べれば、そもそも対日関係への関心は8・15光復節報道においてより低かったと言えるだろう。こうした8・15光復節報道において、対日関係が重要な議題の1つとして浮上するのは、1965年の日韓国交正常化前後である。

対外的な「愛国心」への転換と日本の脅威

　1960年代には、ベトナム戦争を背景にアジアの冷戦が激化し、米国は日韓国交の樹立に本腰を入れるなど（木宮正史　2017：72-75）、国際情勢が日本との距離を維持することを許さない状況になりつつあった。韓国社会は朝鮮戦争後、米国の援助に頼り切りの状態だったが、米国の援助が50年代後半から減少することにより、新たな活路を模索する必要性に迫られていた。また、韓国への援助の負担を減らそうとした米国は、日本にこれを分担させようとし、米国の積極的な仲介によって韓国社会は日本との関係を修復しなければならない状況に追い込まれていたのである。

　こうして韓国社会にとって対日関係はもはや避けられない問題になり、『朝鮮日報』はこの時期を「愛国心」の転換期として捉えるまでになる。1964年3月1日付朝刊5面に掲載された愛国心の変遷を追う連載で『朝鮮日報』は「これまでの愛国心は主に国内的」であったが、日韓国交正常化をめぐり「これからの愛国心は対外的なものに拡大されるだろうし、日本の存在が継続的な争点になりそうだ」と述べている。韓国社会にとって日韓国交正常化は、単なる日本との関係の修復という意味よりも、韓国が対外的に自分自身をどのように位置づけるかにかかわる問題として受け止められたのであり、日本はその上で特に重要な対象とし

て認識されたのである。すなわち、国際社会に韓国社会が何者として参加するのか、というアイデンティティの問題を強く刺激されたと言えよう。

　日韓国交正常化をめぐる葛藤は、こうした韓国社会の「愛国心」が対外的なものに向かう過程で起き、3・1節は日韓国交正常化反対運動の基点の1つとなった。その際、3・1節の社説や特集では過去の傷が強く刺激され、「反日ムード」の定着が韓国社会としての自主性を明確にし、守る方便の1つとして叫ばれたことはすでに述べたとおりである。本来なら自主性の観点においてそこまで重視されるべきではないと認識しつつも、日本に踏み躙られた記憶を強く喚起し、自らの日本帝国に対する抵抗がいかに激烈だったのかを印象づける形で自主性を保護するための心性の定着を試みたのである。

　第3章では主に社説の事例を示したが、このような日韓国交正常化に際しての3・1節の報道における抵抗と受難の抗日の記憶の重視は、両紙の特集記事においても確認できる。例えば、1965年、『東亜日報』は3月1日付夕刊4面から5面にかけて「韓・日妥結に走る3月／"独立万歳"を再び叫ぶ」という特集を組む。本書の分析の範囲では、これは『東亜日報』で組まれた初めての3・1節特集である。同特集の趣旨は「己未独立万歳運動を回想しながら老壮の政治家たちを中心に韓国が持つべき対日姿勢について設問、彼らの回答を聞く」であり、その特集のなかには「己未の「魂」が宿った場所／立て札一つ建てられぬものか」や「血の滲んだ跡を追って／我ら3月に戻ろう」という見出しのついた3・1抗日独立運動の遺跡地の写真が10枚大きく掲載された。また、『朝鮮日報』も同年2月28日付朝刊の3面に「3月が来れば…その日の万歳の声が…／「韓・日妥結」の山場に「3・1」は再び我らの前に…」という特集を組み、当時の被害状況の統計、その遺跡地における抗日独立運動史に焦点を当てた。

　もちろん、これらは単純に「反日ムード」を肯定する論理ではなく、すでに前章で確認したように、あくまでも自主性を守る方法の1つであり、志向性としては「自主性＝反日、排日」と捉えることを「低次元」としていたことを忘れるべきではない。

日韓国交正常化と現在の課題への焦点

　一方、この傾向自体は8・15光復節でも確認ができるものであるが、その表れ方は3・1節とは異なり、抗日の記憶にはそこまで着目しない、という特徴がある。当時の日韓国交正常化の様相については「屈辱的」との認識を示しつつも、抵抗と受難の記憶ではなく、現状の韓国社会の課題に焦点を合わせて日韓国交正常化を論じる傾向にあった。

　1965年の『東亜日報』の8月14日付夕刊2面の社説では、まず同紙の同年の3・1節の社説で述べられたような日本帝国による迫害に関する記述は一切見当たらない[7]。植民地解放後に抱えた諸問題が未だに解決できず、「統一政府樹立に失敗し、民主政治確立に失敗し、経済的自立も不可能になり、仕方なく屈辱的な条件であっても再び日本と手を結ぼうとするに至ったことを認めざるを得ない」と、現状の韓国社会がおかれた状況が焦点化される。

　この傾向は同年の『朝鮮日報』にも表れる。同紙は、1965年の8月15日付朝刊1面の社説で解放後20年の課題を振り返り、「貧困のせいで仕方なく日本と手を結んで経済協力を試みようとするのであり、貧困のせいで社会が不安になって政局が揺らぐのである」と述べた。同年の3・1節の社説で『朝鮮日報』は具体的な日本帝国による虐殺の数を詳細に記述してその屈辱を強調したが[8]、それとは対照的である[9]。

　特集記事でも1965年の3・1節と8・15光復節の報道の焦点は異なる。同年の『東亜日報』における8・15光復節特集は「分断のない宇宙の視座／これが祖国だ」（8月14日付夕刊5面）、「祖国統一に絶望はない」（8月14日付夕刊6-7面）、「北韓20年／人間凍土帯の証言」（8月14日付夕刊8面）などであり、その主要なテーマは「統一」である。1965年8月15日付朝刊3面の『朝鮮日報』における特集記事「韓・日国交と我らの将来」も、その小見出しが「国内政治の変化は？／統韓問題への影響は？」であることからもわかるように、日韓国交正常化がもたらす政治と統一問題への影響が主要な議題だった。1950年代に見られた3・1節と8・15光復節の報道の力点のおき方の差異は、こうして日韓国交正常化をめぐっても、抵抗と受難の記憶を重視するのか、現状の韓国社会の課題を重視するのかに分かれる

形で表れていたのである。

　この差異は、日韓国交正常化後にも基本的に維持される。1966年から69年のあいだ、3・1節の社説の掲載が確認できない68年を除き毎年3・1節に抵抗と受難の記憶に根ざして日本に対する韓国社会の警戒を促した『朝鮮日報』だが、8・15光復節の社説ではそうした記述は見当たらない。1966年から69年まで毎年掲載された8・15光復節の社説で『朝鮮日報』が強調したのは、経済や政治の安定、統一といった現状の韓国社会の課題であり、そのなかで抵抗と受難の記憶は具体的に扱われていない。『東亜日報』は、1967年8月15日付夕刊2面の社説「民族解放22周年」でさらに明確に次のように述べる。

　　まず、国際的協調と国家的利益を我らはより積極的に追求していかなければならない。この22年間は、国際的協調と民族主義が決して矛盾する二律背反的なものではないことを教訓として明白にした。〔中略〕我らは「自主性」や「主体性」という用語に反映された民族的な自我の掲揚を肯定するが、一方で、国際的協調を軽視することがあってはならない。「依存」ではない「協調」──国際的な協調の中で国家的な利益を図って増大させることが、今日の国際社会において我らが暮らし、発展する道である。〔中略〕我らの活力ある発展が民族解放の意義をより輝かせ、民族解放闘争に血を流した先烈たちの魂に報いることであることを強調しておきたい。

『東亜日報』のこのような8・15光復節の社説は、同紙が1970年に掲載した「三・一精神の七〇年代的解釈」を先取りするような内容となっており[10]、8・15光復節において、過去からの自主性の継承よりも、現在における日韓関係を含めた国際関係のなかでの自主性の実践の課題が一層喫緊な問題だったことが窺える。

3　8・15光復節報道と民族文化復興の課題

光復節報道における抗日の記憶の浮上

　一方、日韓関係が「協調」ではなく「依存」の関係になる可能性も十分にあった。『東亜日報』は、1966年の8・15光復節社説で日韓国交正常化が「まだ売国と言えるほどではなく、だからと言って建設の転機と言えるほどでもなかった。結局我が国民と政府の姿勢如何によって、売国の始めにも建設の助けの契機にもなる」との認識を示しており[11]、自主性の実践において対日姿勢はもう1つの重要な課題となった。それには当然、対日姿勢を「依存」ではなく「協調」につながるものにしていくための具体的な方策が求められた。

　そこで、台頭するのが、経済政策のみならず、「文化政策」を同時に進める必要性である。『東亜日報』は1966年8月15日付夕刊5面に、詩人の朴南秀と高麗大学副教授の申一澈<ruby>パクナムス<rt></rt></ruby><ruby>シンイルチョル<rt></rt></ruby><ruby>コリョ<rt></rt></ruby>のあいだで行われた対談を「8・15対談／『成年韓国』文化の分かれ道」と題した特集として掲載し、そこでは、これからの韓国社会の方向性について次のように述べられていた。

　　申　結論的に、朴先生がおっしゃったように、この機に民族文化のルネサンスを起こす運動を展開するべきですね。解放後、やっと『韓国独立運動史』が出るほどですから。大学教養講座に民族文化・韓国思想といったようなものを入れるのも一つの手かもしれません。

　　朴　そうですね。まず、整理作業から急ぐべきでしょうね。なんとかセンターとか、見かけだけ立派な展示的なものより、将来的な視点から整理と育成を行い、基礎工事をしっかりやっておくことが至急に必要です。日帝時代にも『ハングル大辞典』を作ったのですから、今できないわけがありません。そのためには、政治の大前提を文化に置き、経済政策と文化政策を並行すべきだと思います。

自主性の実践における「文化政策」の浮上は、上記の対談からも示されている
ように、抗日の記憶の継承とも密接にかかわる。これまでの分析でわかるように、
8・15光復節の報道は、韓国社会の軍事・経済・政治面での課題や発展に焦点が
あったものの、抵抗とそれに連なる受難の記憶には力点がおかれなかった。しか
し、日韓国交正常化を契機に、8・15光復節においてこれからの対日姿勢を「依
存」ではなく「協調」に相応しいものにしなければならないという問題意識のな
かで「民族文化」の復興がその対策として考えられ、抵抗と受難の記憶の継承が
まさに「将来」の課題として設定されたのである。

　現に、1965年から3・1抗日独立運動の歴史編纂に着手した『東亜日報』は[12]、
翌年の8月15日付夕刊5面に「日帝統治下の学問的整理／凶作だらけの占領史／
至急な民族的課題」という記事を掲載した。同記事のなかで『東亜日報』は「こ
の時代の整理は韓日国交正常化以前に一段落させておくべきであった」との一部
の論者の主張を引用しながら「日帝統治に対する学問的な整理はまだ不足してお
り、一日でも早くある程度の水準に到達されるべき民族的課題である」と述べ、
8・15光復節報道でも日韓国交正常化をきっかけに抵抗と受難の記憶の継承が重
視されるようになった様子が窺える。

　1968年8月15日付夕刊4面には「日帝下の民族受難／強制徴兵・徴用八年史
を振り返る」という特集を組み、『東亜日報』は「五七〇万名酷使／侵略戦の供
物に15万も犠牲／悲惨な低賃金…それすらも貯金させた」との生々しい見出し
をつけた。同面に「史上最高の経済繁栄を謳歌する」という見出しで日本の敗戦
後の復興に関する記事も掲載し、「清算」されない歴史と日本の経済発展が対比
的に示される紙面構成になっていた。同紙は1967年の8・15光復節の社説で「民
族的自我」よりも「国家的利益」を強調したが、前者の肯定もまた重要としてお
り、そうした「民族的自我」の文脈が特集記事に表れるようになったのである。

　1966年から69年のあいだ、8・15光復節の社説において対日関係よりも、経
済や政治の安定、統一といった現状の韓国社会の課題を主に論じてきた『朝鮮日
報』も、特集において同様の傾向を示した。『朝鮮日報』は、1965年の日韓国交
正常化に関する社説以外にも、すでに1963年8月15日付朝刊2面に日韓国交正

常化に対する警戒を述べた8・15光復節の社説を掲載している。その社説で同紙は「八・一五を記念する意義は単純に過ぎし歴史の祭壇に頭を下げるというもの」ではなく、「万代の栄光のためならば、すでに退けた怨念よりも目の前の敵と将来の国難を事前に防ぐために光復節の意義を全国民が胸に刻むべき」とした上で、次のように述べる。

　亡国の恨み三十六年、実質的に呑食された乙巳保護条約（一九〇五年）から起算すれば、満四十年間に亘る日本帝国主義の韓国侵略を我々はここでくどくどしく繰り返したくはない。しかし、冒頭で述べた「多くの変化」の中でもう一つ我々が指摘したいのはあの「四十年の恥辱」を無理やりに忘却の川に流そうとし、ひいては再び日本と手を結び「経済提携」というそれらしい美名の下、日本資本の韓国支配を助長している一部買弁実業人たちの目論見とそれを容認しようとする社会風潮である。これは過去に対する憎悪ではなく、現在と未来のこの国のために警戒せざるを得ない事柄である。もちろん、国際情勢を度外視しようとするがむしゃらな反日政策も取るべきではないが、たった十八年前のことをすっかり忘れたかのような挙国的な健忘症はもってのほかの痛恨事であるといえ、この点について輓近の我々の各分野において対日姿勢に対する根本的な再検討がなくてはならず、今日の意義深い光復節に際して皆がそれぞれ胸に手を当てて恥ずべきことはないかと省みるべきである。

　日本はすでに「退けた怨念」であり、8・15光復節の意義はそれを振り返ることではなくあくまでも「現在」と「未来」に備えることであることが明言される一方で、日本との関係は「現在」と「未来」にかかわる事案であるため、その警戒を緩めるべきではない、という認識が見て取れる。その上で「反日政策」は否定しつつ、日本に対する警戒を緩めない方法の1つとして、抵抗と受難の記憶の喚起をしているのである。
　抵抗と受難の記憶を「現在」と「未来」の観点から位置づけようとする動きは、

日韓国交正常化直後の社説にこそ明確に表れなかったものの、日韓国交正常化2年後の1967年に『朝鮮日報』は63年の問題意識を引き継ぎ、「独立運動史研究の現況と問題点」（8月15日付朝刊3面）、「新たな資料で整理される韓国独立運動史」（8月15日付朝刊4-5面）などで構成された8・15光復節特集を組むに至る。

　1962年にも日韓国交正常化が本格的に議論されるにあたり、特集記事の一部として8月15日付朝刊3面に「落ちていった星たちの逸話／勢いのあった「抗日」／光復節を迎えてもう一度追慕する赫赫とした遺勲／みな騒然とした中で逝く」という記事が組まれたことがあった(13)。ただ、当時の記事は、特集の一部として組まれたものであり、抗日独立運動の歴史のみが2面にわたって特集されることは67年が初めてだった。『朝鮮日報』3面に掲載された「独立運動史研究の現状と問題点」は、韓国の中央大学の金龍徳教授による寄稿であるが、そこでは8・15光復節の「未来志向性」において、抗日独立運動史を振り返るというある意味「過去志向性」に着目する理由を次のように解説する。

　　日本では韓国現代史は韓国学専門学者だけでなく、日本政治史、経済史の一環として活発に研究され、水準の高い業績が積み重なっていっており、このままだと独立運動史すら日本人に学ばなければならない実に痛嘆する事態が予見されるのである。そうならなければ幸いだが、彼らの研究環境などから推察するにあながち間違った杞憂ではないだろう。／日本防衛庁戦史課という韓国現代史とは縁がなさそうな機関でも資料の収集、研究面における相当な力量を保有していると聞き及んでいるが、私たちはなぜこんなにも遅れているのだろうか。／よく言われることであるが、やはり、方向感覚の問題であると思われる。日本とはこれから緊密な関係を築かなければならないのに、日本帝国の旧悪を掘り返すのが今日の我らの暮らしにどのような意味があるのかと反問する人もいるだろう。しかし、過去は忘却されるべき過ぎた時代などではない。なぜなら、過去の中に今日があり、明日があるからだ。

　日韓国交正常化とともに、8・15光復節の報道のいわば「未来志向性」におい

て抵抗と受難の記憶が重視されるようになるのは、8・15光復節が「過去志向性」にもとづくようになったからというより、このような記憶の継承が「未来」の観点から決して無視できるものではなくなったことが背景にある。

　ここで重要なことは、日本と緊密な関係を結ぶことを否定するのではなく、緊密な関係を結ぶからこそ、抵抗と受難の記憶がこれからの日韓関係に欠かせないという認識を示している点である。8・15光復節の報道では、南北分断の原因である8・15光復の非自主性を国家の力量の涵養によって克服することが主張され、日韓国交正常化がその克服に必要なものとして捉えられる一方で、国交の交渉過程が「屈辱的」であることも明確に意識されていた。つまり、8・15光復の非自主性克服に日韓関係の必要性が浮上すればするほど、日本への再従属という最も非自主的な状況に陥ることもまた現実味を帯びてくるのであり、だからこそ「過去」を論じることが日韓関係の「未来」に欠かせない問題となるのである。そして、これらの動きが「反日政策」とはまた異なる意識のなかで進展したものだったことは、すでに引用した1963年の『朝鮮日報』や1967年の『東亜日報』の8・15光復節の社説から読み取れるだろう。

「協調」への具体的方策としての文化交流の再検討

　一方、対日姿勢を「依存」ではなく「協調」に根ざした関係にしていくための作業は、抵抗と受難の記憶の継承という側面からだけではなく、日本文化の流入の面からも議論されるようになる。『東亜日報』は日韓交流とともに高まる「韓国の中の日本」を清算することが8・15光復節の新たな課題であるとし、1967年8月15日付夕刊5面に出版・生活・演芸全般における日本流の再検討を行う特集を掲載した。「過去はどうであれ、両国間の文化交流は不可欠であり、また、あるべきである。しかし、迷うことなく日本のものを受け入れることができない我らの心理的な悲劇」を指摘し、どうしたら健全な日韓の文化交流が可能なのかが議論された。過去にこだわらない文化交流の必要性と過去に引き戻される心情面でのバランスをいかに取るか、というのが本特集の趣旨であり、冒頭に紹介される出版のパートではその点が次のように表れている。

解放22年、特に盲目的な反日政策にこだわった李承晩博士が失脚し、社会的安定のための「現実の意識」が要求された60年代に入り、日本文化に対する我らの態度は郷愁と好奇心による引力と日本的残滓を除去しようとする斥力との不断な対決に彩られた。そして、韓日国交が再開した今日、大衆文化の向日性と学術文化の排日性との混沌は出版・図書文化に直接反映されている。／近来台頭した「韓国学」の優先的な課題は、我らの新文化を導入させてくれた日本式植民地的史観を除去し、民族主体の史眼を正すことであり、したがって史学・政治・経済及び文化に関する諸著作は、これまで横行した日本の著作に対する反論を提示している。これらは日本の書籍が持っている魅力を十分に用いながら、彼らの見解と主張には鋭利な反応と批判力を見せてくれている。／アカデミーのこのような正当な受容態勢は、しかし、少数の学者群に止まっている。〔中略〕日本で若干の人気を得た大衆作家の作品は惜しむことなく日本よりも早く訳刊され、その悪書らはもれなくベストセラーになり、日本の出版物は専門書籍から文学芸能、家庭・娯楽書籍に至るまでプレミアムがついて高価で売られている。〔中略〕このような国内の動向は日本の図書輸出市場の韓国進出を積極的に刺激しているが、国内の世論で一旦止まった日本出版文化交流会の「日書展示会」がその一つの例である。6千余りの展示品目の中で、その半数以上が日本語を全く知らない子供を対象にした少年用図書。同会の専務理事中島正一氏は、後にソウル各日刊紙に出版物交流の本意を理解してほしいとの手紙を送ったことがある。／もちろん、中島氏の話でなくとも、出版交流はあるべきであり、そこから生じる利益は特に我が国に莫大なものである。しかし、微々たる斥力より、大衆文化の基盤の上で強力に作用するだろう引力の威力を、「グレシャム」の法則[14]を牽制する準備が私たちにはまず必要である。〔中略〕このような制度的、経済的保障で我が出版界を育成し、一方では徐々に日書の緻密な濾過過程が用意されてはじめて韓日間の本格的な出版物交流が成し遂げられるだろう。

要するに、「反日政策」のなかで封印されてきた日韓文化交流は、1960年代の社会安定のための日韓交流という「現実の意識」のなかで活発化し、それは韓国社会のためにも必要なことであるが、一方で、韓国社会の出版産業の育成の側面や、悪書を濾過する制度的な装置がまず整備されなければならない、という主張である。抵抗と受難の記憶の継承に関する議論もそうであるが、こうした日韓交流に関する議論も、基本的には「反日政策」を避けつつ、日韓交流のなかでいかに韓国社会の自主性を確保できるのかに焦点が合わされていたと言えよう。

　なお、こうしたまさに「現在」と「未来」の日韓関係を文化交流の側面から検討する特集は、3・1節では見られない、8・15光復節報道の特徴でもあった。8・15光復節報道は、抵抗と受難の記憶の継承も「未来」の観点から浮上したために扱われるようになったものの、その重心はあくまでも「現在」と「未来」の韓国社会の課題を検討することにあり、3・1節報道では扱われない日韓文化交流の問題が特集されるのは、そのことを示している。

　日韓交流の開始とともにそれまで以上に注目されるようになった文化面におけるこのような自主性確保の問題は、その後もデタントムードの進展による南北平和統一論の浮上、日本の韓国社会への影響力増大のなかで引き継がれていき、やがて「日帝残滓清算」の課題へと接続される。次節では、こうした動きを概観し、それが1980年の『朝鮮日報』上の朝鮮総督府庁舎撤去特集にいかにつながったのかを検討する。

4　新たな民族文化の創出──平和統一と対等な日韓関係への願望

デタントムードと他者依存状態からの脱出

　デタントムード自体は1962年のキューバ危機を機に始まるが、デタントムードが本格化するのは、1969年7月25日にニクソン米国大統領がベトナム戦争への米軍の直接的な介入の回避、海外に駐屯中の米軍の段階的な撤退、同盟国の自主国防強化を骨子とした「グアム・ドクトリン」を採択してからである。1969年から政権を担ったニクソンは、米中和解をも目指し、1971年にはキッシン

ジャー米大統領補佐官が秘密裏に訪中し、翌年にはニクソン大統領が正式に中国を訪問して米中共同声明を発表した。

　一方、韓国では、北朝鮮の支援を受けて反政府や反米デモを行ったとする容疑で158名を検挙したと中央情報部が1968年8月24日に発表した「統一革命党事件」、武装した北朝鮮側の工作員が青瓦台を襲撃するために送り込まれたとする「1・21事態」（1968年1月21日）などが相次ぎ、デタントムードに迎合するには厳しい状況におかれていた。ただ、世界的な潮流を無視することはできず、何よりも、米軍の段階的な撤退が示されたことで、北朝鮮との敵対関係に何らかの活路を開く必要性に迫られていたことも事実だった。

　そこで、朴正熙大統領は北朝鮮との武力対決をやめて経済発展などの「善意の競争」を目指すという趣旨の「8・15宣言」を1970年に発表し、このことは韓国社会に大きなインパクトをもたらした。『朝鮮日報』は1970年8月16日付朝刊2面の「焦点」という欄で「朴大統領の提案の中で最も前進的な部分は「善意の競争」を促したところである」とし、次のように評価する。

　　朴大統領の提案の文面を見るに、北傀(15)に対して戦争準備に奔走する罪悪を犯さないことを促すことにその力点があるものと思われるが、とにかく、「北傀との善意の競争」という観念自体は北傀に対する硬直化した全般的な社会風土に相当な衝撃を与えるのではないかと思われる。／統一論議は危険なものとして扱われて来たのであり、実際に解放以降から最近に至るまで多数の事件が起こったことを想起するのであれば、今回の「北傀との善意の競争」という新たな観念を統一論議に導入したのは統一論議の限界をめぐって新たな論議を呼ぶ可能性すら窺える。

　これまでの南北の緊張関係の転換点になるという評価である。ただし、1968年に上記したような安保危機があったとされたことから、北朝鮮との関係は、依然として厳しいものとして考えられていた。例えば、1970年8月15日付夕刊3面の社説で『東亜日報』は「我らがこれまで北傀と同席して統一を語ることは忌

避されて来たことは事実であり、朴大統領のその発言は画期的である」と評価したが、その意図については「北傀が好戦的な中共と急に密着度を強化し、表面的には平和攻勢を繰り広げていることに対する一撃であるという点に異論はないはず」と述べた。デタントムードになったとはいえ、北朝鮮に対する強い敵愾心が依然としてあったことが窺える。そのため、デタントムードは、南北平和統一の転換点という希望でもあったが、一歩間違えれば、朝鮮半島が赤化するかもしれないという危ういバランスの上に成り立っており、安全保障問題に関しては強い危機感を募らせてもいた。

　特に米軍の撤退が可視化されたことは、安全保障を米軍に頼ってきた韓国社会の不安を拡大させた。朴大統領が「善意の競争」を提案したのには、日韓国交正常化以降の韓国社会の経済的な成長も背景にあるが、米軍の撤退が可視化されるなかで、軍事力による衝突よりも、経済面での競争がより現実的だったことも無視できない。

　こうしたなかで、米国に代わって韓国安全保障の後ろ盾として登場したのが日本である。「グアム・ドクトリン」から約4ヶ月後の11月21日、佐藤首相とニクソン大統領は日米首脳会談でいわゆる「韓国条項」に合意する。「韓国条項」とは、韓国の安全が日本自身の安全にとっても緊要な問題であることを確認したものであり、このことは、韓国の安全保障に関する日本の関心と役割の増大を日米間で確認したことを意味した（木宮正史　2017：111）。

　しかし、中共融和路線に積極的だった日本が安全保障面における米国の代わりを果たして務められるのかという懸念は高かった。例えば、先に引用した1970年8月15日の夕刊3面の社説で『東亜日報』は「グアム・ドクトリン」について「米国の役割を縮小すると同時に日本の役割を増大させようとしているのであり、もちろん、このことは韓国に対しても例外ではない」とした上で、次のように述べる。

　　しかし、その日本というのは、米国と中共を接近させるための架け橋の役割をしようというのであり、北傀とも通商を増やそうとしているだけでなく、

文化的な交流までしようというのである。このような日本の対共産姿勢では「アジア」防衛における米国の役割を代替することが果たして可能だろうか。〔中略〕これから米軍が持続的に減少し、日本が対北傀通商を持続的に増大させる限り、北傀が対南ゲリラ戦をこれからも一層、大型化することは容易に予想がつく。〔中略〕光復二十五周年を迎えて我らが胸に深く刻むべきものは、我らの運命は我らの努力如何にかかっているということである。

　つまり、デタントムードのなかで米軍が撤退し、その代わりを日本が務めることになったが、当時の日本は中共融和路線を取っており、日本に安全保障を任せることはできず、米国も日本も頼れないのであれば、韓国自身が自らの力で流動的な国際情勢を乗り切るしかないという認識である。同社説はつづけて「国軍の現代化も例外ではない」とし、防衛産業および関連産業を興して経済を繁栄させ、政治の民主的な基盤を整えることが重要だと主張し、国際情勢に能動的に対応できるだけの力を身につけることを促した。『朝鮮日報』も1970年8月15日付朝刊1面の社説で、南北が分断した主な原因は「国際的与件の罪悪だが、我らにもその責任がないわけでは決してない」とし、次のように国民が他者依存的な状態から目覚めるべきであると主張した。

　何よりも南と北に分かれて対峙しているその主体は我々であり、外国の人ではない。〔中略〕25年前に我らをこのような状態にした責任は明らかに米ソ両国にあるが、歴史の奔流はその罪悪が時効にでもなったかのように、今は世界の多くの国々が我らのこの悲惨な状況をかえって嘲笑っている国際情勢の変化を我らは目をしっかり開いて認識しなければならない。〔中略〕カリスマ的支配に国民が目と耳を塞いで来た過ぎし政治体制の爪痕が国民の気を削いでしまったせいか、我らの暮らしを他人に依存し、他人の目を気にする癖がまだ完全に払拭されていないようである。〔中略〕まず、我らのかつての仇だった日本を見よ。そして、敗戦したドイツを見よ。長たらしく言葉を並べなくとも、彼らは現在、世界を席巻しているではないか。羨ましいというわ

けではない。我らも目をしっかり覚まし、団結した力で一つの方向にその力を発揮すれば、少しも引けは取らない民族ではないか。

　要は、分断状況を国際情勢のせいにするのではなく、自らの責任として捉え、その責任を背負えるだけの自力を身につけようというのである。安全保障の観点から他者依存状態からの脱出を論じた『東亜日報』に比べればやや抽象的であるが、『朝鮮日報』もまた国際情勢の変化の意味を他者依存状態から脱するという問題として捉えている点で、両紙の言説の方向は一致していると言えよう。

南北交流と同一性修復の課題

　このように、能動的に国際情勢へ対応すべきという議論は、その後のデタントムードの進展とともに、継続して行われる。特に1971年は、70年からたった1年しか経過していないが、韓国社会の南北問題に多大な影響を与える出来事が相次いだ。1971年3月27日に2万人の駐韓米軍が撤退し、7月15日にはキッシンジャー大統領補佐官が秘密裏に訪中、ニクソン大統領の翌年の中国訪問を発表した。韓国社会では、デタントムードに依然として不安があったが、急速に進む国際的な潮流に抗うことは不可能だった。こうしたなかで韓国社会ではデタントムードを南北平和統一のために有効活用しようとする動きが一層明確になり、1971年8月12日には大韓赤十字社が南北離散家族探しを北朝鮮に提案し、北朝鮮は8月14日にこれを受け入れた。『東亜日報』はこうした動きを次のように報じる。

　　韓国の外交基調は米国の外交基調と歩調を合わせてきた。このような韓米間の外交的基調の一致は米国と韓国が一緒に反共という強力なイデオロギー外交を展開したからこそ起きる現象であった。／しかし、近年の国際政治の推移においてイデオロギーの役割が段々と弱くなったのであり、国家利益がクローズアップされながらイデオロギー外交が退色する気配を見せた。〔中略〕「ニクソン」大統領の中共訪問の決定は、我らのイデオロギー外交にも決定

的な方向転換を迫った。「八・一二提議」を大局的に見れば、このような状況変化に適応するための我が政府の伸縮性のある布石だったと見るべきだろう。〔中略〕…我らの国家的な与件から見て外部の情勢変化を無視する伝統的なイデオロギー外交に執着することはできないし、我らもやはり国際的な大勢に適応しなければならない必要性にぶつかった。ただ、問題なのは、我々が自信を持って適応して行く上で、我らの内情、すなわち、政治的、経済的、社会的、文化的諸現実を見れば、このような条件があまりにも虚弱であるという点である。〔中略〕今日の国際的に重大な転換期に我らの国家的前途を政府高位層で冷徹に分析し、今こそ一つの政権に止まらない国運をかけた一大刷新運動を行って国内態勢の正常化に努め、直面した民族的要請である人道的な南北交流における持続的な主導権を掌握、民族の悲願を叶える大課業を遂行してくれることを望んでやまない[16]。

『東亜日報』は前年の社説で北朝鮮と「好戦的な中共」への接近を安全保障上の危機として捉えたわけだが、ニクソン大統領の訪中発表は、そうした議論の前提を大きく崩すものであり、「反共」路線からの離脱の必要性を韓国社会に突きつけた。さらに、1971年の8月14日に、北朝鮮がいわゆる「8・12提議」を受け入れたこともあり、そのことも「反共」という「伝統的なイデオロギー外交」からの韓国社会の離脱を促す要因になっていったものと思われる。

　しかし、こうした南北平和交流は、長くはつづかなかった。1972年に対決志向的な統一論を拒否し、外国に依存せず、南北同士で自主的に平和統一を目指すという原則に合意した「南北7・4共同声明」が出されるものの、その後の北朝鮮の韓国における露骨な宣伝活動などで揺れ動き、早くも1973年以降、南北平和統一ムードは崩れていく。『朝鮮日報』は南北平和統一の希望が見えたにもかかわらず、それが実現されなかった理由を「イデオロギーによる民族変質」に求め、その改善策を次のように主張した。

　光復とともに貧弱に取り戻した民族の遺産は光復とともに津波のように押し

寄せてくる欧米の風潮に巻き込まれ、揺らいでいるのを見る。我らの伝統は外来のものに比べて非合理的であり、非科学的であり、非人間的であり、非経済的であるという全て欠点を示す形容詞で表され、取るに足らないもののように把握され、劣等視する風潮が支配的である。〔中略〕交通、通信、マスコミの発達で地球が急速に狭くなり、六大州を引き裂いている五大洋はもはや村の前を流れる小川程度の距離感しかない。／このように狭くなる地球村で韓民族が生き残りたければ、その地球村に貢献し、また、その地球村で生き残る韓民族ならではの固有の資質を確保しなければならず、そうしなければ、優勢文明に押し流されて跡形もなく消えてしまう。〔中略〕最近、韓国人が自己本位の安易な幸福のみを追求する風潮が圧倒的で、また、これから20~30年後に韓国や世界の社会と文化がどのようになるのか未来を垣間見ようとする進取な気風が全く見受けられないのも、外来思潮の欠点が及ぼしたものである。経済成長率や、消費物資の量を比較することでは国の力や民族の底力は測れない。〔中略〕我らがこの時点で反省し、省みなければならないことは、我が民族の同一性である。その同一性からどれほど逸脱しているのかの確認と復帰が大事なのである。〔中略〕我らは次元を異にする第2の解放を志向するときだと見る。根は海外に張り、我が民族の空に妖物のように影をちらつかせている外来の資質からの解放がそれである。それを民族の根元から生えた新鮮な芽に代替すべきである。この新鮮で強靭な芽の根は休戦線を穿ち、北の地にも芽生えるだろうし、いかなる強大な文明が襲来しても揺るがないだろう[17]。

　つまり、『朝鮮日報』は、南北の平和交流がうまくいかない理由が外来のイデオロギーによる民族変質にあるならば、その外来性のものを乗り越えることが統一のためには重要であると捉えているのであり、民族文化を奨励することで民族の「同一性」を修復することは、地球村で生き残るためにも必要な準備だとしているのである。

　民族文化を育てることが、統一において重要だとする考え方は、『東亜日報』

にも表れる。『東亜日報』は、1975年8月14日付夕刊3面に「「変化の不連続線」解放30年の断層」と題した特集を組み、そこで高麗大学の韓培浩教授の次のような統一に関する意見を紹介している。

　統一は誰もが希望するものですが、問題はそこに接近する手段と方法、そして、それを引っ張っていける力が私たちの中に蓄積されているのかということです。今、韓国的民主主義や韓国化の話が交わされ、主体性・自主・自立の話もありますが、これらと関連して、それらを追求する基礎が我らの在来的な文化、土着的・民族的エトスとして可能になると見るべきか、はたまた在来的なものを全体的に改革して全くの別物に変えてしまうべきか、きちんと解答を出せていません。〔中略〕日本の場合は在来的なものに外来的なものをつなげたとすれば、我らはただの混合形態で、これではしっかりした発展はできないと考えます。早い内に統一を成し遂げたい私たちとしましては、新たな意味の韓国的なものを創造する方向が一義的に模索されるべきです。

　統一のために、単純に伝統的なものを蘇らせるというより、外来的なものと伝統的なものをいかにつなげて「韓国的なもの」として創出するかが課題として明確に意識されていることがわかる。『朝鮮日報』の場合も、引用文だけでは、単に伝統的なものの復興を主張しているように見えるが、「それは国粋主義的な復帰ではない。我が民族の遺産や資質、すなわち思想や文化には欠点も多い」と述べるように、あくまでも伝統と外来性をうまく融合させ、民族伝統の「長所を手が凍えるぐらい洗って玉に糸を通す」ことを1976年の8・15光復節社説で主張していた[18]。

　民族文化を現代にいかに創造的に蘇えらせるかという問題は、このようにデタントムードによる南北平和統一論の浮上と停滞のなかで進展していったが、その流れは日韓関係のなかでも現れ、やがて「日帝残滓清算」の必要性に結びついていく。

184

対等な日韓関係への願望と「韓国人宣言」

　反共産主義という「伝統的なイデオロギー外交」からの離脱は、これまでで見てきたように、南北平和統一という希望を意味するものでもあったが、一方では、韓国社会がそれまで依存してきた反共産主義という安全装置からの離脱をも意味した。こうしたなかで米国に代わってアジアの安全保障を任されるようになった日本との緊密な関係の維持は重要な課題だったが、同時に、その課題は日本との距離を韓国社会がいかに維持すればよいのか、という問題をも孕んでいた。日本との連携を無視することも、過度に連携することも、韓国社会の自主性に警鐘を鳴らす行為であり、日韓交流のなかでその距離をいかにとればよいのか、というのが自主性の実践課題として重要な問題になってくるのである。『朝鮮日報』は1971年8月15日付朝刊2面の社説で「ニクソン米国大統領の中共訪問決定を信号にしたかのように奔流の如く押し寄せる国内外的な変化はときには希望を、ときには暗い危機意識をもたらせるものである」として、次のように述べる。

　　統一は我が民族の至上の念願であるが、実現される日はまだ遠く、現段階においては南北間の緊張の緩和が当面の課題として提示されている。緊張緩和から始まり、統一に至る長期的な眼目の設計図を作り、そこに合わせて現段階の課題である緊張緩和のために努力するべきだ。積極的な非敵性共産国との修交の道を作ったり、離散家族探しのために南北会談で対話の窓口を開いておくこともよいだろう。そして、消極的には駐越国軍〔ベトナム派遣韓国軍〕を早期に撤収させ、核兵器や戦略ミサイルの導入を排除し、日本との軍事的な協調などの過剰な連帯は回避する配慮も必要である。日本との関係は韓半島における緊張緩和のためにも、我らの「独立」のためにも重要な問題である。日本の軍国主義化や韓半島に対する日本の意図を警告する中共首相、周　恩来の発言はさておくとしよう。それにしても、我らが絶対的な安全保障に執着するあまり、日本と軍事的な密着まですることは、韓半島における緊張を相乗的に拡大させるだけでなく、我らの「独立」に旧韓末的な色彩を帯びさせて来ることを憂慮せざるを得ない。

つまり、70年代のデタントムードは険悪な南北関係を冷やすという点で南北平和統一の希望を意味すると同時に、米軍の撤退による東アジアでの日本の影響力の増大による再従属化への危機をも意味していたのである。その危機意識は、「旧韓末」というキーワードとして出てきている。

「旧韓末」とは、日本帝国に植民地支配される直前の大韓帝国末期のことであり、日露戦争勃発から「日韓併合」に至るまでの時期を指す。韓国社会では、ロシアの南下を防ぐために、米国が「桂・タフト協定」を日本と交わし、朝鮮半島の日本支配を認めたという認識があり、当時の米軍の撤退と日本の役割増大は、そうした歴史認識を刺激したのである。こうした認識は、あらゆる面で韓国社会が日本に対してどれほど自主性を保てているのか、という課題の検討の必要性に結びついた。『東亜日報』は1971年8月14日付夕刊4-5面に「韓国の中の日本人／動と静／解放半世紀を迎える「解氷旋風の韓半島」…「国交六年」の新たな巣」と題した特集を組むが、その特集の背景を次のように説明する。

　韓日国交正常化が行われて6年。日帝36年の屈辱的な記憶を消し、後に続いた敵意に満ちた〔日本との〕断絶の20年を埋めるには6年という歳月があまりにも短いせいだろうか。その間に溜め池が破裂したかのように両国を行き来した「人」は数多くいたが、凝り固まった「感情」は溶かされず、危惧と不信は依然として残っている。韓半島を取り巻く国際的な権力政治の新たな挑戦を目の前に控えて韓日関係の座標に新たな意味が加わった昨今、金浦（キムポ）空港から、釜関（プグァン）フェリーに乗って押し寄せる日本人の波を複雑な心境で見つめざるを得ない理由もまさにそこにあると言える。国交たった6年で日々その色が濃くなっていく日本の経済的な進出と文化的な浸透、これがこの先、一層拡大深化する展望であり、いずれは韓国に対する日本の政治的発言権まで芽生えるかもしれないという一部の心配もなきにしもあらず。しかし、このような心配は、進出してくる日本だけの責任ではなく、それを受け入れる私たちの意識構造にも多くの矛盾と盲点があることを物語る。このような

「進出」の核とも言える日本人を中心にして、韓国在住の日本人たちはどこでどのように生きており、私たちをいかに見ているのだろうか。私たちの日常生活を皮膚で感じている彼らの考えと生活の半径を探ってみよう。

　同特集において、観光パートでは日韓人双方の訪問人数の増加がデータで示され、留学生パートでは、日本人留学生の韓国歴史への高い関心と研究姿勢への肯定的な評価が、在韓日本人公館員と特派員のパートでは彼らが韓国人を大して「反日的」ではなく、勤勉で優秀な国民として肯定的に評価していることが重点的に紹介されていた。特集の内容そのものは、日本人の言葉を借りて日韓の凝り固まった「感情」を溶かすような形となっており、別段日本に対する敵愾心が強調されたものではない。あくまでも交流の可能性を前提にしている。そして、この交流は、日本人を韓国人としていかに受け止めればよいのか、という問題ともつながっており、同特集は、そうした問題意識を背景としていることが上記の引用文からも窺えよう。
　このような日本との交流に焦点を当てた特集は、その後も継続的に組まれるようになる。『東亜日報』は、1972年には「訪韓日本人たちの8・15感懐」（8月16日付夕刊4面）と題した記事を特集の一部として組み、1975年にも「断絶20年交流10年／再び来た日本・日本人」（8月14日付夕刊6面）を特集として打ち出している。前者は韓日知的交流委員会が開催した第2回韓日文化シンポジウムに参席するために訪れた日本人の感想を聞いたものであり、「南北分断は日本の罪過」、「日本側の誠実性不足」といった日本の知識人たちの感想が掲載され、良識的な日本人の姿が描かれた。
　一方の後者の特集では、韓国に押し寄せてくる日本人観光客の「半分以上が学識のない低所得層の訪問客で古宮裏側の垣根に小便をしたり、浴衣姿でホテルの外を出歩くなどの無礼を厭わない」と指摘された。その上で『東亜日報』は書籍・歌謡・放送・広告などが無分別に韓国に上陸していることも併せて指摘し、「国交正常化後10年の間、一方的に押し寄せた「日本洪水」は「親善」と「交流」という肯定的な側面も大きいが「経済的侵食」と「頽廃」という否定的な側面も

深まり、これに対する相互の反省が惜しいところである」とした。

『朝鮮日報』でも、『東亜日報』の上記のような特集と同様のものが1973年に掲載される。同年8月15日付朝刊4-5面にかけて「狭くなった玄界灘／韓国の中の「日本」」と題した特集が掲載されるが、本書の分析の範囲では『朝鮮日報』で掲載された初めての日韓文化交流に関する8・15光復節特集だった。同特集で『朝鮮日報』は「戦前世代の敵対的な「日本色」から、全く日本を知らない戦後世代の羨望的な日本色への変化」を指摘しながら、「韓国の歴史が現代人に与えた課題である民族主体性が今後深まっていく日本性なるものにいかに対処し、何を吸収し、何を捨てるかは急を要する宿題」と述べている。その特集のなかでは、観光人口の増加が日韓両国民の感情を鈍化させるだろうと日韓の民間の交流に期待を寄せつつも、日本人観光客の韓国人女性に対するセクハラといった醜態も指摘され、基本的に『東亜日報』と同様の論調を見せた。

また、質の悪い日本書籍の氾濫については、「日本に対する事大主義と日本志向」に批判を加え、「日本の文化を平然と受け入れる中で魂が蝕まれ、自らが主人にならなければならない主体性が揺らいでしまう」と警戒を促した。ただし、こうした論調は、その小見出しが「敵対から交流に…振り返ってみる今日の「底流」」となっていることからもわかるように、あくまでも韓国社会の「主体性＝自主性」をいかに保ちながら「交流」を進められるのかが主要な問題になっていたのであり、これをもって8・15光復節の報道が「反日ムード」の定着を打ち出していた、とは言えないだろう。

デタントムードにより日本の韓国社会に対する影響力が再び増大するなかで8・15光復節報道に台頭した「旧韓末」意識は、このように日韓文化交流における自主性の問題を刺激したわけだが、この流れは、やがて日本との対等な交流の要件としての「日帝残滓清算」の必要性を浮上させていく。『東亜日報』は1975年8月14日付夕刊2面の社説「成年韓国の反省／光復30周年を迎えて」で次のように述べる。

　　今我らが経験している試練の根本的な原因は国土と民族の分断のせいではあ

るが、だからといって、国民としての責任がないわけではない。今日、我ら
が深く反省すべき問題の一つは、大きくは政治組織から法律体系に至るまで、
小さくは国民学校の教室風景に至るまで、果たして言えば日帝残滓を清算し
たか、という点である。／帝国主義日本の韓国占領はたった36年に過ぎな
いが、いろいろな面において世界の植民地史上類例のないほど残酷なもので
あった。〔中略〕それにもかかわらず、久しい文化的伝統の類似性により、そ
のような状態で知らず知らずのうちに習得したものの中には近代化の大きな
阻害要因となるものが一つや二つではない。このような日帝残滓の清算なし
では真なる民族的主体性は確立され難い。／日本は敗戦の焦土から再出発し、
今や経済的に世界第2位の大国に成長しており、我らとは最も近い友好関係
にある。その友好関係の維持と発展のためには、政府間や個人間の対等な立
場が成し遂げられなければならないことは言うまでもない。

『朝鮮日報』も同様の趣旨のことを、社説ではないにしろ、1980年8月14日付
朝刊3面「再び見る「日本の顔」日帝36年、光復36年…韓日関係の底流を暴く
⑧」という連載記事のなかで主張している。この連載では、韓国人が日本人から
妥当な待遇を受けられていない理由を日本の日韓関係専門家からの言葉を借りて
3つにまとめている。1つ目は、日本人の韓国観に旧宗主国としての優越意識が
あり、韓国を対等な相手として見ていないという点。2つ目は、在日朝鮮人の受
難が物語るような戦後処理の問題。3つ目は、韓国人が自らを非韓国化しようと
する点であるとし、最後に次のようにまとめる。

　　韓日両国の国交樹立以来15年間、数百万の人的往来、数百億ドルの経済交
　流が行われてきた。それにもかかわらず、両国間の平等な交際は未だに成し
　遂げられていない。我らを支配してきた日本の責任は大きい。しかし、被支
　配者であった韓国人の責任も避けられない。なぜなら、日本に対して堂々と
　した韓国人、すなわち、外国人としてお互いに接する術を知らなかったから
　である。日本にとって韓国人はとうとう完全な外国人になるときがきた。／

日本的思考方式、日本的行動様式で日本人におもねるのではなく、日本人に韓国人であることを宣言するときがきたのである。

朝鮮総督府庁舎撤去特集──平和統一と対等な日韓関係への欲望

このような認識のもと、1980年の『朝鮮日報』8月15日付朝刊3面には「光復35周年特別対談／あの総督府の建物…「植民本山」をいつまで中央庁として使うのか」という特集が掲載される。この特集は、韓国史を専攻とする辺太燮ソウル大学教授と、評論家の林鍾国のあいだで行われた対談を掲載したものであり、そのなかで朝鮮総督府庁舎を撤去しなければならない理由が次のように議論されていた。

林　〔前略〕この建物をそのままにしておくのか、消し去るのかという議論はそれが日帝の残滓であるためですけど、建物は物質的で形式的なものではありませんか。私は日帝の残滓は精神的な残滓がより深刻な問題だと見ています。〔中略〕日帝35年の結果、劣等感、自己卑下の感情を強く持つようになり、解放後の韓日関係においてもそれによる副作用が多く現れたのです。／私たちのこのような残滓は、日本人に彼らが優越である、したがって、植民地支配は当然だ、と思わせて久保田妄言のようなものを招きました。／私の考えでは、物質的、形式的なものより、精神的な問題の清算が一層急を要するものであり、それが清算されれば、建物一つぐらい残っていてもいいし、取り壊してもいいという点で、中央庁の撤去は必ずしも必要でなないと思うのです。むしろ、主体的な自立意思を育てる生きた教育の場として有益なものになるかもしれないと見ます。

辺　そうとも言えますが、私はそのような間違った精神的影響を、総督府庁舎があることによって一層強く残存させているのではないかという点で、庁舎撤去が必要だと思います。／撤去の必要性が過去の歴史的な意味としてというより、現在的な要求のために一層大きくなると見るのです。すなわち、日本人や韓国人の頭の中に残っている植民地時代の残滓意識を清算するため

に歴史的遺物を除去は必要だというわけです。もう一つ、日本人の対韓観も総督府を撤去しなければならない現在的な要求条件です。彼らは私たちに対して未だ植民地時代の意識を捨てられずにいるのが現実です。優越感を持ち、蔑視しております。これは日帝が私たちを支配し、現在の国力が私たちより優勢にあることが根拠になっているものと思われます。／このような対韓観を払拭させるには、まず、そのような物質的な遺物を除去しなければならないですし、究極的には私たちの国力を培養しなければなりません。

　撤去するか、しないか、いずれの場合も、韓国人と日本人の交流の妨げになっているとされる植民地時代の支配／被支配の位置関係を対等なものに直すことが目指されていることがわかる。また、上記では引用を省いたが、辺太燮ソウル大学教授の撤去すべきという議論に林鍾国も韓国社会の国力を示し、「民族精気」の強調の側面から「私たちの頭のなかの精神的残滓も綺麗に取り去る契機にしてほしい」と最終的には撤去に同意する。朝鮮総督府庁舎が遮っていた景福宮の復元[19]もすでにこの段階で「民族精気」の側面から語られていた。

　林鍾国は1927年生まれであり、第2章で引用したように、「皇民化」によって自分が何者かを植民地解放後に知ることになったことに激しい怒りを覚えていた[20]。彼にとって「精神的残滓」を消去することとは、すなわち「非日本人化」にほかならない。それはまさしく「韓国人宣言」であり、その「韓国人宣言」は日本人が未だに自分たちを被支配民として見るまなざしへの是正をともなうものだったのである。朝鮮総督府は、韓国人が「皇民化」され、自らの主体性が日本の支配に強引に吸い上げられて消えかかった動員の記憶を象徴し、その象徴を壊すことは「皇民化」からの解放を印象づけ、自らの「非日本人化＝韓国人化」としての自主性を打ち立てる作業として理解されたと言えよう。

　そして、こうした韓国人としての自らの主体性を模索し、対等な日韓関係を願望するあり方は、これまでの分析でわかるように、1980年にいきなり現れたものではない。1960年代のある意味「屈辱的」な日韓国交正常化以降、8・15光復節の報道では、「依存」ではない「協調」の日韓関係の実現が目指されてきた。

1970年代のデタントムードの出現にともない、日本の影響力が増大するにつれ、こうしたある種のバランス感覚は韓国社会の自主性をいかに日韓交流のなかで失わずに実践していけるのか、という問題としてすでに根づいていたのである。

　一方、この朝鮮総督府庁舎撤去特集が1980年に組まれるようになった背景は、何も対等な日韓関係への願望だけではない。同じくデタントムードのなかで台頭した南北平和統一のための新たな民族文化の創造の文脈もその背景にはある。『朝鮮日報』は、同特集を掲載した8月15日付朝刊2面の社説で、南北分断の原因を次のように述べる。

> 我らは38度線（休戦線）による国土（民族）分断の源泉を民族主体と歴史意識の観点からどれほど徹底的に探究し、追究する作業をしてきたのだろうか。一般的には国土分断の端緒をヤルタ協定などに求める。しかし、これは副次的な根拠である。その源泉は70年前の日本帝国主義の韓半島強占に始まった史実を誰が否定できようか。／植民地従属化の痛史が産んだこのような苦しみを我らはどれほど確固たる民族主体意識で追求し、それを全ての生成の胎盤である民族意識に内面化させることで新たな民族史を創造するための努力をしてきたのだろうか。

　周知のように、ヤルタ協定では、ソ連と米国による38度線を境界にした朝鮮半島の信託統治が決定しており、それが朝鮮戦争に発展したことで南北は分断されることになった。しかし、この社説では、あえて、それを「副次的」と言い切り、日本帝国による植民地支配こそが全ての原因であるという。この社説ではその論拠が詳しく明かされていないが、おそらく、日本が植民地支配をしたことで、朝鮮半島の問題が戦後処理の一部として論じられたがために、米ソの介入を招き、結果的に分断することになったという認識[21]が背景にあったものと思われる。

　その歴史的解釈の妥当性はさておくとして、ここで注目したいのは、日本帝国による植民地支配が南北分断の原因に浮上したことで、植民地支配の爪痕を乗り越えることが「新たな民族史を創造する」課題として設定されたことである。

「民族主体意識」にもとづく新たな民族文化の創造が1970年代に南北平和統一実現の1つの方策として注目されたことを考えれば、朝鮮総督府庁舎撤去問題は、単純に対等な日韓関係への願望としてのみ表れているというより、まさに南北分断の原因の解消をとおした統一への準備作業という意味合いもあったことが見えてくる。

　こうした意識は、朝鮮総督府庁舎撤去特集における林鍾国の発言にも窺える。彼は、朝鮮総督府庁舎の起工が1916年6月25日だったことを指摘しながら[22]、「偶然でしょうけど、韓国動乱勃発の日付と同じで、民族の運命的な悲劇性のようなものを連想させるんですよ」と述べており、本来なら朝鮮戦争と関係のないはずの朝鮮総督府庁舎の起工の日付を象徴的にその戦争と結びつけている。それは、朝鮮総督府庁舎がいかに民族の悲劇を象徴するのかを語るためのレトリックにすぎないが、少なくとも朝鮮総督府庁舎の撤去問題が、戦後日本に対する「反日ムード」の定着より、まさに南北分断といった「民族の悲劇」の克服に力点があったことを示していると言えるだろう。

　このことは、実際に朝鮮総督府庁舎の撤去が開始された1995年8月15日の記事にもよく表れている。以下は、1995年8月15日の『東亜日報』（夕刊1面、**図28**）と『朝鮮日報』（朝刊1面、**図29**）の朝鮮総督府庁舎撤去開始を知らせる1面記事である。その見出しのトップは『東亜日報』が「今日光復50周年　統一へ…未来へ…」、『朝鮮日報』が「真なる光復は統一である」となっており、8月15日光復節における朝鮮総督府庁舎撤去問題においてその焦点は南北統一だったことがわかる。ちなみに、『東亜日報』は朝鮮総督府庁舎撤去開始を撮った写真のすぐ下に「日本は「過去」の謝罪から」という記事をそれなりに大きく掲載しているが、『朝鮮日報』の場合は、同じく撤去開始写真の下に「日本の過去史認識は遺憾」とする記事を掲載しつつも、統一の見出しに比べればさほど大きくはない。

　このように、8・15光復節の報道において1980年に浮上した朝鮮総督府庁舎撤去の議論は、1960年代以降から本格的にその報道上で現れ始めた対等な日韓文化交流への願望、1970年代のデタントムードのなかで台頭した南北平和統一への準備としての新たな民族文化創造への欲求が合わさる形で噴出したものだっ

図28 『東亜日報』における朝鮮総督府撤去報道(『東亜日報』1995年8月15日付夕刊1面)

図29 『朝鮮日報』における朝鮮総督府撤去報道(『朝鮮日報』1995年8月15日付朝刊1面)

た。そして、こうした過程で「反日ムード」または「反日政策」の定着が目指されたわけではなく、むしろ、これまでの検討で窺えるように、それらとは距離を取ろうとした点は、8・15光復節報道における対日ナショナリズムの問題を考える上で十分に注意する必要があるだろう。日本との関係をただ肯定的に捉えるわけでも、ただ否定的に捉えるわけでもなく、あくまでもその交流や南北平和統一という大きな課題にいかに自主的に応えるのかが焦点化されてきたのであり、これこそが、8・15光復節報道と「反日ムード」または「反日政策」のあいだの距離だったのである。

5 おわりに

　3・1節の報道が自主性の継承に焦点を合わせたものだとするならば、8・15光復節の報道は自主性の実践に焦点を合わせるものだった。これまでの分析で示されたように、1960年代から70年代はその自主性の実践課題が次々と8・15光復節報道上に浮かび上がってくる時代であり、日韓関係や南北関係、それらをめぐる国際情勢がに反映されたものだったと言える。

　そして、3・1節の報道における自主性の継承の文脈同様、8・15光復節の報道における自主性の実践の文脈においても「反日ムード」や「反日政策」からは距離を取ろうという意識が読み取れた。8・15光復節の報道は、対等な日韓関係や南北平和統一を民族文化の新たな創造という側面から議題化したのだが、その過程で日韓交流を否定する「反日政策」とは明確に距離を取ろうとしたのである。このように、「反日政策」推進とは異なる対等な日韓関係や南北平和統一という課題のなかで自主性の実践が8・15光復節の報道で議題化され、やがてそれらの文脈は「日帝残滓清算」へとつながっていった。

　もちろん、その過程では対日警戒も「旧韓末」というフレームのなかで強く表れた。しかし、そうした対日警戒が戦後日本への無分別な批判を目的としたわけではなく、むしろ、日本の知識人への期待が込められたものでもあり、その目指された到達点は南北平和統一や対等な日韓文化交流だった。それらの到達点は、

あくまでも自主性なるものをいかに実践していくのか、という問題意識のなかで展開されたものであり、その大前提は正常な交流や友好、親善の観点だったのである。

　ただし、そのような自主性の実践は、「日本帝国＝絶対悪」として捉える意識が前提になっており、そこで湧き上がってくる憎悪が「反日ムード」を煽る可能性も十分にある。1995年8月15日の朝鮮総督府庁舎の撤去がしばしば「反日」の代表的な事例として取り上げられるのはそのためである[23]。しかし、そもそも、朝鮮総督府庁舎の撤去が8月15日光復節の主要な議題として主張される背景は、この章で見てきた対等な日韓文化交流および南北平和統一への願望であり、対等な日韓関係のためにも、南北平和統一のためにもまずは自らの主体性を「非日本人化＝韓国人化」する必要性を感じたからだった。それは日本帝国の動員の傷からの修復であり、国際社会に、特に日本との関係の再構築に、「韓国人」としての自主性を明確に打ち立てて日本人とは異なる主体として参加するための作業だったのである。植民地支配末期、10月1日という朝鮮総督府の「始政」を記念する日を中心に朝鮮人の「皇国臣民」としての動員が実現されていったことを思い起こせば、8月15日の旧朝鮮総督府庁舎の撤去はまさにそうした動員状態からの解放宣言としても解釈できよう。

終章　二元論を乗り越えて

1　対立の8月から対話の8月へ

二元論と葛藤の8月

　序章でも詳しく述べたように、日韓のあいだには植民地支配をめぐる様々な葛藤があり、それらの問題は植民地支配の「善悪」の構図に依拠しがちである。

　韓国社会は、「日本帝国＝絶対悪」によってもたらされたあらゆるものを否定し、「自主性＝抵抗」の神話にもとづく民族的自我を掲げ、そこからはみ出るものに対しては「親日＝民族の裏切り者」として断罪を行う。一方、韓国社会の市民たちと連携をとりながら植民地支配の責任に向き合おうとする日本社会の市民たちの精力的な活動にもかかわらず、一部の日本の市民はそれらを「反日」という言葉で歪ませ、「嫌韓」の原動力に変えながら、アジアに「恩恵」を与えた「日本帝国＝絶対善」像を描いている。

　こうした「善悪」の構造のなかで、韓国社会は自主性を掲げるにもかかわらず、植民地支配の責任を「協力＝悪」として作り上げた一部の「裏切り者」に追いやって朝鮮民族としての主体的な責任からは目をつぶる。一方、日本社会の新保守主義やそれに同調する韓国社会の一部の右派の動きからは、日本帝国の支配がもたらした近代化の成果を強調し、その支配を歓迎して協力した朝鮮人像を打ち立て、その支配に対する日本帝国の責任をぼやかしている。この構図からは、朝鮮人／韓国人が日本帝国に抵抗していたのか、協力していたのか、というもう1つの二元論が立ち現れ、日韓の植民地支配をめぐる議論は自らの主体的な責任が有耶無耶になりながら、「親日」批判、「反日」批判へと展開されている。

　相互の植民地支配に対する主体的な責任を有耶無耶にし、「親日」批判、「反日」批判を展開するあり方は、日韓が唯一共有している8月15日という日付を

基点にして明確に表れる。韓国社会では3・1抗日独立運動といった抵抗の正当性と正統性にもとづく大韓民国の姿を打ち出して「親日」との明確な境界が描かれ、一部の「例外的」な「民族の裏切り者」と日本帝国の植民地支配への責任追及が行われる。日本社会では安倍晋三前首相の「戦後70年談話」における「謝罪を続ける宿命を背負わせてはなりません」という言葉からも浮かび上がるように、自らの責任から逃れたいとの願望が如実に表れ、日本帝国の支配への責任を強く求める韓国社会と対立する構図が生まれている。2017年には韓国で8月14日が「日本軍慰安婦被害者を追悼する日」に制定されており、この対立の構図はますます深刻化するだろう。日本社会の一部ではこうした対立の原因を韓国社会の「日本帝国＝絶対悪」と捉える態度に求め、朝鮮人の植民地支配への歓迎と協力を強調し、それを認めない韓国社会の8月15日のあり方は「戦後日本への憎悪」につながる「反日」として批判される。

　記念日は、単なる日付ではなく、ある過去をどのように思い出すのかを規定する「時間的枠組み」である。8月15日という日付をめぐり、片方は日本帝国や民族の歴史から「例外的」な「親日」に対する責任のみを追及し、片方はその責任を有耶無耶にしてしまえば、植民地時代に存在していた抵抗と協力を同時に含む複合的な朝鮮人／韓国人としての自主性とそれに対する日韓両方の主体的な責任の忘却につながる。植民地時代の複雑なアイデンティティを体現する世代の退場が確定的になっている現在、日韓両国が共有している日付がこのような状態では、植民地時代の複雑性は「善悪」の構図でますます単純化され、その構図のなかで相互の憎悪と対立ばかりが深まってしまう恐れがある。

「抵抗」か「協力」か、「反日」か「親日」か、「敵」か「友」かの二元論では捉えられない複合的な朝鮮人／韓国人の自主性を当事者が退場してもなお、その複雑性を見失わないまま、日韓がこれからも植民地支配を自らの主体的な責任において思い出していける「時間的枠組み」をいかに作っていけるのか。これが本書全体を貫く問題意識であり、本書はこの課題に記念日の忘却と想起の側面から取り組んできた。

「自主性＝参加」の過去と日韓の責任

　第1章から2章にかけて行った作業は、日韓の対立の基点になっている8月を対話の基点にするために、日韓両社会が8月の議論で何を見落としているのかを過去に共有していたはずの「日韓併合」の記念日報道から浮き彫りにするものだった。「日韓併合」は、8月29日に公布され、この日付は「日韓併合記念日」となり、その延長線上で朝鮮総督府の施政を記念する10月1日「始政記念日」も成立した。それぞれ日韓両社会において忘れ去られているが、これらの記念日は、植民地支配に対する日本帝国の責任と韓国の民族主義の責任が同時に浮かび上がるという点で8月の日韓対立を主体的な責任にもとづく対話に変えるための重要な事実を含んでいた。

「日韓併合」は、一進会の「日韓合邦」を巧妙に植民地支配にすり替えることで成立した。その結果誕生した8月29日の「日韓併合記念日」を日本帝国政府も朝鮮総督府も大々的に祝うことには消極的であり、むしろ、その記念日を封印しようとした。8月29日前後にメディア・イベントが組まれる際も、居留民団の1911年から14年までの提灯行列を除いては、「日韓併合記念」を冠することはなく、それらのイベントは日本人本位で行われたものだった。「日韓併合」当初から朝鮮人のこの記念日への参加は疎外され、朝鮮人の8月29日をめぐる抵抗が激しくなるにつれて「併合」の表記も「民族紙」の報道から消えていった。こうした過程は、まさに「日韓併合」の歪みを日本帝国政府と朝鮮総督府側が明確に意識していたことを意味する。

　8月29日の「日韓併合記念日」は、皮肉にも「日韓併合」の「不合意」が露呈される基点であり、その封印からは、日本帝国政府と朝鮮総督府のそれに対する責任回避の問題が浮かび上がる。韓国社会で8月29日が「国恥日」として辛うじて思い出される傍ら、日本社会でその記念日が完全に忘れ去られている状況は、そうした時代の延長線上にもたらされたものとして解釈できる。その意味で、8月29日の「日韓併合記念日」を思い出すことは、日本社会が「日韓併合」に対する主体的な責任と再び向き合うことにつながるだろう。一方、もう1つの「日韓併合」の記念日だった10月1日「始政記念日」からは、植民地支配に対する

朝鮮人の民族主義の責任をも同時に浮かび上がる。

　朝鮮総督府は、抵抗的な朝鮮人をも「同化」することを目指しており、そのためには朝鮮人が参加したがる魅力的な装置が必要だった。朝鮮の近代化を視覚的に示す朝鮮物産共進会はその試みの1つであり、多くの朝鮮人の参加を確保できたことから10月1日は「内鮮融和」を掲げる朝鮮総督府の正式な記念日として定着した。しかしながら、「日韓併合」に連なる日本人の強い差別意識は改善されず、彼らは朝鮮が植民地であることを明確に意識して、植民地状態を隠したかった朝鮮総督府側と衝突する場面もあった。

　そのような差別意識が蔓延するなかで3・1抗日独立運動が起こり、朝鮮総督府は「始政記念日」をより朝鮮人の耳目を集め、抵抗の文脈をも確実に「内鮮融和」に組み込める方策を模索するようになった。そこで注目されたのが女性の身体であり、朝鮮総督府新庁舎が落成式を迎えた1926年10月1日を「始政記念日＝体育デー」として女性の身体の近代化が新聞社のメディア・イベントを中心に本格的に提示されるようになった。ここには代表的な「民族紙」の『東亜日報』も参加しており、のちにメディア・イベントの主催から外れてからもその廃刊まで朝鮮人女性の身体の「壮観」が毎年のように同紙で示された。この傾向は「民族紙」として双璧を成していた『朝鮮日報』においても確認でき、『東亜日報』も『朝鮮日報』も多くの朝鮮人女性が参加する女学生のマス・ゲームに多大な関心を示した。

　このような傾向は、1930年代の民族主義の変節によるものではなく、朝鮮人の民族主義の長年の女性の解放の観点にもとづいていたものであり、「日韓併合」に対する激しい抵抗が「民族紙」で演出されていた1920年代に定着したものだった。朝鮮総督府側と「民族紙」の意図は朝鮮民族の支配と朝鮮民族の自立という別のベクトルを有するものだが、女性の身体の近代化はどちらからも必要とされる課題であり、その点において両者は「同志」になり得たのである。

　のちに、10月1日は、戦時局面の深刻化のなかで朝鮮人を「皇国臣民」として動員する基点に転換されるが、その転換は、このような朝鮮人の民族主義にもとづいた参加なしに果たして可能だったのだろうか。「民族紙」における抵抗の表

現が、8月29日より10月1日において和らいでいたことを日付が異なっていたことだけで説明できようか。あるいは、『東亜日報』と『朝鮮日報』も最初から「親日」的で民族主義において「例外的」だったと言えようか。大会に参加していた人々を「民族の裏切り者」と切り捨てられようか。この朝鮮人としての参加の責任に目を向けることができたとき、韓国社会は植民地支配を「日本帝国＝絶対悪」と「例外的」な「裏切り者」の二元論に依存せず、それこそ本当の意味で主体的に語ることができるようになろう。

　無論、朝鮮人の参加の責任を主体的に論じることは、日本帝国の支配の責任を無視することではない。朝鮮人としての参加を「皇国臣民」としての動員に歪ませ、重大なアイデンティティの問題を引き起こした日本帝国の責任は重い。朝鮮人を「皇国臣民」として呼び出しておきながら、「終戦」のフレームのなかで自らの被害体験のみに重きをおくのは、彼らに対する責任の忘却以外のなにものでもない。朝鮮人の植民地支配への参加の主体的な責任を韓国社会が自覚すること以上に、日本社会は自らの植民地支配がもたらした影響を真剣に考える必要がある。10月1日は、8月29日の封印で誤魔化された日本帝国の責任を「皇国臣民」の動員に対する責任として思い出す枠組みとしても重要なのである。

「自主性＝参加」の実践と対話へ

　日本帝国が朝鮮人を「皇国臣民」として動員した影響は、何も過去に収まったものではなく、現在の韓国社会の植民地支配に対する態度にもつながっている。植民地支配から解放された後に、朝鮮人／韓国人は一度失いかけた自らのアイデンティティを再構築しようとし、1948年に成立した大韓民国政府はそのアイデンティティを奪う基点になった10月1日に、3・1節と8・15光復節などを国の最重要記念日に制定した。

　韓国社会はこれらの「時間的枠組み」をとおして植民地時代における自主性を抵抗の正当性と正統性の上に描いており、この状態は日本社会の新保守主義者やそれに同調する韓国の一部の右派から「反日」という言葉で批判されてもいる。しかし、韓国社会の自主性の実践はそう単純なものではない。これを「反日」と

いうマジックワードで理解した気になるのは、「皇国臣民」として動員したことへの責任に対する無自覚であり、韓国社会の自主性をもう一度歪曲させることにつながりかねない。

　第3章から4章にかけて行った作業は、日韓の対立の基点になっている8月に実はどういう対話の可能性があったのかを3・1節と8・15光復節におけるいわゆる「反日」との距離を確認しながら探ったものである。抵抗と受難の記憶に自主性の原点を求める一方で、それをいかに現在の国際的な文脈で意味あるものとして実践していくのか。この問いに韓国社会は試行錯誤しながら臨み、「皇国臣民」とは明確に区別される精神性を整え、国際社会に「韓国人」として参加していこうとした。3・1節と8・15光復節の報道から浮かび上がったのはそういうあり方だった。

　確かに3・1節では、1965年の日韓国交正常化をきっかけに「反日」のムーブメントの定着が言及されることもあった。だが、3・1節の報道では、「自主性＝反日、排日闘争」と捉えることは「低次元」とされ、単純な排外主義から抜け出し、韓国の独立国家としての立場を整え、日韓国交正常化によって国際社会への本格的参加に柔軟かつ自主的に臨もうとした。1970年代にはデタントムードのなかで国際情勢が流動化するなか、「国際協調」、「平和主義」、「植民性の否定」を具体的な価値として見出し、日本との国交正常化が遅れたことに対する反省が述べられる場面もあった。「自主性＝抵抗」の歴史の再解釈をとおして、国際社会に流されないための韓国人としての明確なアイデンティティを打ち出しつつも、その排外性はなるべく抑え込もうとしたのである。「民族主体意識」を明確にしながらも「反日」と「鎖国」からは離れ、「世界のなかでの成熟した韓国」を目指した1980年代の「克日運動」[1]はその延長線上にあると言えよう。

　こうした植民地支配に対する「自主性＝抵抗」の原点を国際社会に対する「自主性＝参加」の実践に変えていくあり方は8・15光復節報道においても南北統一問題や日韓の対等な交流という観点から展開されていった。

　8・15光復節は、朝鮮人の自力によってもたらされたものではなく、ゆえにその自主性のなさが問題視され、外来のイデオロギーによる南北分断はそのために

202

起こったという解釈が韓国社会に広まっていった。そのため、8・15光復節報道は3・1節報道に比べ、抗日独立運動の歴史の解釈の問題よりも、韓国社会の現状の課題や自立の問題に力点がおかれる傾向があったが、日韓国交正常化を機に抗日独立運動や受難の記憶にも焦点が合わせられるようになった。ただし、3・1節報道のようにその解釈を全面的に展開するというよりは、その記憶を新たな民族文化の創造につないでいき、外来のイデオロギーによって喪失した民族的同一性の確保や日本人に対する「韓国人宣言」へとつながっていった。

　これらの動きは「反日政策」や「反日ムード」とは距離をおきつつも、あくまでも「韓国人」として国際社会や日本社会との交流に臨むことを意識したものだった。そうすることで民族的な同一性が確保されれば、イデオロギーを越えた南北統一もいずれは可能になると考えていたのである。「反日」の象徴的な事件として語られる1995年8月15日の朝鮮総督府庁舎の撤去は、「反日」というよりも、まさしく民族的なアイデンティティの回復とそれをとおした対等な日韓交流および南北統一の実現という願望の上にもたらされたものだった。「日本帝国＝絶対悪」という限界を抱えながらも、それを「戦後日本への憎悪」や外に対する排他性としてではなく、「非日本人＝韓国人」として国際社会に対等に参加し、イデオロギーを越えた南北統一を実現していく動力に変えようとしたのである。10月1日に落成式を迎えた朝鮮総督府庁舎の8月15日の撤去はそのための民族的なアイデンティティの復活を象徴していたと捉えられよう。その過程に含まれた南北統一や日韓の対等な交流の視点は、歴史をめぐる対立、敵対関係から離れた確かな対話の可能性をも含むものだった。

　抵抗と受難の記憶にもとづきながらも歴史の解釈を広める方法、そのような精神性の整備の上に実際にそれをどのような方向性として実践していくのかの具体的な実践方法。それらは必ずしも「反日」とは言えず、むしろ、そこから意識的に距離を取ろうとした。私たちは、この対話の可能性を潰さず、その対話の可能性を対立に塗り替える歴史的な対立関係から抜け出る必要がある。

　8月に相互への責任のなすりつけや責任の回避ではなく、主体的に歴史に対する責任を論じ、日韓が共有可能な現在的な課題を対等に議論する8月にしていく

ことはそのための重要な課題となっている。その課題に取り組む上で、日韓が単純な「善悪」の構図のなかで見落としている過去の「時間的枠組み」と、その構図に引っ張られて歪曲されている現在の「時間的枠組み」の対話の可能性に目を向けることは1つの有効な方法になり得るのではないだろうか。8月29日と10月1日、3月1日と8月15日の日付から浮かび上がる二元論に収まらない韓国社会の「自主性＝参加」とそれに対する日韓それぞれの主体的な責任に目を向けることができたとき、8月は日韓の対立の基点ではなく対話の基点に、複雑な被植民者のアイデンティティは忘却または歪曲ではなく、本当の意味での想起のなかに位置づけられることが可能になるはずだ。

2　課題と展望

メディアの地方史と比較史へ

　本書では、1910年から1970年代にかけて「自主性＝参加」の痕跡を、詳細に定点観測可能な新聞報道に主に着目して記述を行ってきた。そして、『京城日報』や『毎日申報』、『東亜日報』や『朝鮮日報』といった首都である京城／ソウルを中心に発行されていた当代の主要新聞をその主な分析対象に据えた。これらの新聞は当代の雰囲気を検討していく上でこれまでの研究でも盛んに使われてきた主要資料であるが、地方の歴史を追うには不十分と言わざるを得ない。

　当然だが、8月29日の「日韓併合記念日」の主要な担い手だった在朝鮮居留民団は、京城だけでなく、朝鮮半島全体に広まっていた。「始政記念日＝体育デー」も京城だけでなく、朝鮮半島全体の各地方でそれぞれ行われていた。東京を中心とした新聞からは「日韓併合」に関する大きな報道は見られなかったが、地方においても同様の結果になるとは限らない。

　また、植民地解放後の3・1節と8・15光復節の祝い方も、中央の祝い方と全く同じだったと言い切ることはできない。近年のメディア史の研究は中央から地方への拡大を見せており、本書の研究成果をより豊かにしていくにはこれらの記念日をめぐる日韓の地方の歴史も十分に検討されるべきだろう。地方史とは言え

ないが、北朝鮮における記念日状況も然りである。

さらに、資料が少ないとはいえ、今後はラジオ放送といった他のメディアとの比較分析も必要になってこよう。本書では扱えなかったが、朝鮮半島では1927年からラジオ放送が始まり、新聞紙上でもラジオ放送欄が確認できる。1933年からは日本語の第1波放送、朝鮮語の第2波放送に分けられるようになり、それぞれのプログラムの構成も多少の差異があった。「日韓併合記念日」を冠した放送は見当たらなかったが、「始政記念日」を冠した放送は確認できており、言語別の差異や、これらの記念日をめぐる放送状況を検討することも、両記念日を理解する上で重要である。

植民地解放後には、1967年8月7日から10年間にわたり東洋放送（TBC）で『光復二十年』というラジオドラマが放送され、大変な人気を博した[2]。このドラマは、植民地解放後の南北間の葛藤や政界の秘話を主に扱い、1945年8月15日から1961年5月16日の朴正熙などが率いた軍事クーデターに至るまでの韓国社会の波瀾万丈な政治史を当時の関係者への綿密な取材にもとづいてドキュメンタリー風に仕上げており、大衆を魅了した数少ない8月15日関連の作品となっている。

新聞報道に比べればラジオ放送の資料は限られており、具体的な言説を通史的に読み込むことは難しい。しかし、『光復二十年』といった作品に関しては、その内容が活字化されてもおり[3]、その内容と形式を分析することが可能である。また、植民地時代の記念日関連のラジオ放送に関しても放送内容の一部を他の活字媒体から拾い上げることもできよう[4]。新聞報道の分析をとおして明らかになった全体的な流れのなかでそれらの放送をどのように位置づけることができるのかを検討していくことは、本書の内容をさらに立体的にしてくれるはずである。

1970年代後半から韓国社会に広まったテレビ文化や、1990年代からのインターネットの発展とオンラインニュースの流れに関してもそれらが記念日をどう表象し、形作っていくのか、それは従来のメディアにおける表象とどのような共通点と差異を有するものなのかが綿密に検討されるべきである。本書が1970年代までを主な分析の範囲にしたのは、3・1節と8・15光復節の先行研究との関

連もあるが、実は、こうしたメディアの多様化と記念日の複合的で有機的な展開を十分に扱い切れなかったからでもある。

1980年代になると、3・1節よりは8・15光復節がメディア表象の中心となり、それはテレビ特集に明らかに見てとれる。このことは、日韓関係における歴史認識問題が8月15日を前後して展開されるようになったことと無縁ではないが、果たしてそれだけだろうか。本書の範疇を超えるのであくまでも仮説の領域だが、1980年代に本格化する南北統一関連の民間の動きや、3・1抗日独立運動に参加したいわゆる「民族代表」の「親日」疑惑もかかわっている気がする。また、『東亜日報』と『朝鮮日報』が互いを「親日」と批判するのも80年代であり、「民族的」というスローガンが最も信頼されるものから最も疑わしいものへと転換されていくこともその背景として重要である。さらに、韓国では2月は主に旧正月で盛り上がり、3月は新学期の始まりであるため、そのような都合が番組編成に影響を与えていた可能性もある。主軸メディアの変化、それを支える記念日をめぐる認識や状況の転換。これらを多角的かつ有機的に捉えることができたとき、1980年代以降のこれらの記念日をめぐる表象の意味を私たちはより明確に理解することができよう。

近代風景を抱きしめて

一方、1990年代以降の8・15光復節理解においてもう1つ見逃してはならないのは、植民地時代を象徴する近代風景に対する評価の転換と観光現象である。

1995年8月15日の朝鮮総督府庁舎の撤去開始以来、韓国社会では数多くの植民地時代の建物が撤去されるが、そうした「日帝残滓清算」は植民地時代の韓国の地方における風景を活かした観光現象にもつながっている（金賢貞　2012、2017）。2000年には植民地時代に建てられた「敵産家屋」のみを撮った写真展がソウルと大田で開かれ、「子どもみたいな敗北意識を捨て近代建築物に対する愛情を蘇らせるとき」とまで述べられるようになる[5]。

こうした動きは、8・15光復節にも反映され、2015年に韓国放送公社（KBS）主催の光復節70周年特別企画展「愛せよ！　大韓民国」が植民地時代に建てら

れた旧ソウル駅庁舎で行われた。同企画は、「韓国人の"あの時あの頃"」という展示紹介[6]からもわかるように、解放後の街の風景を時代ごとに展示するなど、「思い出」を強調した側面がある。植民地時代の建物は、「日帝残滓清算」で消えていくなかで、まさに「愛」をもって過去を振り返る「思い出」の場に転換しつつもあるのである。そして、この文脈は、日本で懐かしさを発見することにもつながっている[7]。『朝鮮日報』では、2006年12月21日付D2面に日本旅行について次のように述べられてもいた。

> 我々が急速な経済発展の中で失ってしまった過去の姿が日本にはよく保存されている。度々目に入る風景の数々は異国的でありながらも子どもの頃の路地と何となく似ている。異国の都市で懐かしい風景に出会うときの妙な感覚。東京旅行の醍醐味はそこにあるのではないだろうか。

近代風景は、その建物を「敵産家屋」と表現することからもわかるように、日本帝国との敵対関係を明示するものとして考えられ、蔑視のなかで長年放置される場所も多かった。しかし、旧朝鮮総督府庁舎や旧ソウル駅庁舎のように、韓国人と歩みをともにしてきた建物もまた多く、その意図的な消失は、韓国社会にして近代の空白をもたらしてもいる。「日帝残滓清算」は「皇国臣民」とは異なることを明示する「韓国人宣言」だったが、それは皮肉にも韓国人自身のアイデンティティの喪失をももたらしている。

忌々しい植民地的近代を空白とするのではなく、いかに自分たちの歴史として抱きしめるのか。近代風景をめぐる近年の観光地整備や「思い出」の表象は、そのような韓国社会の悩みを示しているように思える。近代風景の残る観光地では、3・1抗日独立運動との関連が述べられる一方で、近代風景の懐かしさを売りにするところも多い。近年では、朝鮮総督府庁舎の撤去の後に復元された景福宮内にも植民地時代の近代風物を楽しむスポットが新たに併設されている。そして、このような動きは、自分達が「皇国臣民」などではなく「韓国人」であることを印象づける8・15光復節にも影響を及ぼしている。1990年代以降の記念日の変遷

を追うのであれば、このような近代風景の軸はもはや欠かせないものになるだろう。

　韓国社会の「自分探し」ならぬ「自主性探し」は、近代風景の軸が加わることでもう一段階新たな領域に差し掛かっている。その意味を「反日」か「親日」かといった二元論で捉えているようでは、いつまで経っても日韓は植民地時代の呪縛から解放を迎えられないのではないだろうか。この問題は、韓国社会に向けられるものでもあるが、依然として隣国に対する無自覚が蔓延している日本社会にこそ問われていることを忘れるべきではない。

　レオ・チンは、日本社会に欠けている視点は、「他者が自己の行為を通してどのように構成されているかについての自己再帰性」であると指摘する（チン2019＝2021：11）。日本社会が韓国社会に問うべきは「なぜまだ彼らは私たちを憎むのか」ではない。問うべきは「彼らはいかにして私たちの支配によって葛藤し、その葛藤から抜け出そうとしているのか」である。植民地支配の第1の責任者である日本がこの「自己再帰性」を失い、韓国のみが葛藤しつづける限り、日韓に和解のための確かな対話の土台は築かれないだろう。本書にはまだ課題も多く残されているが、少しでもその認識の転換に役に立つなら幸いである。

あとがき

　本書は、京都大学大学院教育学研究科に提出した博士論文『植民地支配をめぐる記念日報道：自主性の系譜』（2021 年）をもとに、改稿、修正を加えたものである。各章に対応する初出論文は以下のとおりである。

序章　忘却という課題と「自主性＝参加」
　書き下ろし。
第 1 章　「日韓併合記念日」のメディア史―日本人本位の参加
　「「日韓併合記念日」のメディア史：日本人本位の参加と「内鮮融和」の課題」『メディア史研究』50 号、2021 年、131-54 頁。
第 2 章　「始政記念日＝体育デー」のメディア史―参加と動員
　書き下ろし。
第 3 章　3・1 節報道と自主性の継承――抗日の記憶の再評価
　「3・1 節の周年報道における対日感情の検討：1970 年代の韓国社会を中心に」『京都大学大学院教育学研究科紀要』65、2019 年、261-73 頁。
第 4 章　8・15 光復節報道と自主性の実践――「韓国人宣言」
　「3・1 節と 8・15 光復節の報道史：日韓国交正常化を巡る「民族」と「国家体制」」『マス・コミュニケーション研究』96、2020 年、139-57 頁。
終章　二元論を乗り越えて
　書き下ろし。

　いずれも博士論文執筆および書籍化にあたって大幅に加筆修正している。ただし、博士論文の執筆が本格化した 2020 年から本書の初稿を書き終えた 2021 年末まで新型コロナウィルスによる資料収集の制限により記述に精緻さが足りない箇所がま

だ多々ある。本書の至らない部分については、今後の課題としてこれからも取り組んでいきたい。

　本書で提示した日韓の歴史をめぐる二元論を乗り越えるという問題意識は、多くの先輩研究者たちが取り組んできたテーマであり、おそらくこれからも日韓関係を考える際に主要な論点になりつづけるだろう。その二元論を乗り越えて日韓が真に未来に向けてともに歩んで行けるようになるのに少しでも本書が役に立つなら冥利に尽きる。

　ただ、執筆を終えて自身の論考と改めて向き合ってみると、二元論をいかに乗り越えるのかという大きな問いに本書がどれほど的確に取り組めたのか、正直、不安も大きい。博士論文を書く段階でもそうだったが、多くの人々の目に触れる書籍化の段階になって臆病になりかけているのかもしれない。

　思い返してみれば、筆者の博士論文を指導してくださった佐藤卓己先生は、筆者が日韓の歴史認識問題やその報道の問題について研究したいと申し出たときに、「そのテーマ、あなたが本当に背負えるのですか」と心配されていた。そのとき、「いや、多分できます！」と言ってしまった筆者は何と愚かだったのか。

　当時の筆者が本当に自分にそのテーマを背負えるだけの能力があると思っていたわけではない。今もそうだが、右も左もわからない当時の筆者は日本に住みながら自分自身が直面したもやもやとした一種の気持ちの悪さを言い表せるそれらしい言葉を求めていただけだったのだろう。

　筆者は 1993 年の夏に韓国のソウルで生まれ、家庭の事情で中学 1 年生の冬休みに来日した。2012 年に関西大学に進学し、本格的な日本での留学生活が始まるが、その年の 8 月はちょうど李明博大統領の「竹島／独島」上陸で日韓関係が「史上最悪」と言われていた時期だった。もちろん、そのような政治的な話題とは関係なく、筆者は多くの学友に恵まれ、楽しい大学生活を過ごした。ただ、街に出ればヘイトスピーチを目撃し、「嫌韓」や「反日」というキーワードが溢れ返っている本棚を眺め、友人からも素朴に「韓国の人って本当に「反日」なん？」と聞かれることが次第に多くなっていった。

　そのとき筆者が友人に何と答えていたのかは覚えていない。ただ、未だに鮮明に

覚えているのはそのときの感情であり、気持ちの悪さだった。それは、怒りというより、その友人に対して何と説明すれば良いのかわからないというもどかしさのようなものだった。筆者は日韓の歴史の問題ともなれば日本帝国の残虐性を熱弁する教師を目撃してきているし、筆者自身も「慰安婦」の問題に対しては怒りを覚えてきた。しかし、と同時に、それらの話題が「嫌韓」や「反日」、「親日」といったシンボルに吸収されることに対しての違和感も強かった。日本（あるいは韓国）には良い人もいるし、悪い人もいる、という言い方も問題から逃げているようであまり好きではなかった。政治と文化は別だ、という言い方も同様に納得できなかった。

　思えば、筆者の大学４年間は、偶然にも社会的に「嫌韓」や「反日」というキーワードが溢れ返り、そうした問題に全く興味を持ちたくないにもかかわらず、半ば強制的にそれらの議題に引きずり回された感があった。できれば、もっと人に話しやすい研究がしたかった。大学を卒業してさっさと就職して親孝行したかったし、日韓関係がどうなろうが自分が好きなことだけをしていたかった。旅行が趣味だったので、大学のゼミも観光社会学を専門とする山口誠先生のところで世話になった。しかし、その気持ちの悪さがどうにもならず、気づけば卒論は韓国における「反日」と日本的近代風景に対する「ノスタルジア」の共存について書いてしまったし、勢い余って歴史が好きでもないのに佐藤卓己先生の『八月十五日の神話：終戦記念日のメディア学』［増補版］（2015、ちくま学芸文庫）に魅入られて大学院に進学してしまった。

　佐藤先生は、おそらく、そのような筆者の心の状態を見抜いていたのではないか。「そういう現代的な話題とは関係のないメディアの歴史をテーマにする方があなたにとっても良いのではないかね」。過去の自分に会えるなら、その通りにした方がいいと言い聞かせてやりたいところだが、日韓の歴史と同じように、過去は変えられない。拙いものではあるが、もうこのテーマで数本も論文を書き、博論まで出した。そこにいくら「仕方なかった」と言い訳をしても、それこそ「仕方のない」ことである。

　結局のところ、筆者は、その全てを責任とともに受け入れるしかない。本書の至らないところに対して、「実は、私は歴史が好きじゃなくて、このテーマも嫌いで」

と述べることは許されない。読者からの指摘は真摯に受け止め、その責任を全うするために、まとわりつく過去をバックミラーで覗きながら嫌でも今を噛み締めて少しずつ前に進むしかない。

　日韓の歴史に関わる葛藤は実に複雑で、植民地時代を経験した人々がほぼいなくなった現在でもなお、その問題はさらにもつれながらつづいている。人権を無視するような罵詈雑言も普通に飛び交い、暴力事件もしばしば起きている。接するだけでストレスであり、できれば一生涯関係のない世界で生きていたいと切実に願う。筆者は知的好奇心よりも、我が身を大事にしたいが、これが我が身のことと切り離せないから困るのである。これからも世界が筆者を救ってくれるまで、何とか強かに生きていこうと思う。身の上話が長くなったが、必ずしも本書の内容と関係のない話ではないので、その意図を汲み取って頂けると嬉しい。

　日韓の歴史認識問題というテーマ自体に触れたくもない筆者が時代に振り回されながらもこれまでどうにか研究に向き合えたのは、これもまた偶然にも筆者と同じ時代を生き、筆者を温かく受け入れてくれた人々のおかげである。ここで全員に感謝を述べることはできないが、研究者人生を歩む上で特に世話になった方々の名前を一部書き留めておきたい。

　まず、何よりも、このような筆者を受け入れてくださった京都大学大学院教育学研究科の佐藤卓己先生に深い感謝を申し上げたい。佐藤先生のご指導がなければ、筆者は日韓の歴史認識問題というテーマに向き合うことすらできず、全てを時代のせいにしながら潰れてしまったのかもしれない。筆者に研究者としての言葉を持たせてくださった恩に報いるためにも、筆を折ることなく筆者の内面の気持ちの悪さと向き合っていきたい。

　また、同じく京都大学大学院教育学研究科の福井佑介先生にも感謝を伝えたい。副指導教員として筆者を指導してくださり、ときには筆者の悩みを親身になって聞いてくださった。一緒に韓国で開かれた国際学会に参加した際、修士論文で悩んでいた筆者を夜遅くまで気遣い、胸に染みるアドバイスをいただいたことは一生忘れられない。あの夜がなければ、筆者はもしかしたら研究をやめていたかもしれない。

　次に、学部生の頃に世話になった山口誠先生にもこの場を借りて感謝申し上げた

い。大学1年生のときに受けた基礎研究という授業からの縁で、いつも厳しく、そして優しく指導してくださった。佐藤先生と福井先生が研究とは何かを教えてくださったとすれば、山口誠先生は研究の面白さを初めて教えてくださった。留学生だからと言って特別視することもなく、日本人の生徒以上に厳しく接してくださったからこそ、今の筆者がいる。佐藤先生のゼミを勧めてくださったのも山口先生であり、その縁を作ってくださったことにも感謝申し上げる。

　あとがきがあまり長くなってはだめなので、具体的なエピソードに触れるのはこれで最後になるが、倉橋耕平先生にも感謝申し上げる。山口先生と同じく関西大学からの縁で、いつもファンキー（？）に指導してくださった。査読論文の書き方がわからなくて悩んでいたとき、彼の自宅で夜中まで飲みながら一緒に書き方を考えた日々はかけがえのないものである。本書の執筆に際して最も厳しい読者となってくださったことにも心よりの感謝を捧げたい。余談だが、倉橋先生と山口真紀先生が作る料理は絶品で、一緒に食卓を囲うたびに温かい気持ちに包まれた。早く新型コロナウィルスの脅威が去り、以前のように食卓を囲んで笑い合える日がくることを願って止まない。

　簡略な謝辞で申し訳ないが、佐藤卓己先生の学統につながる先生・先輩の方々、京都大学大学院のほかの先生の方々や友人、関西大学時代の先生の方々や友人、佐藤研究室の先輩・同期・後輩の方々、現在筆者が勤めている立命館大学の関係者、そのほか世話になった大勢の方々にも心より深く感謝申し上げる。全員ではないが、以下、その一部を書き記す（敬称略、順不同）。有山輝雄、飯塚浩一、福間良明、石田あゆう、河崎吉紀、井上義和、長﨑励朗、松永智子、白戸健一郎、赤上裕幸、片山慶隆、稲垣恭子、竹内里欧、田中智子、柴山桂太、小川博、黒田勇、武部好伸、村田麻里子、守如子、里見繁、劉雪雁、永井良和、水越伸、浪田陽子、鎮目真人、富永京子、橋本琴香、黄盛彬、李光鎬、玄武岩、金成玟、島田大輔、谷川舜、ハサン・トパチョール、花田史彦、木下浩一、松尾理也、李夢迪、彭永成、杜亦舟、比護遥、王令薇、温秋穎、劉涵雨、陶芷涵、水出幸輝、佐藤彰宣、宮下祥子、山口刀也、奥村旅人、市川和也、藤村達也、呉桐、呉江城、日高利泰、鈴木裕貴。このなかから誰1人欠けていても今の筆者も本書も存在し得なかった。

最後に、書籍化を快く引き受けてくださった創元社の山口泰生氏、博士論文の外部副査を引き受けてくださったのみならず史料も惜しみなく提供してくださった孫安石先生、いつも心の支えになってくれた最愛なる母の金蘭姫、話す機会は多くないがいつも筆者を気遣ってくれた父の趙文煥、筆者をいつも笑顔で迎えてくれた亡き祖父母たち、93年の会のメンバー（特にえいちゃん、トントン、呉くん）にも改めて感謝申し上げる。

　2022年2月10日、大阪の閑静なオフィス街にて

趙相宇

［付記］
　本書の出版にあたり、京都大学大学院教育学研究科の若手出版助成を受けた。同研究科に深く感謝申し上げる。なお、本書のベースになった論文の一部は、科研費（18J22748）並びに（21K20199）の助成を受けての成果である。日本学術振興会にもこの場を借りて感謝申し上げる。

注

■序章

（1） 『新東亜』「'韓日協定'最高専門家イ・ウォンドク"日本が最も当惑する解法…植民支配不法性を糾弾した後に賠償放棄宣言"」2019年8月18日、https://www.donga.com/news/Inter/article/all/20190818/97002229/1（2020年11月8日最終閲覧）。

（2） 『朝鮮日報』「"植民地支配合法という日法院判決、国内効力なし"」2018年10月30日、https://www.chosun.com/site/data/html_dir/2018/10/30/2018103002772.html（2020年11月4日最終閲覧）。

（3） 特に「日本人の誇り」は、植民地時代を生きた台湾人の証言から掘り起こされることが多く、日本帝国の統治の成果やそのモラルの高さが描かれる。詳細はレオ・チン（2019＝2021）の第4章を参照されたい。

（4） このシリーズの詳細については前掲書の第4章を参照されたい。

（5） 桜の花出版プレスリリース「日韓関係がなぜこんなに問題になっているの？ 歴史的記録に基づいて、事実と嘘を、ちゃんと見分けましょう。」、https://www.value-press.com/pressrelease/226779（2021年10月31日最終閲覧）。

（6） 「慰安婦」問題に関しては、韓国社会の態度にも問題がある。家父長的な態度からの隠蔽や外野からの人権の語り口のなかで、生の身体が表す虐げられた苦痛とそれを表明することへの恐怖の共感が抜け落ちるという問題に関して、韓国社会も真剣に悩む必要がある。詳細は、レオ・チン（2019＝2021）の第3章を参照されたい。

（7） 3・1抗日独立運動の民族代表の1人であり、東学の3代目教主。東学を引き継いで1905年に天道教を創立する。彼の部下である李容九が1905年11月5日に「保護請願宣言」を発表し、11月17日に第2次日韓協約が行われたことで、日本の保護国となるが、これにより、東学に対する反感が高まった。孫はこの状況を回避すべく、天道教を同年の12月に創始している。ただし、西尾陽太郎によれば、李容九の日本との協力は、孫の指示にもとづいたものでもあり、現に、孫自身も「日韓合邦」については否定していないことが3・1抗日独立運動関連の裁判記録などで垣間見えるという（**西尾** 1978：23、31-33）。

（8） 李は最終的には孫と決裂し、侍天教を1906年に立ち上げる。その事情については、諸説ある。日韓保護条約を契機として孫が李の「合邦」構想に対して厳しく批判して追い出した、というのもその1つである。ただ、「日韓合邦」構想を孫が最終的に否定しなかったことなどを踏まえれば、「宗教と民会の分立」・「各地方支部解散」といったような孫の政治活動の放棄と急激な方向転換を李が逆らった背景として読み込む西尾陽太郎の解釈がより説得的に思える（**西尾** 1978：24-25）。

（9） 西尾陽太郎（1978）の122頁、杉山茂丸（1923）の154頁。

（10） 杉山茂丸（1923）の178-83頁。原文は漢文。ちなみに、この杉山の『建白』に掲載された

「決死状」では、100万人の一進会員のうち、「日韓併合」後の朝鮮人に対する差別的な対偶によって7「分」が他宗教に変わり、排日に転じたと書かれているが、それは「割」の誤りと思われる。現に、その後の記述では、同志の30万人が今もなお一進会の精神を保っていると言及されている。

(11) 春畝公追頌会編（1940）の1013-14頁、山辺健太郎（1966）の220-21頁。

(12) 鄭在貞（2011）「韓国併呑一〇〇年と東アジアの歴史的和解」国立歴史民族博物館編『「韓国併合」100年を問う：2010年国際シンポジウム』岩波書店、371頁。

(13) ユン・ドクヨン（2010）、イ・テフン（2018）を参照されたい。

(14) 李光洙が代表的。彼の参政権の獲得構想が植民地支配後期の戦時動員体制に利用されていった詳細については、ベ・ゲファ（2016）を参照されたい。

(15) ハン・チョルホとカン・スンホ他（2020）の126頁。

(16) 西尾陽太郎（1978）の221-22頁から抜粋。

(17) 西尾陽太郎によれば、李容九の願望は「政合邦」であり、これを「韓皇室の尊栄」という形で「一進会政合邦声明書」で公示したため、韓国有志中の「合邦」賛成者のなかには、これを「連邦」の意味に解しているものも多かったという（西尾　1978：191）。

(18) 李容九は日本が言う保護も独立も心のない言葉として捉えており、保護政策がつづけば、結局のところ韓国は自然に消滅するのではないかと恐れ、その恐れをアイヌを例に出しながら表現していた。西尾陽太郎によれば、この心情が反映されたものが「合邦」であるという。そして、その提議は「天下の人心の同じ所を察して」行われており、硬派の儒林の賛同も西北人の密かな援助もそのことを表していると解釈する（西尾　1978：164-66）。

(19) 『朝鮮日報』「ソウル都心に'Noジャパン'旗を掲げた中区庁、'官制反日論難'大きくなって後で撤去」2019年 8 月6日、https://www.chosun.com/site/data/html_dir/2019/08/06/2019080601147.html（2020年10月19日最終閲覧）。韓国のホワイト・リスト除外のニュースが流れた時期は2019年8月であり、ちょうど8・15光復節が近づいてきていた頃だった。そのため、ソウル市中区庁は、横70、縦200センチの「Noジャパン」旗を市内主要22カ所に1100個設置することを決め、その手始めとして8月6日に50個の旗を設置し、8月15日までには1100個の旗をすべて設置することを決めていた。しかし、市民側からの思わぬ反発に遭遇する。市民の運動を官制の「反日」に変貌させ、不必要な日韓摩擦につながるとの批判が市民側から上がり、その日の午後3時には「Noジャパン」旗は撤去となる。ソウル市中区庁長である徐良鎬は、こうした予想外の市民からの反発に「中区庁のNoジャパンバナー旗掲揚が日本政府と日本国民を同一視し、日本国民に不必要な誤解を与え得るという憂慮と不買運動を国民の自発的領域に残しておかなければならないという批判について謙虚に受け入れる」と述べた。なお、『朝鮮日報』2019年8月16日付総合1面では、光復節に際した対日デモの写真が掲載されているが、市民らが掲げていたのが「Noジャパン」ではなく、「No安倍」であることが確認できる。同集会の名称も「安倍糾弾汎国民蠟燭大会」

である。

(20) KBS「"成熟で慎重に"…度を越した反日に均衡を保つ'市民の力'」2019年8月9日、https://www.youtube.com/watch?v=Dm8S1UE7yWw&t=43s（2020年11月1日最終閲覧）。

(21) 「小国」意識とそのナショナリズムの展開については木村幹（2000、2009）を参照。

(22) 「開かれた民族主義」を含む韓国史学界の民族主義の議論については、キム・ヨンミョン（2016）を参照。

(23) 『朝日新聞』「「NO安倍」通り、不買運動…反日過熱の韓国、街は今」2019年8月2日、https://digital.asahi.com/articles/ASM8234RQM82UHBI00R.html?iref=pc_ss_date_article（2021年10月31日最終閲覧）。

(24) 『朝鮮日報』「文大統領100周年3・1節記念辞全文」2019年3月1日、https://www.chosun.com/site/data/html_dir/2019/03/01/2019030101018.html（2020年11月8日最終閲覧）。

(25) 例えば、民主化以降も、韓国社会では朴正熙前大統領の功績を讃える声は少なからずあり、その強烈な反共産主義体制のなかで踏み躙られた人権を問題視して朴正熙を糾弾する声もまた根強くつづいている。そして、この対立は、その朴正熙前大統領の娘に当たる朴槿恵前大統領が弾劾されたことでさらに激化している。朴槿恵政権の弾劾後に成立した文政権の失策も重なり、この対立は極端な左派対右派の対決構図にまで発展している。

(26) 『産経新聞』「社説検証／愛知の企画展中止／朝日「表現の自由傷つけた」／産経「ヘイト行為 許すのか」」2019年8月21日、https://www.sankei.com/article/20190821-F3MD3PKZB5JVPFQXBPZNVE3QIM/（2021年10月31日最終閲覧）。

(27) 同上。

(28) 『朝日新聞』「不自由展、中止のまま期間終了／主催者は再開求め要請へ」2021年7月11日、https://digital.asahi.com/articles/ASP7C64RQP7COIPE01V.html（2021年10月31日最終閲覧）。

(29) 日本の新保守主義者と韓国の右派の連帯は、近年では「反日種族主義」という言葉を中心に活発に展開されている。李栄薫らがかかわった『反日種族主義』は、日韓ともに2019年に刊行されてベストセラーになった。この本では、韓国の民族主義が隣国への敵対感情に満ちた部族的で極めて歪んだものとして捉えられ、「慰安婦」といった植民地問題はなく、実は、それらの問題は左派が作り出した「嘘」と主張される。これらの主張は「反日」を問題視しているように見えるが、その根底には文在寅大統領たち左派への反感が横たわっている。この反文在寅感情を共有する日韓の保守の連携が台頭する背景の詳細については康誠賢（2020＝2020）を参照。

(30) ムン・スンイクとキム・ホンミョン（1981）は、国家の自我準拠性を「自主性」と定義し、この基盤を支えるものとして「民族意識」といった原初的な紐帯があると捉える。韓国における「自主性」という概念は、このように、「民族的な何か」をその基盤にしており、その自立を目指す概念として使われるのが一般的である。

（31）「新しい政治」の概念の詳細についてはモッセ（1975＝2021）の第1章を参照。

（32）代表的な研究には大衆娯楽雑誌『キング』を分析した佐藤卓己（2002）が挙げられる。

（33）北朝鮮における「主体思想」の展開についてはキム・ソンベ（2016）を参照。

（34）韓国における8月15日という日付は、基本的には光復節を意味するが、大韓民国政府が樹立したのが1948年8月15日であるため、政府樹立記念という意味合いもある。現在では、大韓民国の建国節がいつなのかについての論争もあり、政府樹立を重視する側は8月15日という日付を、大韓民国臨時政府の樹立を重視する場合はその誕生のきっかけとなった3月1日という日付をそれぞれ建国の始発点として捉える。論者によって朝鮮民族のそもそもの誕生を10・3開天節に求める者もおり、大韓民国臨時政府がこれを紀元節としていたため、これこそが建国節だとする者もいる。いずれにしろ、韓国における建国の時期の問題は、これらの記念日をめぐるもう1つの重要な論点であるが、本書では、そのことについてはこれ以上扱わない。上記の議論の詳細については、イ・ワンボム（2009）、ペク・ギウァンとキム・ミョンイン（2010）、チョ・トクチョン（2017）などを参照。

（35）国慶日とは、韓国の国家記念日のなかでも特に重要な記念日を意味する制度的な名称であり、3・1節と8・15光復節に加え、1948年の大韓民国政府の樹立による憲法制定を記念する7・17制憲節、紀元前2333年に半神である檀君が朝鮮民族の祖国である古朝鮮を満州周辺に建国したという神話にもとづいた10・3開天節がある。これらはすべて1949年10月1日に制定された法律第53号「国慶日に関する法律」によって定められた記念日であり、長らく4大国慶日と呼ばれてきたが、2005年には10・9ハングルの日が新たに加わり現在では5大国慶日となっている。

（36）8月14日は、1991年に金学順自身が元「慰安婦」だったことを証言した日付である。

（37）「国恥日」は国家記念日には指定されておらず、その忘却の問題が盛んに叫ばれているため、韓国社会はむしろ抵抗の記憶を大事にしていないかもしれない、という誤解もあり得るだろう。しかし、ピエール・ノラが過去との断絶意識は「その距離を払いのけるための接近を要求し、その接近にヴィブラートを与えるのだ」（ノラ　1984＝2002：44-45）と指摘しているように、忘却に抗う、ということ自体がその日付の抵抗の意味に対する韓国社会のこだわりを示している。

（38）詳細な「日韓併合」への経緯は山辺健太郎（1966）、海野福寿（1995）を参照されたい。なお、国際法から学術界における議論まで幅広く扱っているものとしては笹川紀勝・李泰鎮編（2008）が参考になる。

（39）チュ・ユンジョン（2003）、李東勲（2015）、チェ・ビョンテク（2020）など。

（40）キム・ヨンヒ（2016）、チェ・インヨン（2018）、チョン・ブットセム（2019）など。

（41）通史的な「始政記念」の意味の解明に取り組んだ研究は、管見の限り、植民地時代全期間における始政記念切手を分析したシン・トンギュ（2018）しかない。この研究は、あくまで記念切手に現れたイメージの分析であるため、日本人や朝鮮人が同記念日にどのように参加

していたのかはわからない。

（42）　3・1節の研究は、そのほとんどが1950年代以前に集中している。1920年代の3・1節の記憶に焦点を当てたチェ・ウソクがこれまで3月1日という日付をめぐる研究のほとんどが「主に1945年解放前後の記憶に対する競争の様相に拘ってきた」（チェ　2018：87-88）と指摘するように、これまでの3・1節の研究は基本的にこの時期における南北間、または左右間の葛藤に着目してきた。植民地解放期（1945-48年）に焦点を当てた主な研究としては、チャ・スンギ（2009）、コン・イムスン（2011）、パク・ミョンス（2016、2017）を挙げることができる。チャは記念式典や演劇における左右陣営の認識の相違を、コンは大韓民国上海臨時政府の3・1節式典とこれをめぐる左右対立、パクはそうした左右対立に対する米軍の対応を分析している。近年では、その対立を乗り越えるためにいかなる努力があったのかを分析したイム・キョンソク（2018）のような研究も行われている。8・15光復節研究に関しては、小林聡明（2013）が8・15光復節をめぐって現れた植民地解放空間におけるソ連と米国間のイデオロギー闘争を明らかにしている。

（43）　1948年から50年代の3・1節をめぐる国家の表象を分析したイム・チョンミョン（2010）、同時期の李承晩政権の3・1節表象を検討したオ・ジェヨン（2018）、李承晩政権の国家記念日の活用を検討したカン・チョンインとハン・ユドン（2014）などは、主に「反共」をキーワードに、いかに犠牲的で「反共」的な国民像が求められたのかを明らかにしている。

（44）　記憶闘争の問題については、韓国における政府の暦と民間側の暦の闘争を扱った真鍋祐子（2017）の研究を挙げることができる。真鍋は3月1日と8月15日という日付について、80年代の民主化運動のなかでそれらが軍事独裁政権を支えてきた「米帝」への反発として市民側に意味づけられたことを指摘している。

（45）　3・1節についてはチェ・ウンジン（2017、2018）、8・15光復節についてはチョン・ジェホ（2006）を挙げられる。

（46）　8・15光復節の90年代の特集ドラマを分析したイ・ドンフ（2000）、1970年代後半から2010年代以降における代表的な8・15光復節特集ドキュメンタリーの内容を分析した崔銀姫（2019）が挙げられる。一方、3・1節に関しては、菅見の限り、テレビの表象を追った研究は見当たらない。

（47）　1945年から2005年までの韓国の主要新聞における8・15光復節社説のキーワードを抽出したチョ・トンシ（2005）など。ただし、この研究に関してはあくまでもキーワードの抽出に止まり、社説の論理にまで深く分析を入れているわけではない。

（48）　韓国におけるテレビ普及率は、1974年まで26％に過ぎなかったが、77年に55％となり、翌年の78年には70％を突破した。詳しくは、韓国言論学会編『韓国テレビジョン放送50年』（2011、コミュニケーションブックス）の56頁表6「TV受像機登録台数（1968~1979）」を参照。

（49）　歴代政府の8・15光復節表象を大統領の記念演説から検討したチョン・ジェホは、全斗煥

政権期に1982年の日韓歴史教科書問題などを背景として独立記念館建設に関する内容など独立運動に関する言及が現れてきたとし、8・15光復節記念演説に「ほとんど登場してこなかった反日的な内容が扱われた」(チョン 2006：158)と述べている。

(50) 『東亜日報』は創刊当初から「民族」を重要な価値として掲げた新聞だったが、『朝鮮日報』は大正実業親睦会という親日団体によって創刊を迎えた。『朝鮮日報』がいわゆる「民族紙」としての性格が明確になるのは、1924年に日本帝国に非妥協的な民族主義者の1人である李商在が社長に就任してからである。この時期の『朝鮮日報』の報道の特色としては社会主義色が強かったことが主に挙げられる。ただし、その経営状況は芳しくなかった。金鉱を見つけて朝鮮屈指の大富豪となった方応謨が1933年に朝鮮日報社を買い取るまでは、『東亜日報』の発行部数には及ばなかった。朝鮮日報社を買い取った方応謨は、民族主義や社会主義を全面的に掲げるよりも、前者を掲げる『東亜日報』と後者を掲げる『朝鮮中央日報』との差異化を図り、「不偏不党」を掲げた。カン・ヨンゴル(2015)によれば、こうした戦略は「植民地の政治的な状況のなかで朝鮮日報を保護し成長させた絶妙な戦略であった」(カン 2015：51)という。政治的・理念的な中立性を追求する商業的な大衆紙に『朝鮮日報』を位置づけようとした方のこうした戦略は功を奏し、1933年に約4万9千部、2万9千部だった『東亜日報』と『朝鮮日報』の発行部数は、1936年には約3万1千部、6万部となっている(カン 2015：43-44)。

(51) 『東亜日報』と『朝鮮日報』は間違いなく朝鮮半島における民族運動の軸となってきたというのが一般的な評価となっている一方で、1930年代、特に1930年代後半の抗日路線からの明らかな脱線が韓国社会および学界では問題視されてきた。こうした両紙に対する先行研究の動向は、ソン・ジュヒョンによれば大きく3つに分類できるという。一つ目は「民族紙」としての活動を評価する観点、二つ目は「親日的な性格」を指摘する観点、三つ目は当時の状況によって「民族主義」と「妥協」という両面性があったことを指摘する観点(ソン 2009：154-55)。このなかで、3つ目の観点は、2000年代に入ってから1つの流行のように研究が活発化した(イ・ワンボム 2009：402)。ただし、個別の研究対象に関してはまだ課題も多く残されている。特に、1930年代以降に大衆雑誌を次々と創刊し、朝鮮半島におけるメディアの歴史を考える上で極めて重要な位置を占める朝鮮日報社については、依然として「反日」対「親日」の枠組みで捉えられる場合も多い。こうした研究動向を批判的に捉えて『朝鮮日報』の大衆性・商業性に着目する研究の先駆的なものとしては朝鮮日報社長の方応謨の企業人としての性格に焦点を当てたカン・ヨンゴル(2015)が挙げられる。

(52) 『東亜日報』や『朝鮮日報』は、植民地時代に民族的な抵抗を体現するメディアとしての役割をある程度果たした。そのような「民族紙」としての立場が、植民地解放後に両紙を韓国で最も主要な日刊紙にした大きな背景であることは間違いない。ただし、ここで注意すべきは、両紙ともに1930年代後半からその抵抗性を大幅に削がれ、朝鮮総督府の施政に妥協的な性質が強まった事実である。その転換点については、すでに両紙を研究した多くの論者に

よって指摘されてきているが、そのような事実があるにもかかわらず、なぜ両紙は植民地解放後に再び韓国社会の主要な日刊紙になり得たのかという疑問が残る。この疑問について、『東亜日報』の1930年代における情勢認識を分析したユン・ドクヨン（2012）は、1940年に『東亜日報』が朝鮮総督府の言論統制政策のなかで廃刊を迎えたことを主な要因として読み込む。すなわち、廃刊になったことで、妥協的な論調の強制から植民地解放まで自由になり、その責任追及からも比較的に自由になり得たというのである（ユン　2012：252）。『朝鮮日報』も『東亜日報』と同時に廃刊を迎えており、ユンの指摘が正しければ、朝鮮総督府の言論統制は、皮肉にも植民地解放後の韓国社会における「民族紙」の「神話」を可能にしたことになるだろう。

(53) 日韓歴史認識問題の展開を検討した木村幹（2014）や、古くは日韓国交正常化前後の韓国社会の言説の変化を追った金圭煥と崔鍾洙（1982）などが挙げられる。

(54) ただし、この時期を単純に新聞の暗黒期として捉えることはできない。確かに1970年代は言論機関の代表格だった『東亜日報』と『朝鮮日報』への政府の弾圧は厳しく、75年3月には政府に批判的な記者が大量に解雇されることもあった。ただ、この時期は新聞の隆盛期でもある。『韓國新聞通鑑』（2001、朝鮮日報社）によると、新聞全体の発行部数は70年に200万、75年に310万、80年には540万部に急成長したという（尹壬述編　2001：467）。これには、政論紙から商業紙への転換なども背景にあるが、政府との緊張関係が新聞の発達を促した側面もある。例えば、『東亜日報』は1975年1月27日付夕刊1面に「群小広告殺到・部数激増は政府批判の闘志支持を反映」を掲載し、政府による広告圧迫などに対して市民らが自腹で同紙に小さい広告を載せ、部数を60万から80万部に伸ばすことができたと英国紙の報道を引用する形で報じた。

(55) 当該時期は、朝鮮戦争の影響もあり、大衆文化の産業基盤が弱く、北朝鮮との対立状況もあったため、記念日をめぐる報道は、何らかの娯楽的なイベントの企画よりも、啓蒙・指導の側面が強く表れる時期だった。したがって、この時期の記念日報道を分析する際には、その報道の啓蒙・指導のあり方が最もよく表れる社説が重要になってくる。

■第1章

(1) 韓国史年代記、http://contents.history.go.kr/mobile/kc/view.do?levelId=kc_n401600&code=kc_age_40（2021年12月9日最終閲覧）。

(2) 同上。

(3) 松田利彦監修（2005）の23頁。

(4) 春畝公追頌会編（1940）の1013-14頁、山辺健太郎（1966）の220-21頁。

(5) 『東京朝日新聞』「合邦論は喜劇」1909年12月7日付刊月3面。

(6) 詔書の内容は次のようである。同内容は原文ではなく、高橋梵仙（1936）の299-300頁から抜粋したものである。「朕東洋ノ平和ヲ永遠ニ維持シ帝国ノ安定ヲ将来ニ保障スルノ必要

ナルヲ念ヒ又常ニ韓国カ禍乱ノ淵源タルニ顧ミ曩ニ朕ノ政府ヲシテ韓国政府ト協定セシメ
韓国ヲ帝国ノ保護ノ下ニ置キ以テ禍源ヲ杜絶シ平和ヲ確保セムコトヲ期セリ／爾来時ヲ経ル
コト四年有余其ノ間朕ノ政府ハ鋭意韓国施政ノ改善ニ努メ其ノ成績亦見ルヘキモノアリト
雖 韓国ノ現制ハ尚未ダ治安ノ保持ヲ完スルニ足ラス疑懼ノ念殊ニ国内ニ充溢シ民其ノ
堵ニ安セス公共ノ安寧ヲ維持シ民衆ノ福利ヲ増進セムカ為ニハ革新ヲ現制ニ加フルノ避ク
可ラサルコト瞭然タルニ至レリ／朕ハ 韓国皇帝陛下ト與ニ此ノ事態ニ鑑ミ韓国ヲ挙テ日
本帝国ニ併合ス以テ時勢ノ要求ニ応スルノ己ムヲ得サルモノアルヲ念ヒ茲ニ永久ニ韓国ヲ帝
国ニ併合スルコトトナセリ／韓国皇帝陛下及其ノ皇室各員ハ併合ノ後ト雖相当ノ優遇ヲ受ク
ヘク民衆ハ直接朕カ綏撫ノ下ニ立チテ其ノ康福ヲ増進スヘク産業及貿易ハ治平ノ下ニ顕著
ナル発達ヲ見ルニ至ルヘシ而シテ東洋ノ平和ハ之ニ依リテ愈々其ノ基礎ヲ鞏固ニスヘキハ
朕ノ信シテ疑ハサル所ナリ／朕ハ 特ニ朝鮮総督ヲ置キ之ヲシテ朕ノ命ヲ承ケテ陸海軍ヲ統
率シ諸般ノ政務ヲ総轄セシム百官有司克ク朕ノ意ヲ体シテ事ニ従ヒ施設ノ綏急其ノ宜キ
ヲ得以テ衆庶ヲシテ永ク治平ノ慶に頼ラシムルコトヲ期セヨ」。

(7)『東京朝日新聞』「提灯行列の壮観／報知、毎日両新聞社の主宰」1910年8月31日付朝刊5面。

(8)『東京日日新聞』「日韓併合と市内の警戒／提灯行列は差止めず」1910年8月29日付朝刊3面。

(9) 同上。

(10)『東京朝日新聞』「合併祝賀会禁止（仙台）」1910年8月30日朝刊2面。

(11) 新聞報道でこそ大きく扱われなくなるものの、「日韓併合記念日」が日本本土で祝われな
かったわけではない。特に、教育の現場では「日韓併合記念日」関連の講話が行われていた。
『祝祭日及び國民記念日講話資料』（相島亀三郎・宮部治郎吉（1925）、明治図書）には、「日
韓併合記念日」に際した講話のガイドラインが掲載されている。これによれば、「この日は
大抵暑中休暇に当たるので、始業当日を利用して訓話をやつてもよいと思ふ。又明治天皇祭
当日天皇の治蹟の一端としてもよからうと思ふ。伊藤公国事蹟は別に十一月四日葬送の記念
日に話してもよい。此日韓併合のことも併せて当日話すことにしてもよい」（相島・宮部
1925：265-66）とされており、8月29日当日ではなくても明治天皇や伊藤博文の記念日な
ど、関連の日付けには「日韓併合」に関する講話が行われたものと思われる。講話の内容は、
「一、古来朝鮮と我が国との関係」、「二、日韓併合の次第」、「三、我等の朝鮮に対する心得」、
「四、日韓併合と古伊藤公」（相島・宮部 1925：266）を主に話すようにとのガイドが行わ
れている。上記の項目を含んだ講話の例示も掲載されているが、その内容は、朝鮮人と日本
人が古くからいかに近い存在だったのか、「日韓併合」をいかに朝鮮人が望んでいたのか、
伊藤博文が朝鮮のためにいかに骨折ったのかについてのものだった。また、日本人と朝鮮人
のあいだでは確執もあったが「併せて新に吾等の同胞となりたる一千二百万の国民に対して、
我が四千万の同胞に尽すと同じ親切と厚意とを以て、これを歓迎すべきであります」（相島・
宮部 1925：266）とも述べられている。

(12)『東京朝日新聞』「祝賀会禁止」1910年8月30日付朝刊2面。

（13） 京城府編（1936＝1982）の22-23頁。

（14） 『毎日申報』「併合二周年」1912年8月30日付日刊2面。

（15） 「日鮮人」とは、日本人と朝鮮人を合わせて呼称する場合の当時の呼び方。

（16） 『毎日申報』「昨夜挙行の提灯行列／前古未曽有の大盛況／参加人員約五万人／満都市為不夜城」1911年8月30日付日刊3面。

（17） 「日韓併合」推進の一翼を担った黒竜会が1930年にまとめた『日韓合邦秘史』の下巻の扉には純宗の「日韓併合」の勅諭の写真が掲載されている。しかし、その日本語訳は、『日韓合邦秘史』ところか、当時の日本の新聞の報道からも見つけることができなかった。次に紹介する勅諭の内容は、著者がなるべく現代日本語に近い形で訳したものである。「皇帝若曰：朕の不徳で甚だ険しい業を受け継いで臨御して以来、今日に至るまで政令を維新することに関して幾度も図っては試みた努力が至らなかったわけではない。元より積み重なった衰弱が痼を成し、疲弊は極度に到って近日中に挽回する施策を措く望みもなく、中夜憂慮し、善後策は茫然としている。此に任して支離たる状況がより甚だしくなれば終局には自ら収拾し得なくなるところに至るだろう。むしろ、大任を人に託して完全なる方法と革新なる功効を得るに越したことはない。故に、朕は是において瞿然と内省し、廓然と自ら決断して茲に韓国の統治権を従前より親しく信じて頼ってきた隣国の大日本皇帝陛下に譲与し、外では東洋の平和を強固ならしめ、内では八域の民生を保全ならしめんとする。爾大小臣民は国勢と時宜を深く察し、煩擾せず、各其業に安じ、日本帝国の文明新政に服従して幸福を共に受けよ。朕の今日の此の措置は爾有衆を忘れるということではなく、爾有衆を救って活かす至意より出でたものであり、爾臣民等は朕の此意を克く体せよ」。

（18） 『聯合ニュース』「"雲養公、誤解に悔しい思いをしながら生涯を生きた"」2010年8月3日、https://www.yna.co.kr/view/AKR20100802190000005（2021年12月9日最終閲覧）。金允植が「親日派」なのか否かには未だに様々な解釈がある。彼の孫に当たる金象壽は、金允植が子爵の位を日本帝国からもらったのは日本に脅された純宗の命令によるものであり、「日韓併合」後には隠居し、日本帝国に協力したことがないと主張する。「日韓併合」に関して、金允植が「不可不可」と述べ、これを「不可、不可」と解釈するか、「不可不、可」と解釈するかにより彼の評価が分かれるが、金象壽は後者の解釈は一進会の解釈であって金允植の意図とは異なると述べる。

（19） 『毎日申報』「廿九日提灯行列大盛況／参加者無慮五万人／前古未曽有之盛挙」1913年8月30日付日刊2面。

（20） 京城府編（1936＝1982）の536頁。

（21） 『上海独立新聞』「朝鮮統治に関する最小限度の要求（二）訳載」1919年8月26日付4面。

（22） 言論の自由に関しては、1919年の3・1抗日独立運動以来のいわゆる「文化統治」のなかで緩和され、『朝鮮日報』や『東亜日報』などの朝鮮語新聞の新たな創刊も認められるようになる。ただし、1907年に日本から導入された「新聞紙法」に則り、事前事後の言論統制は

引きつづき施行された。言論の自由をある程度保障することで「地下新聞を陽性化させ、流言蜚語とデマを一掃しようとした」（李錬 2002：253）という指摘もある。

(23) 寺内正毅総督時代の各種統制については、李錬（2002）の第5章1節を参照されたい。

(24) 居留民団は基本的に朝鮮統監府から自由ではあり得なかった。統監府は、居留民団を朝鮮経営の担い手として位置づけ、日韓の一致協力を実現する模範的な存在になることを彼らに求めた。その監督強化の一環として1908年には「居留民団法施行規則」を改正し、居留民団長を民選ではなく官選に変更した。これには民団側が猛烈に反発し、居留民は日本の国権拡張の功労者であるにもかかわらず、統監府が居留民を無能で学の無い者に貶めて自治制を攪乱していると批判を加えた（李東勲 2019：144-47）。こうした状況から浮かび上がってくるのは、居留民団が統監府に制度的に従属させられながらも、決して統監府の意向に忠実に従うわけではないということである。彼らには、独自の自治精神があり、これと相反するものに関しては徹底的に反発した。そのため、居留民団と統監府のあいだには、常に朝鮮統治の方針をめぐる衝突が起きた。居留民団は明らかに統監府とは異なるもう1つの植民地権力だったのである。

(25) 京城府編（1936＝1982）の851-52頁。

(26) 同上、773頁。

(27) 藤村忠助編（1920＝2001）の9頁。

(28) 京城府編（1936＝1982）の977頁。

(29) 例えば、『毎日申報』「併合一周年所感」1911年8月29日付日刊3面、『毎日申報』「政務総監の祝電」1913年8月30日付日刊2面の記事が挙げられる。

(30) 朝鮮総督府編（1914＝2001）の70-71頁。

(31) 1919年の3・1抗日独立運動の影響で、同年の4月11日に上海で樹立した。

(32) 1919年8月21日創刊。日刊ではなく、創刊当初は毎週火・木・土曜日刊行となっており、1926年までハングルと漢字が混交する国漢文体で上海にて刊行された。

(33) 1910年代は朝鮮総督府の言論統制の問題もあり、朝鮮半島内の「国恥日」に関する記録はあまり残されていない。『上海独立新聞』の当該資料は、刊行場所も上海で、刊行開始時期も1919年からではあるが、ハングルと漢字が混交する国漢文体で書かれており、1910年代に朝鮮人向けにどういう「国恥日」認識が示されていたのかを窺う上で重要な資料となる。

(34) 『上海独立新聞』1919年8月21日付3面には、「□□請願全文」と題した記事があり、ここでは、1919年のパリ講和会議で新韓青年党から派遣された金奎植の朝鮮の独立に関する請願書が全文掲載されている。ここにも、「日韓併合」が詐欺と暴力によるものであることが述べられ、朝鮮が日本や列強と結んだ種々の条約が朝鮮の独立を担保していたことを指摘している。同紙で「国恥日」に際して述べられた「詐欺」の意味は、おそらく、上記の文脈を汲んでいるものと思われる。

(35) 『京城日報』「大會場に自働電話／公衆の便宜を圖る爲め開期中特設します」1926年8月27

日付夕刊3面。

(36) 『京城日報』「午後七時からラヂオで戰況を報告」1926年8月29日付朝刊3面。

(37) 『京城日報』「第四回野球争覇戰二十八日より三日間擧行」1927年8月26日付朝刊4面。

(38) もっとも、全鮮野球争覇戦が「内鮮融和」のメディア・イベントだったことは、別に新しい事実ではない。森津千尋（2011）も指摘しており、また、野球が「内鮮融和」に利用されたことも小野容照（2017）の研究ですでに述べられている。

(39) 藤村忠助編（1920＝2001）の付録7-9頁。

(40) 日本の学校現場では「日韓併合」の日は「日韓併合記念日」に位置づけられ、韓国側が自ら「併合」を望んだこと、日本側がそれを喜んで受け入れ、韓国人を同胞として扱うことが述べられていた。第2学期を中心に話されていたようである（**歴史教育者協議会編　2007**：44-46）。

(41) 8月の行事として紹介されているのは「日韓併合記念日」が唯一である。

(42) 『上海独立新聞』「女学生日記（一）」1919年9月27日付2面。

(43) 社会人野球に朝鮮人の出場が増えていったのには1920、30年代に「文化統治」の影響で従来の朝鮮人の私立学校の運動部に加え、官公立の高等普通学校でも野球が活発化し、朝鮮人の野球プレイヤーの数が増えていったことが背景にあると思われる。この時期の朝鮮人の野球プレイヤーの増加とその背景については小野容照（2017）の第3、4章を参照されたい。

(44) 彼は1931年大会から全鮮野球争覇戦に逓信局の選手として参加し、頭角を現した。小野容照によれば、咸などの民族を代表する選手たちは、朝鮮体育会が開催する民族運動としての野球大会に欠かさず参加していたという（**小野**　2017：280）。

(45) 『朝鮮日報』の姉妹誌だった『朝光』という雑誌には「隠退する名投手／野球生活十五年記／李栄敏」（1937年第3巻6号）という李自身の回顧録が掲載されている。これによれば、彼がまだ社会人ではなく、延嬉専門学校の選手として活躍していた1920年代半ばごろ、京城運動場の完成、一般観衆の野球に対する興味の向上を背景に、延嬉専門学校と京城医学専門学校の対決を見に千余りの観客が押し寄せたという。当時、両学校の競技は朝鮮人と日本人の対抗戦という性格もあり、「ホームラーン王」とも呼ばれた李栄敏の活躍は朝鮮人に大歓迎された。彼がホームラーンを打つたびに「熱狂的に拍手をし、ある人は李栄敏、李栄敏と大騒ぎの人もいた」という。記述の詳細は同記事の78-79頁を参照されたい。

(46) 李栄敏（1937）の79頁。

(47) 朝鮮総督府編（1940）の247頁。

(48) 『朝鮮日報』「移動警察と各分担」1929年8月28日付夕刊2面。

(49) 『朝鮮日報』「国際青年紀念日／朝鮮でも大々的に宣伝される」1923年8月28日付夕刊3面によれば、国際青年紀念日とは、1915年10月3日にヨーロッパの4、5ヶ国の無産青年がベルリンに集まって記念していたもので、1923年には1921年に結成されたソウル青年会を中心にして東洋で初めて開催されたことになったようである。

(50) 『朝鮮日報』「国際青年デー討議禁止」1929年8月29日付夕刊2面。

(51) 明石博隆・松浦総三編（1975）の41-42頁。

(52) ハン・チョルホによれば、「民族」を主要な価値として掲げていた『東亜日報』は1924年に「国恥日」を忘れるなという趣旨を社説で遠回しに主張してもいたという（ハン 2011：183）。

(53) 「日韓併合記念日」関連の警戒・檄文・取締と明確に打ち出された記事は、1924（1件）、25（2件）、27（1件）、29（1件）、30（19件）、31（3件）、33（4件）、34年（1件）に確認できる。1920、22、28、32年には同紙の8月29日前後の発行が確認できなかったことを考慮に入れれば、ほぼ毎年「日韓併合記念日」に際した警戒・檄文・取締とわかる記事を掲載したことになる。

(54) 当時の『朝鮮日報』は、同じ「民族紙」である『東亜日報』に比べても社会主義色が特に強い新聞であり、1930年の労働ストライキをともなった「日韓併合記念日」の様子を大々的に報じたのにはそうした背景があると思われる。このような「民族紙」の社会主義的な傾向は、日本帝国の言論統制にも大きな影響を及ぼしていた。日本帝国は朝鮮語の民間の新聞の発行を1920年に許可して以来、1936年までは「治安維持法」の枠組みのなかで管理し、1937年以降の日中戦争以降は言論の統制を強化しながら「国家総動員法」と「軍機保護法」の枠組みのなかで取り締まるようになった（ソン・ジュヒョン 2009：157）。それまでも「保安法」および「新聞紙法」よって取り締まってきたが、1920年代以降に「治安維持法」の枠組みが追加される形となっている。ソンによれば、1920年代におけるこうした統制装置の追加は、社会主義を宣伝する上で言論が主に活用されていたことが背景にあるという（ソン 2009：157）。また、ソンは、1936年から左派系列のみならず、右派系列にも厳しい言論統制が適用されるようになったことを併せて指摘している（157-58）。

(55) 『朝鮮日報』が同大会を写真つきで報じたことは一度もなく、あくまでもスポーツ欄にて簡潔に競技結果を伝えるのみだった。それには大きく3つの要因があったと考えられる。1つ目は『京城日報』と『毎日申報』という競合他社が主催する競技だった点、2つ目は明らかに朝鮮人プレイヤーの数が少なかったという点、3つ目はそもそも朝鮮人が社会人スポーツよりは学校のスポーツを重視する傾向があった点である。3つ目に関しては、『朝鮮日報』の姉妹誌である『朝光』に掲載された1936年第2巻12号「一年間スポーツ総決算／周王山」という記事から窺える。この記事では、スポーツの意味を精神的涵養として捉え、朝鮮のスポーツの中心が学園であり、朝鮮のスポーツ界を見るということは、学生スポーツ界を見ることだとして種々の競技における朝鮮人の記録を紹介している。ちなみに、この記事に野球の項目はない。他のスポーツ大会に比べ、朝鮮人のスポーツとしての野球そのものの優先順位はそこまで高くなかったのかもしれない。記述の詳細は同記事の63-75頁を参照されたい。

(56) 『朝鮮日報』「合邦日検束が事件の導火／国際青年記念に集まったが、検挙に憤慨した行動」1930年9月10日付夕刊2面。

(57) 『朝鮮日報』「二十九日前夜に各劇場厳重警戒」1930年8月30日付夕刊2面。

(58) 明石博隆・松浦総三編（1975）の71-72頁。

(59) 『毎日申報』「本社主催第九回全朝鮮野球争覇戦／厳粛裡に挙行される明日の選手入場式」1932年8月28日付夕刊7面。

(60) 『朝鮮日報』「各警察一斉動員今暁市内大検索／○○記念と青年デーを控えて各方面で非常警戒」1934年8月28日付夕刊2面。ただし、記事の本文では「八月二九日の日韓併合記念日」と書かれている。そのため、○○に該当する文字が「併合」ではなく、「国恥」である可能性を否めない。だが、当時『朝鮮日報』が「日韓併合記念日」に対して「国恥」という表現を通常用いなかった点、本文がすべてハングルで書かれていた点から伏せ字の箇所を「併合」と推測した。2番目の判断材料については、すなわち検閲漏れの可能性があると考えられる。『朝鮮日報』は通常ハングルと漢字が混ざる国漢文体を採用していたが、この記事に関してはタイトルのみ国漢文体で、記事本文は数字も含めて全てハングルで書かれている。日本語で言えば「ハチガツジュウゴニチノニッカンヘイゴウキネンンビ」と書かれていることになる。また、この記事を最後に「日韓併合記念日」を冠した報道が同紙において途絶えたことも○○に該当する文字を「併合」と推測した根拠である。

■第2章

(1) 朝鮮総督府編（1914＝2001）の70-71頁。

(2) 朝鮮総督府編（1940）の54-55頁。

(3) 『毎日申報』「共進会と我毎日申報」1915年8月31日付日刊2面。

(4) 『毎日申報』「祝共進会開会式」1915年10月1日付日刊1面。

(5) 京城府編（1941＝1982）の263頁。

(6) 朝鮮総督府編（1940）の72頁。

(7) 『毎日申報』「新政六周年紀念」1916年10月1日付日刊2面社説。同記事で『毎日申報』は10月1日が「本日から永久に紀念日に確定されたのは、吾人の推測だと、昨年の朝鮮物産大共進会が開催され、新政の実績が物質と精神両方面において表れたことが毫も疑いようがないと同時に新政大基礎が確立されたことと判断したためではないか」と述べている。

(8) 『京城日報』「始政七年記念祝宴／秋日和の龍山総督官邸大食堂に陛下の萬歳を三唱」1917年10月2日付夕刊1面、『毎日申報』「始政七年記念祝宴」1917年10月3日付日刊2面。

(9) 『京城日報』「仁川始政記念祭」1917年9月29日付夕刊3面。

(10) 『京城日報』「始政記念祭／官民多数参拝／荘厳の氣溢る」1919年10月2日付夕刊2面。

(11) シン・トンギュによれば、施政を記念する葉書は1910年から確認でき、1911年（1周年）から1920年（10周年）、1925年（15周年）、1935年（25周年）、1940年（30周年）にかけて延べ14回発行されていたようである。これらの葉書には、「日鮮同祖論」など「日韓併合」を正当化するイメージが打ち出され、近代化の様子もたびたび取り上げられていたという

（シン　2018：6、31-32）。

(12)　朝鮮半島では日本本土の新聞もよく読まれており、なかでも『大阪毎日新聞』と『大阪朝日新聞』は特に普及部数が多く、京城に支局もあった。朝鮮半島内で日本人が発行する新聞が内容の面でも値段の面でも競争相手にすらならなかったと朝鮮総督府警務局が評するほど、両紙の朝鮮半島内での人気は高かった（キム・ヨンヒ　2001：59-61）。

(13)　内鮮人とは、内地人（＝日本人）と朝鮮人を合わせて呼ぶ際に使われた当時の呼称。当時「内地」という言葉は日本本土を意味し、植民地は「外地」と称されていた。似たような言葉としては、日本人と朝鮮人を合わせて呼ぶ際に使われた「日鮮人」という表現がある。

(14)　原案作成には小松緑以外にも倉知鉄吉外務省政務局長が携わり、その会議には内閣書記官長柴田家門、法制局長官安広伴一郎、拓殖局副総裁と逓信大臣を兼ねていた後藤新平、大蔵次官若槻礼次郎らが参加していた。ここでは「併合」の後の韓国の国称、朝鮮人の国法上の地位、朝鮮における外国人の権利、韓国の債権責務、官吏の任命、韓国皇室の処分、公布すべき法案などが話し合われたようである（海野福寿　1995：217）。

(15)　「日韓併合」後に解散された親日団体一進会の元会員らにとっても日本の統治は欺瞞でしかなかった。1920年5月27日、旧一進会の会員らは朝鮮人に対する差別を批判し、「合邦」の大義から外れているとして、この責任をとって自決することを彼らと日本帝国政府のパイプ役だった杉山茂丸に迫っている。詳細は、杉山茂丸（1923）の178-83頁、西尾陽太郎（1978）の235-37頁を参照されたい。

(16)　『毎日申報』に掲載されたものは翻訳されたものであるため、引用は原文が掲載されている『京城日報』のものにした。

(17)　『上海独立新聞』「所謂朝鮮総督の任命」1919年8月26日付1面社説。

(18)　ポール・コナトンは「儀礼はそれを行う人々の生活に、価値と意味を与える機能をもつ」と述べ、その単純さと反復性がその機能の遂行上で重要な要素であると指摘する（コナトン1989＝2011：78）。この指摘を参考にすれば、単発的な記念行事は、「内鮮融和」を印象づける儀礼としては不十分だったということになるだろう。

(19)　坂上康博（1998）、高嶋航（2012）など。

(20)　文部大臣官房学校衛生課（1925）の1-2頁。

(21)　このこと自体は野口穂高（2014）の研究でも指摘されているが、植民地での実施状況についてはまだ研究が不十分な状況である。

(22)　府尹における尹は人の苗字ではない。「府尹」自体が職責を表す呼称である。

(23)　『京城日報』と『毎日申報』から確認した出場選手名簿では、200人を超えてはいなかったが、出場選手が定まっていない町洞が1、2つあったため、それらの選手が当日加わったのではないかと推察される。

(24)　「体意デー」はこれ以降も京城運動場にて開催されるが、その後も入場料は無料だった。全鮮野球争覇戦が10周年の際に一部観覧料を無料にしたのとは対照的である。

(25) 『京城日報』「けふの體育デー／白熱して技を競ふ三萬の學童の跳躍／紅白のリボンが蝶の様に舞ふ／觀覽者五萬に達す」1925年11月4日付夕刊2面。

(26) 文部大臣官房学校衛生課（1925）の42-43頁。

(27) 大谷武一体育選集刊行会編（1960a）の363-68頁。

(28) 京城府編（1941＝1982）の729頁。

(29) 同上、729-30頁。

(30) 同上、739頁。

(31) 1926年に発行された『女子高等普通学校修身書』第3巻の第17課「国家と国民」には、日本民族と朝鮮民族がともに日本帝国民として協力・融合して国民の本分を尽くすことが謳われており、崔誠姫はこれを踏まえて戦時体制前に「すでに国民としての覚悟、国運の発展と文明の進歩に心がけることが必要とされて」いたと指摘する（崔　2020：621-22）。この教科書の内容は1922年の4月に改訂されたものであり、1920年11月にその改訂のための教科書調査委員会が設置され、そこでは日本精神の徹底・内鮮融和の強化が重要な課題として浮上していたようである（崔　2020：610-13）。ちなみに、教科書調査委員会には2・8独立宣言に危機を感じた京城府学務係が1919年2月24日に京城府内各私立学校の内地人教員を招集した際に朝鮮総督府側として参席した上田駿一郎視学官も含まれている。

(32) 『朝鮮新聞』主催の全鮮女子オリンピック大会は、開催時期が明確に把握できる1924年大会を見る限り、「始政記念日」に合わせて行われた痕跡はない。1924年の開催は10月17日であり、『京城日報』と『毎日申報』主催の全鮮女子庭球大会が「始政記念日」を明確に意識して行われたのとは対照的である。全鮮女子庭球大会は翌年にも10月1日開催となるが、全鮮女子オリンピック大会の開催は確認できず、10月4日に高等女学校の生徒が参加する『朝鮮新聞』主催のバスケットボール／バレーボール第1回全戦競技会が確認できるのみである。『朝鮮新聞』の全鮮女子オリンピックが継続的に10月1日に開かれるようになるのは、1926年に「体育デー」が10月1日「始政記念日」に移行してからである。

(33) 厳密には同大会が開かれたのは2回目である。1921年に朝鮮体育協会主催、京城日報社後援で大会が開かれている。ただ、新聞社の主催で行われたのは1922年が初めてである。

(34) 同大会をとおして具体的にどのような教育を実現しようとしたかは明確な言説がないため不明である。ただ、『京城日報』と『毎日申報』が主催する同大会は京城府主催の「体育デー」大会の一部として1928年から行われるようになるが、同年の「体育デー」2日目に馬野京城府尹が女学生全員の前で体育と賢母良妻の関係性を説教していたようであり（『毎日申報』「韻律に動く五千女学生／体育デー第二目の京城運動場」1928年10月4日付日刊3面）、おそらく、いわゆる「良妻賢母」あるいは「賢母良妻」の教育が意識されていたのではないかと思われる。

(35) ただ、「始政記念日」における女性の参加が継続的に行われるようになったのは確かに1922年からであるが、その以前にも同記念日では女性の参加が明確に意識されていた。1915年

の「始政記念日」前後に行われた記念行事は、何も朝鮮物産共進会だけではなく、家庭博覧会なるものが『京城日報』と『毎日申報』の主催で行われた。ヤン・セワらによれば、『毎日申報』は同行事の開催２ヶ月前の７月17日から閉幕の10月31日まで行事の背景、趣旨の説明、宣伝を行っていたようであり、家庭を担う主婦の生活全般に対する意識改革と学習の必要性が強調され、主婦の教育が何よりも重要な課題として語られていたという（ヤン他　2009：46-52）。

(36)　『京城日報』「東洋一の大殿堂けふ落成式をあぐ／朝野の名士千五百名を招いて總督府廳舎の誕生を壽ぐ」1926年10月２日付夕刊１面。

(37)　この教科書の発行背景およびその内容の分析については崔誠姫（2020）を参照されたい。

(38)　ただし、常に10月１日に「体育デー」が開催されたわけではない。10月１日には国勢調査も行われており、国勢調査が行われる年はその10月１日前か後に「体育デー」をずらしている。また、「体育デー」は概ね２日以上開催となっており、厳密には「始政記念日」を過ぎても大会がつづく形となっていた。

(39)　『京城彙報』1936年11月号、28頁。ちなみに、注34で取り上げた京城府尹による体育と「賢母良妻」の関係性を強調する演説は、この女子マス・ゲームを行う直前に行われたものである。

(40)　ただ、例外的に1923年は10月17日に開催されている。

(41)　同じ「民族紙」のなかでも『朝鮮日報』ではなく『東亜日報』が「始政記念日＝体育デー」の競技を主催するようになったのは、当時『東亜日報』が『朝鮮日報』に比べて発行部数も多く（1928年の時点で『東亜日報』が約４万部、『朝鮮日報』が約１万８千部、朝鮮総督府の機関紙『毎日申報』が２万３千部（キム・ヨンヒ　2001：57））、『朝鮮日報』よりもその影響力が大きいと見積もられていたこともあろう。だが、発行部数以外にも、『東亜日報』が「始政記念日＝体育デー」の競技を主催するようになった背景には、その新聞の性質が朝鮮総督府の施政方針と重なる部分が『朝鮮日報』より多かったこともあると思われる。例えば、朝鮮総督府が３・１抗日独立運動後に掲げるようになった朝鮮人の自治論について、『東亜日報』は肯定的に捉え、積極的に関与もしていた。イ・ワンボムによれば、『東亜日報』は、商工人や地主からの物的な支援を受けて株式会社となっており、彼らが押し進めていた文化啓蒙運動を『東亜日報』が支えたのは自然の流れであったという。一方、李商在、安在鴻など『朝鮮日報』系列の知識人たちはこの案に反発し、『朝鮮日報』の紙面上で強い反対を表明した（イ・ワンボム　2009：422-23）。1937年６月まで『東亜日報』の経営・編集を事実上総括し「新聞独裁者」と称された宋鎮禹は（ユン・ドクヨン　2012：198-99）、1920年代半ば以降もこの自治論を推し進めたが、これといった成果を上げることはできず、自治論に懐疑的な国民の反日感情を刺激するとして朝鮮総督府に制止されたようである（イ・ワンボム　2009：423）。『朝鮮日報』は1933年に方応謨に買い取られるまで社会主義色が強く、朝鮮総督府が「治安」の維持のため左派の動きに特に気を張っていた当時の状況

も「民族紙」のなかで『東亜日報』が選ばれた背景として重要だろう。

（42）1929年の『東亜日報』では、10月2日に行われた女子オリンピックの結果が10月4日付7面スポーツ欄にて小さく報じられるのみだった。

（43）『京城日報』と『毎日申報』が主催した「始政記念日＝体育デー」前後の全鮮女子庭球大会はほとんど朝鮮人が優勝を果たしている。中等部の大会結果は次のようである。1930、31年にはシングルスとダブルスともに朝鮮人選手が優勝。1937、38、39年にも中等部競技において全て朝鮮人選手が優勝している。1932、34年には、シングルスは日本人、ダブルスは朝鮮人選手が優勝しており、日本人がシングルスとダブルスともに優勝を果たしているのは1933年大会のみである。1935年には10月1日前後の簡易国勢調査のため「体育デー」が「始政記念日」に合わせて開かれておらず、1936年には『京城日報』と『毎日申報』ともに女子庭球大会を「始政記念日＝体育デー」に開催していない。

（44）当時、報道写真は大衆に語りかける上で今日以上に重要な意味を持っていた。当時の朝鮮半島の識字率はとても低く、キム・ヨンヒによれば、新聞を読める程度の識字率は1930年の段階で20％程度であり、その9割が男性だったという（キム　2001：44-46）。すなわち、文字が読めない人が大多数であり、そのような人々にも記事に興味を持ってもらえる報道写真が持つ価値は今日以上のものがあったと考えられる。朝鮮総督府がのちに「総力戦体制」を築く際、その機関紙である『毎日新報』の強化を図るが、写真情報の強化をその1つとして掲げていた（ソン・ジュヒョン　2009：174）ことからもそのことが窺える。

（45）「ほぼ」と表現したのは、1929年に例外的に報道写真の掲載が認められなかったためである。理由は不明であるが、同年の朝鮮博覧会特別警戒ムードとなんらかの関係があるかもしれない。

（46）玉川学園ホームページ、https://www.tamagawa.jp/introduction/enkaku/history/detail_4523.html（2021年1月8日最終閲覧）。

（47）『毎日申報』「韻律に動く五千女学生／体育デー第二目の京城運動場」1928年10月4日付日刊3面。

（48）西尾陽太郎（1978）の122頁と杉山茂丸（1923）の154頁を参照。

（49）詳しくは第1章の「全鮮野球争覇戦の9月への回帰と開幕」を参照。

（50）『朝鮮日報』「"落書き"に表現された民心の動向は？／東大門署の興味深い"落書き検索"」1939年8月27日付夕刊2面。

（51）『朝鮮日報』「紀念日に厳重警戒／京畿道警察府にて警戒／重要建物に警官配置」1929年10月2日付夕刊2面。

（52）朝鮮総督府は1938年に3年計画で言論機関の統制の指導体系を完成する。これについて朝鮮総督府の極秘文書である『朝鮮ニ於ケル言論機關ノ統制指導策』を分析したソン・ジュヒョンによれば、この計画には日本語と朝鮮語の新聞両方が含まれており、朝鮮語の新聞に関しては『朝鮮日報』と『東亜日報』を『毎日新報』に統合する案が提示されていた（ソン

2009：173-74）。「民族紙」を『毎日新報』に統合する理由については、読者が増えている『毎日新報』に比べて『朝鮮日報』と『東亜日報』の読者が減少していることや、新聞用紙の価格高騰および供給制限、諸物価と製作原価の上昇、広告収入の減少などの経営上の理由に加え、民族主義的な機関新聞の存在理由の喪失、日本語の奨励による読者の減少、統制方針に対する脅威などの運営上の理由が挙げられていたという（ソン　2009：174）。1938年の『朝鮮ニ於ケル言論機關ノ統制指導策』以降、『諺文新聞統制案』が作られ、朝鮮語新聞の統制はより具体的になっていった。ソンは『諺文新聞統制案』で提示された朝鮮語新聞の統制の必要性を文化工作上の必要性、純粋な自由主義的な編集方針の是正、日本語の普及の奨励、『毎日新報』の強化にまとめている。1つ目は時局や施政方針の報道における朝鮮語新聞の積極的かつ協力的な態度の欠如を問題視したもの、2つ目は施政方針などへの批判を抑え、朝鮮人を協力者にするために全体主義的な編集方針の遂行を強調したものである。3つ目は朝鮮総督府の機関紙である『毎日新報』の発行部数（11万部）が『朝鮮日報』（7万部）と『東亜日報』（5万5千部）の合計より少なかったことを問題視し、民族意識を除去して『毎日新報』の発展とそれによる民心の先導を図る目的があった（ソン　2009：176-77）。このような統制方針の下、『朝鮮日報』と『東亜日報』は1940年8月10日に廃刊を迎えたが、その過程はまさに比較的に自由で主体的な参加から不自由で抑圧的な動員への転換を象徴していると言える。

（53）　『毎日申報』の経営権はそれまで『京城日報』が持っていたが、この改題に当たってその経営権が『京城日報』から1938年4月に分離されることとなった（チョン・ジンソク2003：119）。

（54）　このときにはすでに『東亜日報』と『朝鮮日報』はその抵抗色を抑えられ、日本の政策を賛美する方向へと舵が切られることとなる。「民族紙」のこのような変化は1930年代半ば以降本格化し、厳しい統制のなかで朝鮮総督府への批判的な言説はなかなか展開しづらいものとなっていった。

（55）　「日韓併合」に関しては前日の10月1日付夕刊4面に「施政三十年記念／我等の開拓士らが語る追憶と感慨／先見之明の合併論／一進会功績は燦然／もう卅年で感慨無量」という記事も掲載された。タイトルのとおり、この記事では一進会の功績が讃えられているが、一進会の本来の主張だった「合邦」は紹介されず、彼らの主張は「合併論」として提示された。

（56）　朝鮮総督府の従来のスローガンだった「同化」や「内鮮融和」にもすでに「朝鮮人の日本人化」は意図されていた。ただ、「同化」や「融和」の概念は必ずしも朝鮮人としてのアイデンティティの否定を意味するものではなかった。一部の知識人、例えば、吉野作造は「朝鮮は朝鮮民族としてそれぞれの特徴に従」い、「朝鮮と日本が遠大の目的の為に同化融合して提携共同する」と述べている（『上海独立新聞』「朝鮮統治に関する最小限度の要求（五）／吉野作造」1919年9月6日付4面）。これらのスローガンが本格的に「朝鮮人の日本人化」として展開されるのは、1936年8月に関東軍司令官陸軍大将南次郎が朝鮮総督に就任して

からであり、1937年からは「皇国臣民体操」の普及が朝鮮総督府によって遂行された。「皇国臣民体操」の普及については、権学俊（2021）の138-40頁を参照。

(57) この制度については主に朝鮮人男性への徴兵制の適用の問題と関連づけて論じられるが、女性に対する「総動員」の文脈ともつながっていることを看過してはならない。チョン・ウンギョン（2008）は、朝鮮人に向けられた「創氏改名」が朝鮮総督の言い分とは異なって強制的な圧迫のなかで行われたことを指摘しつつも、女性に対しては「女性の権利」や「母性」を全面的に出し、彼女らを「誘惑」していたことを明らかにする。すなわち、儒教的な価値観のなかで女性が家を継ぐことができないという状況が朝鮮にはあるが、「創氏改名」をして日本の戸主制に従えば、家業を女性が継ぐことも可能になるばかりでなく、母親と子どもの苗字が同じになり、母子関係の説明もより明確になるといった具合である。1940年になって男性の軍事的な動員が注目されるなかでも、このように朝鮮人の女性はその動員の強制性を自発的な協調によるものへと変えるための重要な切り札として考えられていたのであり、朝鮮総督府は朝鮮人女性への「誘惑」を絶えず行っていたのである。

(58) 『毎日新報』「今日・朝鮮青年特別錬成令公布」1942年10月1日朝刊1面。

■第3章

(1) 韓国が植民地解放を迎えたのは、厳密には8月15日の「玉音放送」の日ではない。朝鮮総督府の最後の総督阿部信行が降伏文書にサインしたのは9月9日であり、それまでは日本の統治がつづいていた。

(2) 植民地解放直後の社会的な混乱が8月15日という日付をめぐっていかに表れたのかについては小林聡明（2013）を参照。

(3) 植民地解放期における3・1節の正当な継承者をめぐる対立はチャ・スンギ（2009）、コン・イムスン（2011）、パク・ミョンス（2016、2017）を参照。

(4) 朝鮮戦争により広がった戦後の日韓の格差は日韓の植民地時代における関係性を平等で対等なものに再構築する上で大きな障壁となった。

(5) 韓国史辞典編纂会編（2005）の314-15頁。

(6) 南北の分断は、冷戦構造のなかで定着し、韓国社会では反共産主義が徹底されるようになる。この影響は、冷戦の崩壊後もつづいており、未だに「反共」か「親共」かが主な政治的な議題となって韓国内ではその議題をめぐる争いが起きている。文在寅政権が誕生してからこの争いはさらにエスカレートし、文に対して反感を抱く韓国の右派陣営は彼を「従北」と罵倒している。そして、この反感にもとづき、日本に強硬姿勢を取る文を嫌う日本の右派陣営と野合し、「反日」または「反日種族主義」という言葉を前面に押し出しながら、文への嫌悪感を表明している。これらの動きは、ユーチューブといったプラットフォームを駆使して広がっており、これまでの人権を中心とする日韓市民の連帯とは異なる「歴史修正主義」の連帯を生み出してもいる状況である。この詳細については康誠賢（2020＝2020）を参照され

たい。なお、本書の分析範囲の1970年代においても、「反共」が「反日」へと展開する場面があるが、それは、日本の「歴史修正主義」との連帯というより、冷戦時代に日本が取っていた中立路線への不満とかかわっていた。いずれにしろ、「反日」という言葉やそれにまつわる現象は、冷戦構造と深いかかわりを有しているのであり、その影響は未だにつづいている。

(7) 『大韓ニュース』とは、1945年から1994年まで国立映画製作所が制作していた劇場上映用の16mmのニュース映画である。1945年の植民地解放直後には『朝鮮時報』というタイトルで作られていたが、1948年の大韓民国政府樹立以降に『大韓前進報』となり、1953年に『大韓ニュース』というタイトルとなった。主に政府の広報用のメディアとして扱われ、韓国社会にテレビが本格的に普及する前の1970年代までは韓国人が映像ニュースに接する際の主要なメディアだった。

(8) 大韓民国政府（1954）「第35回3・1節慶祝」『大韓ニュース』36号、http://www.ehistory. go.kr/page/koreanews/korea_news.jsp?newsNumber=36&divpage=1&listType=list（2021年1月20日最終閲覧）。

(9) 『東亜日報』「三・一の盟誓はただ南北統一だけ」1954年3月2日付夕刊1面。

(10) 統一のためには、連合側の協力は何よりも重要なものである。当時の韓国自身には、国土の疲弊により、自力で戦争を遂行できる能力はなかった。そうしたなかで、連合国側を批判する言説は、それほど良い外交策であるとは言えない。社説においては、批判があってもよいはずだが、1954年の社説においては、そうした李承晩大統領への批判は見受けられない。むしろ、「三一紀念と三一精神闡明」と題した3月1日夕刊における『東亜日報』の社説は、李承晩の主張と同様の論調を取っており、列国の休戦協定という行為が、韓国の主体性を侵害するものであるとして、次のように述べている。「『民族自決』は、民主主義が国際的にも適用される一つの範疇であり、要約すれば、『その国民の意思を尊重する』ということである。我らの前途を展望してみれば、当面の問題として、4月に開かれる『ジュネーブ』会議があり、『我が国民の意思』が真の意味で反映されないときは、我が国民は断乎として闘争すべきであり、最も対共宥和などといったものは絶対に排撃しなければならない。我らはこの日を期して、内側には国民の自覚を、外側には列国政治家たちの反省を促す」。つまり、朝鮮戦争直後ということもあって、まだ戦争の勢いが収まっていない状況のなかで、いち早く統一を成し遂げたい願望が、連合国側への協力というよりは、その批判へと向かったのであり、3・1節は、そうした論調の基点となっていた。

(11) 『朝鮮日報』「三・一先覚者たちの心境で」1954年3月1日付朝刊1面社説。

(12) 『東亜日報』「李大統領三・一節で統一再強調」1956年3月2日付夕刊1面。

(13) 「四捨五入改憲」は、1954年11月27日の国会における票決で一度、否決されている。203名中、可決賛成が135票、反対が60票、棄権が7票であり、改憲に必要な136票を得られなかったためである。要は、203名中、2/3の賛成票を得る必要があったわけだが、問題はこ

こで起きた。203名中2/3は135.333…となるが、0.333…は四捨五入に則り、1として認められない、という理屈を与党側である自由党が持ち出した。すなわち、改憲に必要な票数は136票ではなく、135票であると与党側が主張したのである。この主張には当然、反発も多かったが、11月29日、否決を覆し、最終的に可決となった。この事件は、違憲極まりない改憲であるのみならず、李承晩の終身執権を保障するものだったという点で韓国憲政史上、かなりの恥辱的な事件として見られている。この「四捨五入改憲」は、政治対決をより際立たせていき、与党の自由党のなかでも分裂が生じ、多くの議員が脱退を宣言する一方で、野党の民国党は無所属国会議員を糾合、「護憲同志会」を結成するに至った。「護憲同志会」は、自由党を分裂・瓦解させるため、裏工作を展開し、自由党から多くの議員を脱退させることに成功した。与党の弾圧と、「護憲同志会」の争いはつづき、ついに統合野党である民主党が1955年9月18日に誕生することとなる。強硬な護憲運動をその後にも展開、民主党と自由党との政治争いは激化し、1958年の国会議員選挙において民主党が76議席を獲得、護憲ラインを維持することに成功する（**韓国史辞典編纂会編　2005：326-28**）。このように、「四捨五入改憲」をめぐって始まった政治的な争いは、与党側と反李承晩野党勢力の争いとして定着し、1950年代の政治史のほとんどを占めることとなる。

(14) 『朝鮮日報』「三・一運動と青年」1956年3月1日付朝刊1面社説。

(15) 『東亜日報』「この三・一節を正しく記念するには」1958年3月1日付朝刊1面社説。

(16) 特に2019年は3・1抗日独立運動100周年を迎え、日本では滅多に注目されない3・1節が大きな関心事となった。日本のメディアはもちろん、日本の政府もその動向に注視し、日本人への危害が加えられる可能性を喚起して渡航注意まで発している。こうした動きは3・1節に対する無関心と歪曲の産物でしかないが、同年の6月には韓国で李栄薫編の『反日種族主義』が出版され、上記の雰囲気に便乗して日本でもすぐさまに翻訳刊行されてベストセラーとなった。

(17) 米国はこの時期、自国の軍事費負担を減らしながらも極東の安全保障を維持できる方策を探っており、そのなかで台頭してきたのが日韓国交正常化だった。つまり、軍事負担を日本と分けることで、自国の朝鮮半島に対する負担を減らしつつも、朝鮮半島における反共戦線維持の狙いがあったのである（**韓国史辞典編纂会編　2005：363-64**）。援助額の減少の詳細については、韓国国家記録院ホームページの「記録でみる経済開発5ヶ年計画」で提供するグラフにて確認できる（https://theme.archives.go.kr//next/economicDevelopment/economicAid.do?page=3&eventId=0049284255、2021年12月11日最終閲覧）。

(18) 1952年8月に文教部の傘下組織だった国民思想研究員が発行していた『思想』という雑誌にルーツがある。元々は反共産主義色の強い雑誌だったが、1953年に抗日独立運動の経歴があった張俊河に買い取られ、民族問題や民主主義を主に扱う月刊の総合教養雑誌『思想界』として刊行されるようになる。張俊河が民主化運動に身を投じていたこともあり、同誌には当代の独裁的な政権に対する強い批判が多く掲載された。そのため、何度も廃刊の危機

に晒され、ついに1970年に通巻205号を最後に廃刊となる。

(19) 韓国では主に「金・大平メモ」と呼ばれる。韓国の金鍾泌中央情報部長と大平正芳日本外相のあいだで行われた対日請求権問題に関する秘密合意覚書である。経済・安全保障上の理由から日韓会談を早い内に妥結しようとしていた朴正煕政権は、大平との秘密会談の末、1962年11月12日、対日請求権問題に秘密裏に合意した。その具体的な内容は、日本が無償援助として3億ドルを10年間提供し、経済協力名目で政府間の借款2億ドルを年率3.5％、20年返済を条件に10年間提供し、民間商業借款として1億ドル以上を提供するというものだった（**韓国史辞典編纂会編　2005：381**）。この会談は、秘密裏に行われていたため、その内容の一部が後に暴かれると、その不透明性故に多くの国民から「売国的な合意をしたのではないか」という不安と反発を買うこととなる。この会談にかかわった金鍾泌は、その影響で一時、政界を引退したこともあるほど反響は大きく、韓国における日本への好意的な関心が一気に険悪な雰囲気へと変わる転機となった。

(20) **権五琦編（1985）**の174頁。

(21) 第1章「合邦請願運動」の「日韓併合」への回帰」を参照。

(22) 『東亜日報』「横説竪説」1971年8月16日付夕刊2面。

(23) 記念碑建立のための遺跡調査は1965年4月から開始され、1971年の8・15光復節にはその初の記念碑が全羅北道の裡里に建てられ、同日に除幕式が行われた。その後も『東亜日報』は同事業を継続的に行い、1972年3月4日には忠清北道永同にて除幕式と記念マラソン大会が行われた。また、1972年8月15日には江原道横城郡に、1973年6月1日にはソウル鍾路区桂洞にある中央中・高校の校庭に、1974年3月1日には全羅北道南原に記念碑が建立された。1974年の場合、記念碑のすぐ隣に女神像が併せて建てられたという。同年10月3日には江原道襄陽にも記念碑が建立された。上記の社史の範囲では、1976年、1978年、1979年に引きつづき記念碑建立が行われたことが確認でき、1980年以降も同事業は継続的に引き継がれていったという（**権五琦編　1990：289-91**）。

(24) 1970年代は、デタントムードのなかで駐韓米軍撤退が持ち上がり、韓国社会の安全保障に対する危機感が高まっていく時代である一方で、南北関係が実質上大きく前進した時代でもあった。例えば、1970年「南北統一に関する8・15宣言」、1971年「8・12大韓赤十字社による南北離散家族探し提案」、1972年「南北7・4共同声明発表」が行われ南北平和統一ムードが急速に進んだのである。特に1972年のそれは、対決志向的な統一路線を拒否し、外国に依存せず、「南北同士で自主的に平和統一を目指す」という原則に南北両陣営が合意したものであり、1970年から始まった南北平和ムードは頂点に達した。だが、その後の南北交流は北朝鮮の韓国への露骨な宣伝活動などで揺れ動き、1973年以降には南北平和統一ムードが徐々に崩れていった。

(25) ただし、それは同時に日本に再従属化する恐れにもつながり、日本との適切な距離感を韓国社会が探らなければならなくなることをも意味した。このことについては、第4章で詳しく

236

言及する。

(26) 文化的な側面における「植民性の否定」は、具体的な新たな民族文化の創出の欲求として表れるようになる。この新たな民族文化の創出の欲求は、南北平和統一論の挫折および日韓文化交流の拡大がその背景にあるが、詳しくは第4章で述べる。

(27) 記念碑建立事業の1970年代の状況については注23を参照。歴史編纂事業に関しては、『東亜日報』が担当したわけではないが、『三・一運動50周年紀念論集』が東亜日報社によって出版されて以来、3・1抗日独立運動の大規模での歴史編纂作業が韓国社会で引きつづき行われ、同紙はその動向を継続的に報じた。『東亜日報』の報道によれば、3・1抗日独立運動に関する国内の資料は『三・一運動50周年紀念論集』などでほぼ全てまとまり、1970年代には国外における3・1抗日独立運動やそれ以降の抗日独立運動の関連資料をまとめる段階に入ったという。詳しくは、『東亜日報』「3・1研究どこまできたか」(1971年3月1日付夕刊5面)、「光当たった『地方3・1万歳』」(1972年2月29日付夕刊5面)、「『三・一運動』資料収集終える」(1973年3月2日5面)を参照。

(28) この史料は中野天楽覚書と呼ばれ、1919年以降の満州地域における「不逞鮮人」の討伐に加担していた中野天楽の手記である。日本では1974年の『コリア評論』16 (152)の44-45頁にて紹介されていることが国会図書館の検索結果から確認できた。原史料は、韓国の国会図書館にマイクロ資料として保管されており、当該資料はワシントンD.C.のLibrary of Congress Photoduplication Serivice にて「日本外務省・陸海軍省文書」として1951年に発行されている。

(29) 『東亜日報』「横説竪説」1974年3月1日付夕刊1面。

(30) 例えば、右派論客の西村幸祐は「朝日新聞が主導した「歴史教科書書き換え誤報事件」が起こり、中国、韓国が日本の歴史教科書に反発して内政干渉をするという〈仕組み〉ができ上がってしまった」として1980年代を「〈反日〉の原型(プロトタイプ)」が完成した時期として見ている(西村 2006：25)。

(31) 李栄薫編の『反日種族主義』(2019＝2019)は、主に「慰安婦」を「反日種族主義」の事例として攻撃の対象としているが、なかには旧朝鮮総督府庁舎の撤去も扱われており、朝鮮日報社の『月刊朝鮮』の元記者だった金容三が当該箇所を執筆している。文藝春秋で刊行された翻訳本で、金は当該事件を「汎国家的に反日感情を増幅させ」たものとして捉え、「金泳三政権の「民族至上主義」が行った旧朝鮮総督府の庁舎の撤去は、大韓民国の現代史をヴァンダリズム(歴史遺産の破壊)式に解体した、すなわち種族主義の極致を示す文化テロでした」(金 2019＝2019：170、176)と主張する。しかし、旧朝鮮総督府庁舎の撤去は、間違いなく日本帝国に対する反感や、民族主義を掲揚したものではあるが、その意図を簡単に「戦後日本に対する憎悪」と片づけられるのかどうかは検討の余地がある。そもそも、金容三の目的は、「反日感情」を論じることにあるのではなく、民主化運動の結果誕生した金泳三政権が実施していく「過去清算」に以前の右派政権、例えば、金容三が支持する李承晩

政権への批判が込められたことに対する反発の側面が強い。李承晩政権は、韓国で最も「反日」的と思われる政権の1つでもあるが、その政権の擁護のために「反日感情」の批判を掲げる様子からは、いかにこの「反日種族主義」の問題が「反日」への問題関心よりも左派政権への批判をその真の目的としているのかが浮かび上がる。

■第4章

(1) 植民地解放直後、8・15光復節にはソ連と米国の対立構図が反映され、同記念日をめぐり南北間の対立が起こることとなる。詳しくは小林聡明（2013）を参照。

(2) 『朝鮮日報』「三六回三一節を迎えながら」1955年3月1日付朝刊1面社説。

(3) 『朝鮮日報』「三一運動と学徒たちの純潔な情熱」1958年3月1日付夕刊1面社説。

(4) 『朝鮮日報』「三・一精神とは何か／三・一運動四十周年を迎えながら」1959年2月28日付夕刊1面社説。

(5) 『東亜日報』「三・一節を迎えて」1957年3月1日付夕刊1面社説。

(6) 『東亜日報』「三一精神を蘇らそう」1959年2月28日付朝刊1面社説。

(7) 『東亜日報』「「人類平等の大義」と「民族自存の正義」三・一節と韓・日国交に先んじてすべきもの」1965年3月1日付夕刊2面社説。同社説では「我らの己未以降〔3・1抗日独立運動のこと〕、数多くの同胞が血を流し、多くの民財を奪われ、また、肉体的にも精神的にも無数の迫害を受けたのであり、その加害・強奪者はほかでもないあの日本と日本人である」と日本に被った被害が3・1精神の強調とともに明確に言及されている。

(8) 『朝鮮日報』「三・一精神と今日の韓・日関係／今は敵が国民たちの心にある」1965年2月28日付朝刊1面社説。同社説ではその冒頭で「そのときの敵は言うまでもなく日本帝国主義であり、二百万の同胞が参加した世紀の「レジスタンス」において私たちは彼らの残忍無道なる銃剣の前で六千六百五十九名が虐殺され、一万四千三百六十五名が負傷を負わされ、検挙投獄された方々も何と四万一千八百八十名であった」と日本帝国の残虐性が具体的に数値化されて言及されている。

(9) 無論、1965年6月の日韓基本条約の正式調印によって反対ムードが低下したことが原因と思うかもしれない。しかし、8月14日には与党の独断で同条約の批准同意案が国会を通過し、その無効化のための大々的なデモ活動がつづき、反対ムードはむしろ高まっていた。

(10) 詳しくは3章の「1970年代的な3・1精神の再解釈」を参照。

(11) 『東亜日報』「再び8・15を迎えて」1966年8月15日付夕刊2面社説。

(12) 『東亜日報』「横説竪説」1971年8月16日付夕刊2面。

(13) 同記事は、本書の分析の範囲において初めて確認できた抗日の記憶に焦点を当てた8・15光復節特集である。8・15光復節が「現在」と「未来」にその記念の意義を位置づけると言っても、日本というその記念日の成り立ちと深くかかわる相手との再接近は同記念日に「過去」の文脈を強く印象づける効果があったことが垣間見える。

（14） 16世紀イギリスの財政家トーマス・グレシャムが唱えた法則で、「悪貨は良貨を駆逐する」という言葉で知られる。

（15） 北朝鮮を敵対視する際によく使われた当時の呼称。現在では公式的な場ではあまり使われていないが、未だに一部では使われている。

（16） 『東亜日報』「26周年を迎える光復節の感慨」1971年8月14日付夕刊3面。

（17） 『朝鮮日報』「もう一つの解放を／光復節に民族主体を思う」1976年8月15日付朝刊2面。

（18） 同上。

（19） 景福宮の復元作業は1990年から本格化し、2010年に完了した。

（20） 第2章の「おわりに」を参照。

（21） 『国政新聞』「［論点］韓半島分断と日本の責任」1995年10月23日、https://www.korea.kr/news/policyNewsView.do?newsId=148746850（2021年1月20日最終閲覧）。

（22） しかし、この特集記事のやり取りのなかで、その落成式が10月1日だったことには触れられていない。こうした状況は、韓国社会における10月1日の忘却を端的に表している。

（23） 朝鮮総督庁舎の撤去がいわゆる「反日」と捉えられた主な背景としては、「風水説」といったあやふやなものにもとづいて日本帝国の悪辣さを強調していたことがある。要するに、日本帝国が朝鮮民族の精気を断つために主要な気脈に鉄杭を打っており、朝鮮総督府庁舎にもそれが確認できるとしたのである。朴裕河は鉄杭と日本帝国の悪辣さの言説が新しい日韓時代を迎えるはずだった90年代末にもつづいていたとし、「依然として反日意識を助長する出来事が相次いだ」と指摘する（朴 2000＝2005：34-35）。ただ、鉄杭の言説については結果的な側面だけでなく、意図の側面にも着目しなければならない。当時鉄杭の調査を行っていた西京大学校のソ・ギルス教授は、1995年3月1日付朝刊23面の「朝鮮日報輿論広場」に投稿し、8・15光復節50周年行事として行われる予定だった杭の除去作業をその後にも継続するする必要性を主張しつつ「杭の除去作業をとおして国民の対日感情を刺激する形で導いてはならない。日本に対する敗北感から抜け出すことで、私たちも人類史に貢献する民族になるための作業であるべきだ」と述べている。

■終章

（1） 『朝鮮日報』「憤怒・感情だけでは日本に勝てない／国民的「克日運動」」1982年8月12日付朝刊3面。

（2） 春夏秋冬、https://blog.daum.net/jc21th/17782444（2021年12月3日最終閲覧）。1963年にKBSに入社し、当局の局長を歴任した李長椿は、自身の「春夏秋冬」というブログのなかで『光復二十年』の人気を「男女、身分の如何にかかわらず、みんなが好きなプログラムとして聴取者の絶大な歓迎を受けており、利害関係に敏感な人たちからは放送局への抗議が殺到した」と回顧している。李によれば、メロドラマよりも聴取率が高く、冷戦構造のなかで展開された南北間の葛藤、激動の時代、多事多難な政治史が生々しく再現され、そのドラマ

チックさが聴取者を魅了したようである。

(3) 出版物は、作家李栄信の『光復二十年』（省音社、1969）全6巻、金教植著・東洋放送編の『光復二十年』（大学堂、1979）全25巻として刊行されている。李栄信が担当した分は1973年に『光復二十年／白凡金九』として劇場公開されてもいる。

(4) 「始政記念日」関連では講話が多いため、その演説者の文献を探ることでラジオ放送の内容を類推することも可能である。

(5) 『朝鮮日報』「群山地域 '敵産家屋' 生々しく写す／チョン・ジェホン写真展本日開幕／ "近代建築物、保存しなければ"」7月20日付朝刊25面。

(6) 文化体育観光部ホームページ、http://www.mcst.go.kr/usr/child/s_enter/culture/cultureView.jsp?pSeq=14008（2021年1月20日最終閲覧）。

(7) 趙相宇（2017）を参照。

240

関連年表

年	事　項
1909	7月6日、日本の閣議で「韓国併合断行に関する件」を議決。／7月12日、大韓帝国の司法権が剥奪される。／10月26日、安重根が哈爾濱駅で伊藤博文を暗殺。これを機に、大韓帝国が日本帝国に「併呑」されるのではないかとの噂が広まる。／12月4日、韓国一進会が「日韓合邦上奏文」を作成し、それぞれ韓国皇帝、政府、統監府に提出し、併せて「声明書」も発表される。
1910	3月、安重根の死刑が執行される。／8月22日、「日韓併合条約」に調印。／8月29日、「日韓併合」が公布され、大韓帝国は朝鮮に改められる。日本および朝鮮半島で大々的な祝賀を禁じる旨が文部大臣、明石元二郎警務総長により通達。／9月30日、朝鮮統監府を引き継ぐ形で朝鮮総督府が発足。初代総督に寺内正毅が任命／10月1日、朝鮮総督府の施政が始まる。
1911	1月、黄海道一帯の民族主義者の総検挙が始まる。／8月23日、朝鮮教育令を公布。体操科の教科目を普通体操、器械体操とする。／8月29日、『毎日申報』が「日韓併合記念号」を掲載。同日の京城府内で『京城日報』と『毎日申報』主催で提灯行列が大々的に行われる。在朝日本人居留民団は8月29日を同年から共通祝日に決める。
1912	5月10日、第3回京城内8私立学校連合運動会が青坡亭(現・善隣商業高等学校基地)で挙行。／5月31日、内務長官が連合運動会中止を通牒。／7月、明治天皇が亡くなる。8月29日の「日韓併合記念日」のイベントは中止。
1913	3月3日、軍人に体操教員嘱託の件を通牒。実業学校体操科教員に軍人を当てる。／4月21日、朝鮮総督府は居留民団と各国居留地の撤廃に関して各国領事と議定書に調印。同月末に行われた道長官会議で在朝日本人居留民団の解散を明言。／4月26日、総督府訓令第24号官公立学校生徒身体検査規定発布。／8月29日、1911年同様、『京城日報』と『毎日申報』主催で「日韓併合記念日」行事としての提灯行列が大々的に挙行される。／10月1日、「始政記念日」の行事が企画されるも、財政や施設上の問題があり、延期。／10月30日、総督府令第7号「府制」が公布される。
1914	3月31日、京城居留民団は京城神社にて「京城居留民団解体奉告祭」と「自治制玉砕報告祭」を挙行。／4月11日、昭憲皇太后がなくなる。／8月29日、企画されていた記念行事は諒闇中につき、中止。京城府主催の臨時祭典に山県伊三郎政務総監が参加する。なお、同月、日本はドイツに宣戦布告。
1915	9月、『京城日報』および『毎日申報』主催で家庭博覧会、朝鮮総督府主催で朝鮮物産共進会が始政5周年イベントとして10月31日まで開催される。多くの朝鮮人が参加し、これらのイベントの成功をもって同年から10月1日「始政記念日」が正式な朝鮮総督府の記念日に制定される。
1916	1月4日、寺内正毅総督、帝国教育の本旨の訓令(朝鮮総督府訓令第2号)で「教員の心得」を制定。「強健なる身体を育成する」ことを強調。
1917	10月1日、同年から始政記念祭典が定められ、各地で「内鮮融和」を強調する祭典が開かれる。／11月、レーニンが10月革命を経てソビエト政府を組織。
1918	1月、ウィルソン大統領が民族自決主義をレーニンの「平和についての布告」に対抗する形で発表。／10月1日、「始政記念日」の祝宴は第1次世界大戦の影響で廃止となるものの、祝祭は例年どおりに挙行される。同日、『京城日報』と『毎日申報』共同主催で普通学校と小学校学生のお伽話大会が開かれる。／11月11日、第1次世界大戦が終わる。

1919	2月8日、東京の朝鮮人留学生600名が独立期成宣言書を発表／3月1日、朝鮮では民族代表らが独立宣言発表。／3月21日、ロシアにあった大韓国民議会が政府樹立を宣言。／4月10日、独立運動指導者30名余りが上海のフランス租界地にて第1回臨時議政院を開院し、大韓民国臨時政府を樹立(国務総理には李承晩)。／8月12日、斎藤実が新総督に就任。／8月20日、総督府官制が改訂され、憲兵警察制度廃止。／9月2日、姜宇奎が斎藤に爆弾を投擲。／9月10日、斎藤総督が文化政策を公表。いわゆる「文化統治」が始まる。／12月1日、高等普通学校規則中改正、体操科を必修科目とする。同日、女子高等普通学校規則中改正、体操科を必修科目とする。
1920	3月5日、『朝鮮日報』創刊。／4月1日、『東亜日報』創刊。／『東亜日報』、辺鳳現の「体育機関の必要を論ず」を3日間連載。／5月16日、朝鮮体育協会、第1回全鮮体育大会を開催。／6月5日、徽文高等普通学校の同盟休校の条件の1つに「運動用具の設備」を要求。／培材高等普通学校の同盟休校の条件の1つに「兵式体操の教授」を要求。／7月13日、朝鮮体育会(会長、高元勲)創設。／11月12日、普通学校規定中改正、体操科を必修とする。
1921	1月27日、左派系の青年らがソウル青年会を組織。／10月、朝鮮体育協会主催、『京城日報』後援で女学生庭球大会が開かれる。
1922	2月6日、改正朝鮮教育令(いわゆる「第2次教育令」)を公布。／10月1日、『京城日報』と『毎日申報』主催で全鮮女子庭球大会が開催。
1923	6月30日、『東亜日報』主催の全鮮女子庭球大会が開催。／9月1日、関東大震災が起こり、朝鮮人虐殺事件が発生。同月にソウル青年会を中心にして「国際青年記念日」が祝われる。／10月17日、『京城日報』主催で全鮮女子庭球大会が開催。
1924	4月21日、朝鮮青年総同盟発足。／9月14日、『京城日報』主催で全鮮野球争覇戦の初回が開催。／10月1日、『京城日報』と『毎日申報』主催で全鮮女子庭球大会が開催。「始政記念日」行事であることが明言される。／11月3日、文部省の通牒によって日本本土と植民地全体で一斉に「体育デー」が開催される。
1925	4月、朝鮮共産党が火曜会を中心に創立。／8月29日、『京城日報』と『毎日申報』主催で全鮮野球争覇戦が開催。『京城日報』では野球ルールの詳細な説明が行われる。／10月1日、『京城日報』と『毎日申報』主催で全鮮女子庭球大会が開催。／10月15日、京城運動場が完工。／11月3日、「体育デー」開催。朝鮮半島では、京城運動場で様々な競技が行われ、女学生の連合体操が加わる。
1926	2月、朝鮮で第2次共産党組織。／6月10日、朝鮮で反日万歳示威運動が起こる。／6月21日、第2次共産党事件で首謀者15名を逮捕。／8月29日、『京城日報』と『毎日申報』主催の全鮮野球争覇戦が京城運動場で挙行。京城運動場には電話ボックスが設置され、総督府逓信局の競技結果のラジオ放送も開始。／10月1日、朝鮮総督府新庁舎落成式。この年から「体育デー」は「始政記念日」に開催されるようになる。女子庭球大会は『東亜日報』主催。／12月6日、朝鮮共産党が再び組織される。
1927	2月16日、京城放送局が放送を開始。／8月28日、『京城日報』と『毎日申報』主催で全鮮野球争覇戦が開催。ラジオ実況始まる。／10月1日、「体育デー」開催。全鮮女子庭球大会は前年に引き続き『東亜日報』が主催。／12月10日、山梨半造を朝鮮総督に任命。
1928	1月、朝鮮第3次共産党事件、首謀者34名を逮捕。第4次共産党組織。／7月、第4次共産党事件が起こる。／8月26日、『京城日報』と『毎日申報』主催で全鮮野球争覇戦が開催。／10月1日、「体育デー」が開催。『東亜日報』が主催から外れ、全鮮女子庭球大会は『京城日報』と『毎日申報』主催に変わる。

1929	1月、元山で労働ストライキが起こる（〜4月初旬ごろ）。／6月、朝鮮共産党を再建しようとした50名余りが逮捕される（第5次共産党事件）。／8月17日、斎藤実を第5代総督に再任命。／8月18日、『京城日報』と『毎日申報』主催で全鮮野球争覇戦が開催。初回を除いては初めて8月29日「日韓併合記念日」が開催期間に含まれなくなる。／8月20日、仁川では、朝鮮博覧会特別警戒に入る。／8月25日、朝鮮博覧会特別警戒が約70日間行われる。／8月28日、ソウル青年会などが例年行ってきた国際青年記念日についての打ち合わせが禁じられる。／9月12日、始政20周年を記念して朝鮮博覧会が10月31日まで開催される。／11月3日、光州で学生運動が起こる。／12月13日、民衆大会事件が起こる。
1930	7月26日、韓国独立軍が組織される／9月、国際赤色労働組合が、「朝鮮の革命的労働組合運動の任務」という決議案を採択。日本では、朝鮮人団体などが9月1日「震災記念日」と8月29日「国恥日」を連携させようとする動きが表れる。／8月24日、『京城日報』と『毎日申報』主催で全鮮野球争覇戦が開催。／10月1日、朝鮮半島で国勢調査が始まる。この影響で「体育デー」は10月2日に開催。
1931	8月23日、『京城日報』と『毎日申報』主催で全鮮野球争覇戦が開催。／8月28日、京城府内に特別警戒が敷かれ、民衆の娯楽までも監視される。／9月、咸鏡北道清津青年会、国際青年記念日に昨年の「日韓併合記念日」に際して会員30名余りが逮捕されたことに対する報復として駐在所および民家を破壊。／9月5日、京城運動場でニールス・ブック一行26名がデンマーク体操を行う。／9月18日、満州事変勃発。／10月1日、「体育デー」開催。／11月、京城帝国大学の学生を中心とする反帝同盟事件で多数の学生が検挙される。
1932	1月8日、李奉昌が桜田門外で天皇に爆弾を投擲。／1月28日、上海事変勃発。／3月1日、「満州国」建国。／7月21日、『京城日報』と『毎日申報』の主催で新興満蒙博覧会の開催（〜9月18日）。／8月28日、『京城日報』と『毎日申報』主催で全鮮野球争覇戦が開催。再び8月29日「日韓併合記念日」が大会開催期間に含まれる。新興満蒙博覧会の観覧券を全鮮野球争覇戦の観客に先着順に贈呈。／9月1日、野球ノ統制並施行ニ関スル件（野球統制令）を発布。／10月、韓国独立党などの5つの団体が南京で対日戦線統一同盟を結成。／10月1日、「体育デー」開催。
1933	2月5日、朝鮮体育協会の機構を改革。総督府学務局内に事務所をおき、体育行政の強化と体育活動の統制を行う。／9月2日、『京城日報』と『毎日申報』主催で全鮮野球争覇戦が開催。これ以降、最後の大会まで9月開催となる。／10月1日、「体育デー」開催。10周年。
1934	1月8日、蹴球統制原案を発表。全鮮競技には総督府の許可を要するようになる。／2月、在満韓国独立党と韓国革命党が南京で会合し、新韓独立党に統合。／8月、「併合記念日」の「併合」が「○○」〔伏字〕になり、これ以降、同紙上での「日韓併合記念日」と明記した記事は8月報道から消える。／9月2日、『京城日報』と『毎日申報』主催で全鮮野球争覇戦が開催。全員朝鮮人で構成された高麗倶楽部が出場。／10月1日、「体育デー」開催。
1935	1月10日、総督府局長会議にて心田開発が初めて提起される。／7月、韓国独立党などの独立運動団体が南京で民族革命党を組織。／9月、各学校に神社参拝を強制。／9月7日、『京城日報』と『毎日申報』主催で全鮮野球争覇戦が開催。／10月1日、簡易国勢調査が実施される。この影響で「体育デー」は10月5日に開催。
1936	2月、民族革命党、右派の韓国民族革命党と、左派の朝鮮民族革命党に分裂。／8月5日、南次郎が朝鮮総督に任命。／8月、日章旗抹消事件。8月13日付『朝鮮中央日報』4面と『東亜日報』地方版朝刊2面にベルリンオリンピックマラソンで優勝した孫基禎選手の写真が掲載されるが、その際、ユニフォームにあった日章旗をこれらの新聞が削除した事件。／9月5日、『京城日報』と『毎日申報』主催で全鮮野球争覇戦が開催。同大会を最後に閉幕。／10月1日、「体育デー」開催。

1937	7月7日、盧溝橋事件から日中が全面的な戦時局面に入る。／8月1日、韓国国民党、韓国独立党、朝鮮革命党、韓国愛国団、および米州5つの団体が連合して韓国光復運動団体連合会を結成。／10月1日、「体育デー」を開催。／10月8日、皇国臣民体操(剣道を基礎とする)を制定。／11月12日、「皇国臣民体操日」を制定。／12月、南京虐殺。
1938	2月23日、陸軍特別志願兵令を公布。／3月4日、朝鮮教育令を改正して3大教育方針を宣布(国体明徴、内鮮一体、忍苦鍛錬)。／7月、国民精神総動員朝鮮連盟の創立。／7月4日、朝鮮体育会を解体し、朝鮮体育協会(日本人団体)に統合。／7月16日、第2皇国臣民体操(柔道を基礎とする)を制定。その他に、大日本国民体操、大日本青年体操、大日本女子青年体操、自校体操、陸海軍諸学校の体操、建国体操などを制定。／10月1日、「体育デー」を開催。銃後国民全体の体力向上のため、ラジオ体操を「体育デー」に導入。
1939	9月1日、第2次世界大戦勃発。／10月1日、国民徴用令実施(1945年まで45万人を動員)。同日、「体育デー」を開催。『毎日申報』は『京城日報』から独立し、『毎日新報』となり、同年の全鮮女子庭球大会を単独で主催。号外も出す。なお、「府民体育デー」または「府民体育日」という名称となり、一般府民の参加が重視されるようになる。
1940	2月11日、創氏改名を実施。／5月9日、韓国国民党、朝鮮革命党、韓国独立党を統合し、韓国独立党を創立。／8月10日、『東亜日報』、『朝鮮日報』が廃刊。朝鮮語新聞は『毎日新報』だけ残る。／9月17日、重慶の大韓民国臨時政府が韓国光復軍を創設。／10月1日、国勢調査を実施。／10月10日、京城府主催で奉祝体育大会が京城運動場で開催。10月8~10日にかけて紀元二千六百年奉祝も併せて開催。
1941	3月31日、小学校令改正、国民学校と改称。体操科を体錬科に改称。／9月28日、「体育デー」開催。庭球など多種多様な競技があるが、新聞社主催ではない。
1942	3月14日、朝鮮総督府の指針に基づいて全鮮的な体育運動を指導統制するために朝鮮体育振興会が発足。／7月22日、学徒戦時動員体制確立要綱を発表。／8月22日、学徒勤労令発布。／10月1日、「府民体育日」に際し、一般民衆を大動員するため、京城府主催で府民登行運動大会が行われる。『毎日新報』後援で府内14中等学院の連合体錬大会が9月30日に開催される。
1943	4月3日、徴兵制を公布。／5月15日、一般国民体育実施要綱公布。／7月、詩人の尹東柱が京都で思想犯として逮捕(1945年2月獄死)。／8月2日、徴兵制実施記念第1回国防体力錬成大会を京城運動場で実施。／10月1日、京城府体育大会を開催。銃剣道などが行われる。／10月20日、日本陸軍省、朝鮮人学生の徴兵猶予を廃止(学兵制実施)。／11月、日本が大東亜共栄宣言を発表。
1944	10月1日、京城府民体錬大会を開催。例年どおり『毎日新報』が状況と報じる。
1945	2月4日、米英ソの首脳が集まりヤルタ会談を開く。／8月15日「玉音放送」、朝鮮半島では38度線を境界に米ソによる分割占領が始まる。／9月、米軍が南朝鮮地域にて軍政を実施。同月の9日に阿部信行朝鮮総督が降伏文書にサイン。
1946	3月1日、植民地解放後、初3・1記念行事が左派と右派団体それぞれによって挙行される。左派団体は南山に約1万5000名、右派団体はソウル運動場(旧京城運動場)に15万名が参加。／8月15日、朝鮮半島南の各地域で左派と右派、左派と米軍政が衝突し、多数の死傷者が出る。／10月1日、ソウル市では日本式の行政区域名が韓国式に変更となる。
1947	3月、3・1節をめぐり左右団体が激しく衝突、多数の死傷者が出る。／8月、米軍政の許可のないイベントを禁じる。8月15日のイベントは、右派のものだけが認められる。
1948	7月20日、制憲議会で李承晩を大統領に選出。／8月15日、大韓民国政府が朝鮮半島南半にて樹立。9月9日朝鮮民主主義人民共和国、北半に樹立。

1949	1月4日、韓国政府が駐日代表部を東京に設置。／4月23日、貿易協定、金融協定、貿易計画からなる日韓通商協定締結。／10月1日、法律第53号「国慶日に関する法律」により3・1節、7・17制憲節、8・15光復節、10・3開天節が4大国慶日に制定される。
1950	2月10日、日韓間の国際電話が開通。／2月16日、李承晩大統領がマッカーサーの招請で訪日。／6月25日、朝鮮戦争勃発。
1951	9月8日、サンフランシスコ講和条約、日米安全保障条約調印。／10月20日、東京で日韓予備会談開催。
1952	1月18日、韓国政府が「隣接海洋の主権に関する大統領宣言」(韓国では「平和戦」、日本では「李承晩ライン」と呼ばれた措置)を実施。／2月15日、第1次日韓会談開催。／4月28日、サンフランシスコ講和条約、日米安全保障条約が発効。／8月7日、韓国大統領選挙で李承晩大統領が再選。／8月14日、韓国政府が「李ライン」を侵犯した日本漁船の拿捕を開始。
1953	1月5日、李承晩、クラーク国連軍司令官の招請で訪日。／4月15日、第2次日韓会談開催。／4月20日、「独島義勇守備隊」が「独島／竹島」に上陸。7月27日、朝鮮戦争休戦協定調印。／10月1日、米韓相互防衛条約調印。／10月6日、第3次日韓会談開催、／10月15日、財産請求権委員会における「久保田発言」により、会談が決裂。／10月21日、韓国側代表団が交渉を打ち切って帰国。
1954	3月1日、3・1節式典のあと、市民らによる「北進統一蹶起大会」が行われる。／3月21日、韓国政府が標準時の基線を大韓帝国によって最初に設定された東経127度30分に戻す。／4月26日、スイスで朝鮮戦争の戦後処理などのためのジュネーブ会議が開かれる。／7月12日、韓国政府から大村収容所の在日韓国人密入国者の釈放要求がなされるも、日本が拒否。／7月25日から8月13日、李承晩大統領が初訪米。／11月18日、米韓相互防衛条約発効。／11月29日、韓国で李承晩大統領の終身執権を可能にする「四捨五入改憲」事件が起こり国内政治が大紛糾する。
1955	2月25日、北朝鮮の南日外相が対日声明を発表し、国交正常化と経済文化交流を呼びかける。／6月1日、ロンドンで日ソ交渉開始(9月21日に一時休止に合意)。／8月17日、韓国が対日貿易を禁止(56年1月に再開)。／9月18日、「護憲同志会」と与党との争いが続き、ついに、総合野党の民主党が韓国で誕生。／10月15日、北朝鮮と日本の商社のあいだで、民間レベルの取引協定書を調印。／10月18日、日本社会党が第1次訪朝団派遣。／10月24日、日本政府が韓国政府の抗議で日朝貿易・交流禁止を決定。／11月15日、日朝協会が結成され日朝間の文化交流を推進。
1956	3月6日、関連業界による日朝貿易会設立(9月から中国経由の間接貿易としての日朝貿易開始)。／5月12日、韓国初のTV放送局HLKI開局(6月16日放映開始)。／5月15日、韓国で正副大統領選挙実施。大統領には李承晩が当選し、副大統領には野党・民主党の張勉が当選する。／10月19日、日ソ共同宣言がモスクワで調印(12月12日発効)され、日ソ国交回復。／12月18日、日本が国連に加盟。
1957	7月1日、国連軍総司令部が東京からソウルに移動。日本には国連軍後方司令部を設置。／9月27日、日朝間の民間レベルで日朝貿易協定を締結。／12月31日、藤山愛一郎外相と金裕澤大使が「久保田発言」を撤回し、抑留者の相互釈放など日韓懸案に関する合意を発表。／この年をピークに米国からの韓国援助額が減少傾向に転じる。
1958	4月15日、第4次日韓会談開催(〜60年4月25日)。／5月19日、矢次一夫が岸信介首相の特使として韓国を公式訪問。／9月8日、北朝鮮、金日成が在日朝鮮人の帰国を歓迎する旨を表明。北朝鮮への帰国運動開始。

1959	2月13日、日本政府、閣議で国際赤十字社の仲介による帰還事業を決定。／3月1日、『東亜日報』や『朝鮮日報』の3・1節社説および特集で初めて日本への強い批判が表れる。／6月15日、韓国が日本政府の「北送」決定に反発し、対日貿易を中断(10月8日に解除)。／8月13日、日朝の赤十字社による帰還協定(カルカッタ協定)締結。／12月14日、最初の帰還船が新潟を出港。
1960	3月15日、韓国で正副大統領選挙。大統領に李承晩、副大統領に李起鵬が当選。野党・民主党は無効を主張。／4月19日、韓国で、李承晩の独裁と選挙不正に抗議する学生運動が広がる(4・19革命)。／4月27日、李承晩大統領が辞任。許政を首班とする過渡内閣が成立。／7月29日、民・参議院総選挙実施。／8月8日、新憲法による国会開院(「第2共和国」)。／8月12日、大統領に尹潽善が当選し、首相には19日に張勉が選出。／9月6日、小坂善太郎外相が訪韓。日本政府高官による戦後初の公式訪問となる。／10月25日、第5次日韓会談予備会議開催(〜61年5月)。
1961	4月1日、日本政府が日朝直接貿易取引を許可。／4月26日、自民党に日韓問題懇談会が石井光次郎を座長に据えて発足。／5月6日、戦後初めて日本の自民党議員団8人が韓国を正式に親善訪問。／5月16日、朴正熙将軍率いる軍事クーデタによって民主党政権が崩壊(5・16軍事クーデタ、当時は5・16軍事革命と呼ばれる)。／6月20日、池田勇人首相・ケネディ米大統領による日米首脳会談が開かれ、日韓国交正常化の早期妥結に向け日米両政府が合意。8月19日、韓国の国家再建最高会議が標準時の基準線を再び日本と同じ東経135度に変更。／10月20日、第6次日韓会談(〜64年12月2日)。／11月12日、朴正熙(国家再建最高会議議長)が訪日し池田首相らと会談。／11月13日、朴正熙議長が訪米し、ケネディ大統領らと会談。
1962	1月13日、第1次経済開発5ヶ年計画が成案。／3月22日、尹潽善が大統領下野声明を発表。／『朝鮮日報』の8・15光復節特集の一部として抗日運動史が扱われる。／11月12日、金鍾泌韓国情報部長と大平正芳外相の会談により、韓国の対日請求金額が決着(日本側の無償経済協力3億ドル、円借款2億ドル供与)。
1963	10月15日、韓国で大統領選挙。朴正熙が韓国大統領に就任(〜79年)。／『朝鮮日報』が8・15光復節社説にて未来の観点にもとづいた日本への警戒を促す。
1964	3月1日、朴正熙大統領が「金・大平メモ」に起因する日韓国交正常化への疑念を棚上げにして当日の3・1節記念祝辞で将来のために国交を結ぶと宣言、3月妥結、4月調印、5月批准という交渉日程を示す。同日に全野党所属国会議員による「対日低姿勢外交反対汎国民闘争委員会」結成。『東亜日報』と『朝鮮日報』は、植民地時代の受難の記憶を強調しながら対日警戒を3・1節社説で促す。／3月9日、当時の主要な知識人雑誌であった『思想界』が野党指導部および宗教団体、教授らとともに「対日屈辱外交反対汎国民闘争委員会」を結成する。／6月3日、日韓条約反対デモの激化でソウルに非常戒厳令布告(6・3事態)。／12月3日、第7次日韓会談(〜65年6月22日)。
1965	『東亜日報』と『朝鮮日報』が引き続き3・1節社説で現状での日韓国交正常化を反対。『東亜日報』は同月から3・1抗日独立運動歴史編纂作業に着手、4月には記念碑建立のための遺跡地調査を開始。／5月16日、朴正熙大統領が渡米し、ジョンソン大統領との首脳会談を経て、韓国戦闘部隊のベトナム派兵を決断。／6月22日、日韓基本条約締結。／8月12日、野党議員61名が日韓基本条約に抗議し、総辞任。／8月14日、野党不参加のなかで日韓基本条約の批准同意案が国会を通過。／8月25日、武装した軍人が高麗大学に乱入。／12月18日、日韓基本条約の批准書交換をもって日韓国交が正常化される。
1966	2月25日、韓国の民衆党の強硬派が新韓党を発起。同日、米韓派越増派条件合議録に署名(ブラウン覚書)。／6月14日、アジア太平洋理事会閣僚会議(ASPAC)がソウルで開催。／7月9日、米韓行政協定に調印。／10月1日、韓国で人口調査が実施される。

1967	2月7日、韓国で統合野党である新民党が正式に発足。／5月3日、韓国で大統領選挙が行われ、朴正煕が再選。／6月8日、第7代国会議員選挙を実施。／6月10日、ソウル大学の法大生らが6・8不正選挙糾弾デモを行う。『東亜日報』と『朝鮮日報』が8・15光復節特集として抗日独立運動史を大きく扱う。『東亜日報』は日韓文化交流に関する8・15光復節特集も掲載。／この年から韓国で第2次経済開発5ヶ年計画と日韓定期閣僚会議が開始される。
1968	1月21日、北朝鮮ゲリラ部隊による韓国大統領官邸襲撃事件。／1月22日、米海軍偵察機プエブロ号が韓国の元山付近の海域で北朝鮮によって拿捕。乗組員が抑留される(プエブロ号事件)。2月1日、韓国で京釜高速道路が起工／4月27日、ソウルに李舜臣将軍の銅像建立。／6月6日、日韓(韓日)議員懇親会発足。／8月24日、北朝鮮の支援で反政府や反米デモを行った容疑で158名を検挙したことを韓国の中央情報部が発表(統一革命党事件)。
1969	3月1日、韓国で国土統一院が開院。『東亜日報』が手がけた歴史編纂作業の成果である『三・一運動50周年記念論集』も3月に出版され、同月の3・1節特集もその歴史を再評価するとの趣旨のもとで大々的に組まれる。／6月19日、韓国で朴大統領3選改憲に反対する学生デモが行われる。／7月25日、ニクソン大統領が「グアム・ドクトリン」を発表／9月14日、3選改憲案・国民投票法案が変則的に韓国国会を通過。／10月17日、韓国で改憲案の国民投票が実施され、可決される。／11月21日、日米首脳会談で「韓国条項」に合意。／12月1日、KAL旅客機が北朝鮮にハイジャックされる。乗客47名、乗務員4名が拉致され、70年2月に39名のみ帰還。
1970	『東亜日報』と『朝鮮日報』が3・1精神を過去ではなく、現在的な視点で新たに解釈することを提示。／4月22日、日韓協力委員会において「日韓長期経済協力試案」を提示。／8月15日、朴正煕大統領が北朝鮮に「善意の競争」を提案。
1971	3月24日、米国政府が駐韓米軍1個師団約2万人の削減を決定し、韓国政府に通告。／3月27日、駐韓米軍の一部が撤退(2万人)。／キッシンジャー米大統領補佐官が秘密裏に訪中し、7月15日、ニクソン大統領の翌年の中国訪問を発表。／8月12日、大韓赤十字社が南北離散家族探しを北朝鮮に提案。8月14日、北朝鮮側が大韓赤十字社の提案を受け入れる。／8月15日、『朝鮮日報』の8・15光復節社説で「旧韓末」意識の浮上。同日『東亜日報』の3・1抗日独立運動の記念碑建立事業による初の記念碑が全羅北道の裡里に建てられ、除幕式を挙行。／9月20日、南北赤十字予備会談。／12月6日、朴正煕大統領が国家非常事態宣言。／12月27日、国家保衛法が韓国国会で変則的に通過。
1972	2月21日、ニクソン大統領が中国を訪問。米中共同声明(上海コミュニケ)発表。／3月4日、『東亜日報』の3・1抗日独立運動の記念碑建立事業による2番目の記念碑が忠清北道永同に建立され、除幕式と記念マラソン大会が開かれる。／3月30日、朴正煕大統領が5つの平和原則を提示。／5月2日、日韓(韓日)議員懇談会が日韓(韓日)懇親会に改名。／7月4日、7・4南北共同声明。／8月30日、南北赤十字の初の本会談が北朝鮮の平壌で開催される。／9月25日、田中角栄首相が訪中。／9月29日、日中共同声明調印(国交正常化)。／10月12日、南北調節委共同委員長の第1次会談を板門店の自由の家で開催。／10月17日、朴正煕大統領が大統領特別宣言を発表し、国会解散、非常戒厳令宣布、大学の休校令を出す(10月維新)／10月21日、北朝鮮の朝鮮国際貿易促進委員会代表団来日。／11月21日、韓国で改憲案の国民投票を実施(賛成91.5%)／12月23日、朴正煕が大統領に再選。／12月27日、朴正煕が第8代大統領に就任し、維新憲法を公布。

1973	3月3日、韓国放送公社KBSが発足／3月14日、韓国軍本隊のベトナムからの完全撤退。／6月23日、朴正煕大統領が平和統一外交政策に関する大統領特別声明を出す(6・23宣言)／8月8日、金大中が東京で誘拐される事件が発生。日本では韓国政府の介入が疑われ、主権侵害との批判が上がる。／8月23日、韓国政府、『読売新聞』ソウル支局を閉鎖し、特派員を国外追放。／8月28日、南北調節委の平壌側が対話中断を表明。／11月2日、金鍾泌首相が訪日し、金大中拉致事件後の韓国政府の対応を謝罪。／12月24日、改憲請願100万人署名運動が展開される。
1974	1月30日、日韓大陸棚協定調印。／4月3日、韓国政府、民青学連事件(反体制勢力の摘発)を発表。／4月24日、韓国政府が民生学連事件の関連容疑で早川嘉春、太刀川正樹を逮捕。／8月15日、文世光事件(在日韓国人の文世光による朴正煕大統領の暗殺を企図した事件)によって、陸英修大統領夫人が死亡。／8月19日、陸英修大統領夫人の国民葬。田中角栄首相が出席。／10月24日、『東亜日報』記者ら、自由言論実践宣言。／11月27日、韓国で民主回復国民会議が発足。／12月26日、『東亜日報』広告弾圧(白紙広告事態)。
1975	4月、南ベトナム崩壊。／5月13日、韓国で大統領緊急措置9号が発表される(憲法誹謗・反対を禁じる)。／7月9日、日韓(韓日)懇親会が日韓(韓日)議員連盟に発展。／7月23日、宮沢喜一外相が訪韓。／8月6日、日米首脳会談での新聞発表で「新韓国条項」に合意。
1976	3月1日、金大中らが朴正煕大統領の退陣と維新体制の撤廃を要求する「民主救国宣言」を発表。／4月、ベトナム南北統一選挙。／7月、ベトナム社会主義共和国成立。／8月18日、ポプラの木事件(非武装地帯のポプラの木を伐採した米兵を北朝鮮兵士が斧で殺害)。／10月24日、朴東宣事件(コリアゲート事件：韓国政府による対米ロビー活動)が問題に。
1977	1月20日、カーター政権成立。／3月9日、米国が駐韓米地上軍撤退(5年以内)の方針を韓国政府に伝達。／7月26日、日本政府が韓国帰還を希望するサハリン在住の韓国人の日本入国を認める。／8月15日、『東亜日報』紙上に光復節特集として日韓の「心の正常化」をテーマにした同紙の金声翰論説主幹と須之部量三駐韓大使の対談が掲載される。金は「大局」を見て過去を流そうと主張し、須之部は過去を忘れないことを強調。
1978	12月27日、朴正煕が大統領に再選。
1979	3月18日、日韓大陸棚共同開発のための運営契約合意。／5月1日、日韓(韓日)議員安保協議会、駐韓米軍撤収は東アジアの平和と安定を脅かすという備忘録を採決。／7月20日、カーター米大統領が駐韓米軍撤退の凍結を発表。／10月26日、朴正煕大統領が金載圭に暗殺される。／12月6日、崔圭夏が大統領に選出され、同月8日に就任。／12月8日、韓国で大統領緊急措置9号が解除される／12月12日、全斗煥を中心とする勢力による粛軍クーデタが起きる。
1980	1月23日、カーター・ドクトリンで「新冷戦」開始を宣言。／5月18日、韓国で非常戒厳令が全国に拡大。／戒厳司令部が金大中・金泳三・金鍾泌らを逮捕。同日、全羅南道光州市で学生のデモが発生(5・18光州抗争)／8月15日、『朝鮮日報』で朝鮮総督府撤去特集が組まれる(総督府撤去は1995年光復節50周年を迎えて開始)。／8月27日、全斗煥が大統領に選出され、9月1日に就任。／9月17日、金大中に死刑判決。／10月27日、韓国で新憲法発効。／11月14日、新聞協・放送協、言論機関の統廃合が決定。

※主に西尾達雄(2003)『日本植民地下朝鮮における学校体育政策』明石書店、李鍾元・木宮正史・磯崎典世・浅羽祐樹(2017)『戦後日韓関係史』有斐閣アルマ、韓国史辞典編纂会編(2005)『한국근현대사사전』가람기획(『韓国近現代史辞典』ガラム企画)の年表を参照にし、その他、『毎日申報』(→『毎日新報』)、『京城日報』、『東亜日報』、『朝鮮日報』、『京城彙報』などの新聞・雑誌や、小林聡明(2013)、キム・ミンファン(2000)の研究を加えて作成した。なお、筆者が気づいた既存の年表の誤記については、適宜修正を加えた。

参考文献・参考資料

【日本語文献】

アライダ・アスマン（2007 = 2011）［磯崎康太郎訳］『記憶のなかの歴史：個人的経験から公的演出へ』松籟社。

有山輝雄（1997）『甲子園野球と日本人：メディアのつくったイベント』吉川弘文館。

鄭在貞（2001）「韓国人の日本認識：その歴史的な進展と課題」『東北アジア研究』5、47-66 頁。

鄭在貞（2011）［伊藤俊介訳］「韓国併呑一〇〇年と東アジアの歴史和解」国立歴史民俗博物館編『「韓国併合」一〇〇年を問う』岩波書店、369-76 頁。

崔銀姫（2019）『「反日」と「反共」：戦後韓国におけるナショナリズム言説とその変容』明石書店。

崔吉城（2002）『「親日」と「反日」の文化人類学』明石書店。

崔誠姫（2020）「第 16 章　第二次朝鮮教育令施行期における中等女子修身教育」笹川紀勝・李泰鎮・邊英浩編『国際共同研究　三・一独立万歳運動と植民地支配体制：国民意識の誕生』明石書店。

趙相宇（2017）「韓国における日本的近代風景の観光消費：「反日」とノスタルジア」『京都メディア史研究年報』3、89-116 頁。

趙相宇（2019）「3・1 節の周年報道における対日感情の検討：1970 年代の韓国社会を中心に」『京都大学大学院教育学研究科紀要』65、261-73 頁。

趙相宇（2020）「3・1 節と 8・15 光復節の報道史：日韓国交正常化を巡る「民族」と「国家体制」」『マス・コミュニケーション研究』96、139-57 頁。

趙相宇（2021）「「日韓併合記念日」のメディア史：日本人本位の参加と「内鮮融和」の課題」『メディア史研究』50、131-54 頁。

全鎮晟（2015 = 2019）［佐藤靜香訳］『虚像のアテネ：ベルリン、東京、ソウルの記憶と空間』法政大学出版局。

ジョージ・L・モッセ（1975 = 2021）［佐藤卓己・佐藤八寿子訳］『大衆の国民化：ナチズムに至る政治シンボルと大衆文化』ちくま学芸文庫。

浜日出夫（2010）「記憶と場所：近代的時間・空間の変容」『社会学評論』60(4)、465-80 頁。

橋谷弘（2004）『帝国日本と植民地都市』吉川弘文館。

玄武岩（2016）『「反日」と「嫌韓」の同時代史：ナショナリズムの境界を越えて』勉誠出版。

入江克己（1991）『昭和スポーツ史論：明治神宮競技大会と国民精神総動員運動』不昧堂出版。

磯崎典世（2017）「第 4 章　韓国民主化と市民社会交流」李鍾元・木宮正史・磯崎典世・浅羽祐樹『戦後日韓関係史』有斐閣アルマ、139-72 頁。

康誠賢（2020 = 2020）［鄭栄桓監修・古橋綾訳］『歴史否定とポスト真実の時代：日韓「合作」の「反日種族主義」現象』大月書店。

川西玲子（2014）『戦前外地の高校野球：台湾・朝鮮・満州に花開いた球児たちの夢』彩流社。

金圭煥・崔鍾洙（1982）「第6章 韓国の新聞における日本報道」辻村明・金圭煥・生田正輝編『日本と韓国の文化摩擦：日韓コミュニケーション・ギャップの研究』出光書店。

金賢貞（2012）「「近代文化都市」韓国群山市の負の遺産とまちづくり：植民地時代の建築物の記憶と評価をめぐる一九九〇年代末以降の変化に注目して」『日本民俗学』269、35-66頁。

金賢貞（2017）「現代韓国における植民地遺産と近代観光：「九龍浦近代文化歴史通り」を事例に」『日本民俗学』292、29-60頁。

木宮正史（2017）「第2章 冷戦と経済協力」李鍾元・木宮正史・磯崎典世・浅羽祐樹『戦後日韓関係史』有斐閣アルマ、71-104頁。

金泰虎（2011）「「国民の祝日」と「公休日」を通してみる日韓社会」『言語と文化』15、133-54頁。

木村幹（2000）『朝鮮／韓国ナショナリズムと「小国」意識：朝貢国から国民国家へ』ミネルヴァ書房。

木村幹（2009）『近代韓国のナショナリズム』ナカニシヤ出版。

木村幹（2014）『日韓歴史認識問題とは何か：歴史教科書・「慰安婦」・ポピュリズム』ミネルヴァ書房。

金栄鎬（2008）『日韓関係と韓国の対日行動：国家の正統性と社会の「記憶」』彩流社。

金容三（2019＝2019）［編著者訳］「旧総督府庁舎の解体：大韓民国の歴史を消す」李栄薫編『反日種族主義：日本危機の根源』文藝春秋、169-76頁。

金誠（2017）『近代日本・朝鮮とスポーツ：支配と抵抗、そして協力へ』塙選書。

金瑛（2010）「アルヴァックスの集合的記憶論における過去の実在性」『ソシオロゴス』34、25-42頁。

金瑛（2012）「集合的記憶概念の再考：アルヴァックスの再評価をめぐって」『フォーラム現代社会学』11、3-14頁。

金瑛（2020）『記憶の社会学とアルヴァックス』晃洋書房。

小関隆編（2007）『記念日の創造』人文書院。

黒田勇（1999）『ラジオ体操の誕生』青弓社。

権学俊（2021）『スポーツとナショナリズムの歴史社会学：戦前＝戦後日本における天皇制・身体・国民統合』ナカニシヤ出版。

李東勲（2015）「「始政五年記念朝鮮物産共進会」と植民者社会：「武断政治下」における官民共同の催し」『東アジア近代史』18、90-109頁。

李東勲（2019）『在朝日本人社会の形成：植民地空間の変容と意識構造』明石書店。

李鍾元（2017）「第1章 戦後日韓関係の始まり」李鍾元・木宮正史・磯崎典世・浅羽祐樹『戦後日韓関係史』有斐閣アルマ、31-70頁。

李練（2002）『朝鮮言論統制史：日本統治下朝鮮の言論統制』信山社。

李栄薫編（2019＝2019）［編著者訳］『反日種族主義：日韓危機の根源』文藝春秋。

レオ・チン（2019＝2021）［倉橋耕平他訳］『反日：東アジアにおける感情の政治』人文書院。

林鍾国（1966 = 1976）［大村益夫訳］『親日文学論』高麗書林。

真鍋祐子（2017）「韓国現代史における「記念日」の創造：「記憶の闘争」をめぐって」『情報学研
　　究』92、1-26 頁。

モーリス・アルヴァックス（1950 = 1989）［小関藤一郎訳］『集合的記憶』行路社。

森田浩之（2009）『メディアスポーツ解体：〈見えない権力〉をあぶり出す』NHK ブックス。

森類臣（2019）『韓国ジャーナリズムと言論民主化運動：『ハンギョレ新聞』をめぐる歴史社会学』
　　日本経済評論社。

森津千尋（2011）「植民地下朝鮮におけるスポーツとメディア：『京城日報』の言説分析を中心に」
　　『スポーツ社会学研究』19(1)、89-100 頁。

武藤秀太郎（2019）『「抗日」中国の起源：五四運動と日本』筑摩選書。

西尾達雄（2003）『日本植民地下朝鮮における学校体育政策』明石書店。

西尾陽太郎（1978）『李容九小伝：裏切られた日韓合邦運動』葦書房。

西村幸祐（2006）『「反日」の超克：中国、韓国、北朝鮮とどう対峙するか』PHP 研究所。

野口穂高（2014）「1924 年の第一回全国体育デーの活動状況に関する一考察」『玉川大学教育学部
　　紀要』（2013）47-80 頁。

奥野昌宏・中江桂子編（2016）『メディアと文化の日韓関係：相互理解の深化のために』新曜社。

小野容照（2017）『帝国日本と朝鮮野球：憧憬とナショナリズムの隘路』中公叢書。

大島裕史（2006）『韓国野球の源流：玄界灘のフィールド・オブ・ドリームス』新幹社。

朴順愛・谷川建司・山田奨治編（2016）『大衆文化とナショナリズム』森話社。

朴裕河（2000 = 2005）［安宇植訳］『反日ナショナリズムを超えて：韓国人の反日感情を読み解く』
　　河出書房新社。

ポール・コナトン（1989 = 2011）［芦刈美紀子訳］『社会はいかに記憶するか：個人と社会の関係』
　　新曜社。

ピエール・ノラ編（1984 = 2002）［谷川稔監訳］『記憶の場：フランス国民意識の文化＝社会史
　　〈対立〉』岩波書店。

坂上康博（1998）『権力装置としてのスポーツ：帝国日本の国家戦略』講談社選書メチエ。

笹川紀勝・李泰鎮編（2008）『国際共同研究　韓国併合と現代：歴史と国際法からの再検討』明石
　　書店。

佐々木浩雄（2016）『体操の日本近代：戦時期の集団体操と〈身体の国民化〉』青弓社。

佐藤卓己編著・日本ナチカルチャー研究会（2000）『ヒトラーの呪縛』飛鳥新社。

佐藤卓己（2002）『キングの時代：国民大衆雑誌の公共性』岩波書店。

佐藤卓己（2005）『八月十五日の神話：終戦記念日のメディア学』ちくま新書。

佐藤卓己・孫安石編（2007）『東アジアの終戦記念日：敗北と勝利のあいだ』ちくま新書。

佐藤卓己（2014）『八月十五日の神話：終戦記念日のメディア学』［増補版］ちくま学芸文庫。

佐藤卓己編（2015a）『ヒトラーの呪縛：日本ナチ・カルチャー研究序説（上）』［増補改訂版］中

公文庫。

佐藤卓己編（2015b）『ヒトラーの呪縛：日本ナチ・カルチャー研究序説（下）』［増補改訂版］中
　公文庫。

笹山晴生・佐藤信・五味文彦・高埜利彦他（2017）『詳細日本史B』［改訂版］山川出版社。

白川哲夫・谷川穣編（2018）『「甲子園」の眺め方：歴史としての高校野球』小さ子社。

高嶋航（2012）『帝国日本とスポーツ』塙書房。

谷島貫太・松本健太郎編（2017）『記録と記憶のメディア論』ナカニシヤ出版。

津金澤聰廣・有山輝雄編（1998）『戦時期日本のメディア・イベント』世界思想社。

海野福寿（1995）『韓国併合』岩波新書。

ウィリアム・M・ジョンストン（1991 = 1993）［小池和子訳］『記念祭／記念日カルト：今日の
　ヨーロッパ，アメリカにみる』現代書館。

山辺健太郎（1966）『日韓併合小史』岩波新書。

山路勝彦（2008）『近代日本の植民地博覧会』風響社。

山中恒（2008）『反日という呪縛』勁草書房。

山下英愛（2000）「第6章　近代朝鮮における「新女性」の主張と葛藤：洋画家羅蕙錫を中心に」
　井桁碧編『「日本」国家と女』青弓社、214-85頁。

廉馥圭（2016=2020）［橋本妹里訳］『ソウルの起源京城の誕生：1910~1945 植民地統治下の都市
　計画』明石書店。

【韓国語文献】

배개화［ベ・ゲファ］（2016）「참정권 획득과 감성 정치：일제 말 이광수의 친일 협력의 목적과 방법」
　『한국현대문학연구』（「参政権獲得と感性の政治：日本帝国末期における李光洙の親日協力の目
　的と方法」『韓国現代文学研究』）50、293-324頁。

정붓샘［チョン・ブットセム］（2019）「1929년 조선박람회와 요시다 하츠사부로의 조선 조감도」『미
　술사연구』（「1929年朝鮮博覧会と吉田初三郎の朝鮮鳥瞰図」『美術史研究』）37、33-65頁。

정진석［チョン・ジンソク］（2003）「주식회사 毎日新報의 설립과 경영」『관훈클럽』（「株式会社毎
　日新報の設立と経営」『クァンフンクラブ』）87、119-48頁。

정진석［チョン・ジンソク］（2013）『한국 신문 역사』커뮤니케이션북스（『韓国新聞歴史』コミュ
　ニケーションブックス）。

정근식［チョン・クンシク］（2006）「기념관・기념일에 나타난 8·15의 기억」정근식［チョン・ク
　ンシク］/신주백［シン・ジュベク］엮음『8·15의 기억과 동아시아적 지평』도서출판선인（「記
　念館・記念日に表れた8·15の記憶」チョン・クンシク／シン・ジュベク編『8·15の記憶と東
　アジア的地平』図書出版ソンイン）、71-114頁。

정근식［チョン・クンシク］（2013）「한국에서의 사회적 기억 연구의 궤적：다중적 이행과 지구사적
　맥락에서」『민주주의와 인권』（「韓国における社会的記憶研究の軌跡：多重的移行と地球史的脈絡

から」) 13(2)、347-94 頁。

정종현［チョン・ジョンヒョン］(2007)「3·1운동 표상의 문화정치학 : 해방기～대한민국 건국기
의 3·1운동 표상을 중심으로」『한민족문화연구』(「3・1運動表象の文化政治学 : 解放期～大韓
民国建国期の3・1運動表象を中心に」『韓民族文化研究』) 23、239-76 頁。

정상우［チョン・サンウ］(2009)「3·1운동의 표상 '유관순'의 발굴」『역사와현실』(「3・1運動
の表象「柳寛順」の発掘」『歴史と現実』) 74、235-63 頁。

조덕천［チョ・トクチョン］(2017)「대한민국 임시정부의 국경일 제정과 '건국기원절' 기념」『한국
근현대사연구』(「大韓民国臨時政府の国慶日制定と「建国紀元節」記念」『韓国近現代史研究』)82、
185-221 頁。

조동시［チョ・トンシ］(2005)「한국 신문의 1945~2005년 광복절 사설」『신문과방송』(「韓国新聞
の 1945~2005年光復節社説」『新聞と放送』) 9 月号、56-61 頁。

최병택［チェ・ビョンテク］(2009)「해방 후 역사 교과서의 3·1운동 관련 서술 경향」『역사와 현실』
(「解放後の歴史教科書における3・1運動関連の叙述傾向」『歴史と現実』) 74、265-97 頁。

최병택［チェ・ビョンテク］(2020)「1915년 조선물산공진회에 나타난 식민권력의 이미지 구축 시도 :
미술관 전시를 중심으로」『탐라문화』(「1915年朝鮮物産共進会に表れた植民地権力のイメージ構
築の試み : 美術館展示を中心に」『タムラ文化』) 63、121-54 頁。

최은진［チェ・ウンジン］(2017)「대한민국정부의 3·1절 기념의례와 3·1운동 표 상화 (1949~1987)」
『사학연구』(「大韓民国政府の3・1節記念儀礼と3・1運動の表象化（1949 ～ 1987）」『史学研
究』) 128、431-85 頁。

최은진［チェ・ウンジン］(2018)「대한민국정부의 3·1절 기념의례와 3·1운동 표상화 (1988~2017)」
『사학연구』(「大韓民国政府の3・1節記念儀礼と3・1運動の表象化（1988 ～ 2017）」『史学研
究』) 131、367-411 頁。

최인영［チェ・インヨン］(2018)「1929년 조선박람회에 활용된 경성의 교통망」『서울학연구』
(「1929年朝鮮博覧会に活用された京城の交通網」『ソウル学研究』) 72、37-67 頁。

최선웅［チェ・ソンウン］(2009)「3·1운동 기념 의례의 창출과 변화」『역사와 현실』(「3・1運動
記念儀礼の創出と変化」『歴史と現実』) 74、203-34 頁。

최우석［チェ・ウソク］(2018)「3·1운동, 그 기억의 탄생 : 『한일관계사료집』, 『한국독립운동지
혈사』『한국독립운동사략 상편』을 중심으로」『서울과 역사』(「3・1運動、その記憶の誕生 :『韓
日関係資料集』、『韓国独立運動之血史』、『韓国独立運動史略　上編』を中心に」) 99、87-126 頁。

차승기［チャ・スンギ］(2009)「기미와 삼일 : 해방직후 역사적 기억의 전승」『한국현대문학연구』
(「己未と三一 : 解放直後の歴史的記憶の伝承」『韓国現代文学研究』) 28、309-34 頁。

도면회［ト・ミョンフェ］(2002)「한국근대사 서술에서의 민족·국가문제」『역사비평』(「韓国近
代史叙述における民族・国家問題」『歴史批評』) 58、54-63 頁。

강정인［カン・チョンイン］・한유동［ハン・ユドン］(2014)「이승만 대통령의 국가기념일 활용에
관한 연구 : '반공' 국민을 만드는 국민의식 (國民儀式)」『현대정치연구』(「李承晩大統領の国家記

念日活用に関する研究：「反共」国民を形成する国民儀式」『現代政治研究』）7(1)、195-224 頁。
강영걸［カン・ヨンゴル］(2015)「식민지 시기 조선일보 사주 방응모의 경영전략에 관한 연구」『지역사회연구』（「植民地時期における朝鮮日報の社主方応謨の経営戦略に関する研究」『地域社会研究』）23(1)、35-54 頁。
기유정［キ・ユジョン］(2011)「식민지 초기 조선총독부의 재조선일본인 정책 연구：속지주의와 속인적 분리주의의 갈등 구조를 중심으로」『한국정치연구』（「植民地初期朝鮮総督府の在朝鮮日本人政策研究：属地主義と属人的分離主義の葛藤構造を中心に」『韓国政治研究』）20(3)、189-212 頁。
권혁택［クォン・ヒョクテ］(2006)「8 · 15 는 어떻게 기억 · 해석되어 왔는가」정근식 · 신주백엮음『8 · 15 의 기억과 동아시아적 지평』도서출판 선인（「8・15 はいかに記憶・解釈されて来たのか」チョン・クンシク／シン・ジュベク編『8・15 の記憶と東アジア的地平』図書出版ソンイン）、115-34 頁。
권혁태［クォン・ヒョクテ］(2015)「한국의 일본 언설의 '비틀림' :'객관성' 과 '보편성' 문제를 중심으로」『현대문학의 연구』（「対日言説の「ゆがみ」と「65 年体制」：「客観性」問題を中心に」『現代文学の研究』）55、169-200 頁。
한철호［ハン・チョルホ］(2010)「일제강점기 미주 한인의 국치일 인식과 그 변화」『사학연구』（「日帝強占期米住韓人の国恥日認識と変化」『史学研究』）100、707-47 頁。
한철호［ハン・チョルホ］(2011)「일제의 한국병탄에 대한 한국민의 대응과 인식」『사총』（「日帝の韓国併呑に対する韓国民の対応と認識」『史叢』）72、159-90 頁。
한철호［ハン・チョルホ］· 강승호［カン・スンホ］· 권나리［クォン・ナリ］· 김기승［キム・ギスン］他 (2020)『고등학교 한국사』미래엔（『高等学校韓国史』ミライエヌ）。
홍하은［ホン・ハウン］・오명원［オ・ミョンウォン］· 김성해［キム・ソンヘ］(2014)「집단적 기억의 정치적 관리：한일 갈등 이슈를 둘러싼 미디어 담론분석을 중심으　로」『한일관계사연구』（「集団的記憶の政治的管理：韓日葛藤イシューをめぐるメディア言説分析を中心に」『韓日関係史研究』）47、235-76 頁。
홍선영［ホン・ソンヨン］(2004)「한일 근대문화 속의 가정 :1910 년대 가정소설 , 가정극 , 가정박람회를 중심으로」『일본문화학보』（「韓日近代文化の中の家庭：1910 年代家庭小説、家庭劇、家庭博覧会を中心に」『日本文化学報』）22、245-62 頁。
홍웅호［ホン・ウンホ］(2016)「〈레닌기치〉를 통해 본 중앙아시아 고려인들의 독립운동 인식 :3.1 운동과 8.15 해방에 대한 인식의 변화를 중심으로」『인문과학』（「〈レニンキチ〉から見た中央アジア高麗人たちの独立運動認識：3・1 運動と 8・15 解放に対する認識の変化を中心に」『人文科学』）62、5-37 頁。
홍양희［ホン・ヤンヒ］「한국：현모양처론과 식민지 '국민' 만들기」『역사비평』（「韓国：賢母良妻論と植民地「国民」づくり」『歴史批評』）8、364-74 頁。
장신［チャン・シン］· 임동근［イム・トングン］(2017)「1910 년대 매일신보의 쇄신과 보급망 확장」『동방학지』（「韓国：1910 年代毎日申報の刷新と補給網の拡大」『東方学誌』）180、317-52

頁。

전은경［チョン・ウンギョン］（2008）「창씨개명과총동원의 모성담론의 전략」『한국현대문학연구』（「創氏改名と総動員の母性談論の戦略」『韓国現代文学研究』）26、357-89 頁。

전재호［チョン・ジェホ］（2006）「8・15 와 한국정치：대통령 기념사를 통해 본 8・15」정근식［チョン・クンシク］・신주백［シン・ジュベク］엮음『8・15 의 기억과 동아시아적 지평』도서출판선인（「8・15 と韓国政治：大統領記念辞から見た8・15」チョン・クンシク／シン・ジュベク編『8・15 の記憶と東アジア的地平』図書出版ソンイン）、135-84 頁。

주윤정［チュ・ユンジョン］（2003）「［한국근대성］조선물산공진회와 식민주의 시선」『문화과학』（「［韓国近代性］朝鮮物産共進会と植民主義の視線」『文化科学』）33、145-60 頁。

김창수［キム・チャンス］（2015）「자주성에 대한 역사적 논의와 한국이 추구할 현대적 자주의 개념」『내일을 여는 역사』（「自主性に対する歴史的な論議と韓国が追求すべき現代的な自主の概念」『明日を拓く歴史』）58、46-59 頁。

김광렬［キム・グァンリョル］（2009）「재일 한인의 민족해방운동과 3・1 운동 기념 :1910 년대 ~1930 년대를 중심으로」『한국근현대사연구』（「在日韓国人の民族解放運動と3・1 運動記念」『韓国近現代史研究』）50、55-72 頁。

김인덕［キム・インドク］（2013）「재일조선인의 8.15: 기억을 통해 보기」『일본사상』（「在日朝鮮人の8・15：記憶から考える」『日本思想』）25、57-77 頁。

김민환［キム・ミンファン］（2000）「한국의 국가기념일 성립에 관한 연구」『한국학보』（「韓国の国家記念日成立に関する研究」『韓国学報』）99、129-61 頁。

김려실［キム・リョシル］（2015）「『사상계』지식인의 한일협정 인식과 반대운동의 논리」『한국민족문화』（「『思想界』知識人の韓日協定認識と反対運動の論理」『韓国民族文化』）54、177-205 頁。

김성배［キム・ソンベ］（2016）「북한의 자주 개념사 연구」『평화연구』（「北韓における自主の概念史研究」『平和研究』）24(2)、5-32 頁。

김양수［キム・ヤンス］（2011）「한국과 타이완 문화 속 '광복 (光復)' 의 기억 」『중어중문학』（「韓国と台湾文化の中の「光復」の記憶」『中語中文学』）48、67-92 頁。

김영희［キム・ヨンヒ］（2001）「일제 지배시기 한국인의 신문접촉 경향」『한국언론학보』（「日帝支配時期における韓国人の新聞接触の傾向」『韓国言論学報』）46(1)、39-71 頁。

김영희［キム・ヨンヒ］（2016）「1929 년 조선박람회에서 기생의 춤 공연에 대한 연구」『국악원논문집』（「1929 年朝鮮博覧会における妓生の踊り公演に関する研究」『国楽院論文集』）33、35-53 頁。

김영명［キム・ヨンミョン］（2016）「한국 민족주의의 쟁점：개념과 과제」『한국정치외교사논총』（「韓国民族主義の争点：概念と課題」『韓国政治外交史論叢』）38(1)、217-47 頁。

小林聡明（2013）「남북한에서의 기억의 관리와〈역사〉의 창조：해방에서 1950 년대 까지의〈8・15〉이벤트를 중심으로」『일본사상』（「南北韓における記憶の管理と「歴史」の創造：解放から 1950 年代の「8・15」イベントを中心に」『日本思想』）25、27-56 頁。

공임순［コン・イムスン］（2011）「3・1 운동의 역사적 기억과 배반 , 그리고 계승을 둘러싼 이념정치：

3・1운동의 보편 (주의) 적 지평과 과소 / 과잉의 대표성」『한국근대문학연구』(「3・1 運動の歴史的記憶の裏切り、そして継承をめぐる理念政治：3・1 運動の保守主義的地平の過小／過剰の代表性」『韓国近代文学研究』) 24、197-236 頁。

이봉범 ［イ・ボンボム］ (2015)「일본 , 적대와 연대의 이중주 :1950 년대 한국지식인들의 대일인식과 한국문화 (학)」『현대문학의 연구』(「日本、敵対と連帯の二重奏：1950 年代韓国の知識人たちの対日認識と韓国文化（学）」『現代文学の研究』) 55、103-66 頁。

이동후 ［イ・ドンフ］ (2000)「기억의 텍스트성 (textuality): 광복절 특집 드라마」『프로그램／텍스트』(「記憶のテキスト性：光復節特集ドラマ」『プログラム／テキスト』) 3、71-122 頁。

이지순 ［イ・ジスン］ (2016)「전쟁 경험의 구성과 평화의 시적 횡단 :8.15 해방 7 주년기념시집『평화의 초소에서』를 중심으로」『현대문학의 연구』(「戦争経験の構成と平和の詩的横断：8・15 解放 7 周年記念詩集『平和の哨所で』を中心に」『現代文学の研究』) 59、289-322 頁。

이지원 ［イ・ジウォン］ (2018)「역대 한국 정부의 3・1절 기념사를 통해 본 3・1운동의 표상과 전유 : 정신적 측면을 중심으로」『서울과 역사』(「歴代韓国政府の 3・1 節記念辞から見た 3・1 運動の表象と占有：精神的側面を中心に」『ソウルと歴史』) 99、243-81 頁。

이태훈 ［イ・テフン］ (2012)「민족 개념의 역사적 전개 과정과 그것이 의미하는 것」『역사비평』(「民族概念の歴史的展開過程とそれが意味するもの」『歴史批評』) 98、248-68 頁。

이태훈 ［イ・テフン］ (2018)「1920 년대 전반 국민협회의 정치활동과 참정권운동의 한계」『동방학지』(「1920 年代前半における国民協会の政治活動と参政権運動の限界」『東方学志』) 185、145-173 頁。

이완범 ［イ・ワンボム］ (2009)「김성수의 식민지 권력에 대한 저항과 협력 : ' 협력적 저항 ' 에서 ' 저항적 협력 ' 으로」『한국민족운동사연구』(「金性洙の植民地権力に対する抵抗と協力：「協力的抵抗」から「抵抗的協力」へ」『韓国民族運動史研究』) 58、399-454 頁。

이완범 ［イ・ワンボム］ (2009)「건국 기점 논쟁 :1919 년설과 1948 년설의 양립」『현상과 인식』(「建国起点論争：1919 年説と 1948 年説の両立」『現象と認識』) 33(4)、71-90 頁。

李栄敏 (1937)「隠退する名投手／野球生活十五年記／李栄敏」『朝光』3 (6)、76-82 頁。

임경석 ［イム・キョンソク］ (1999)「3・1운동을 보는 남과 북의 시각」『통일시론』(「3・1 運動を見る南と北の視座」『統一時論』) 2、187-99 頁。

임경석 ［イム・キョンソク］ (2018)「해방직후 3・1운동 역사상의 분화」『사림』(「解放直後 3・1 運動の歴史像の分化」『サリム』) 63、105-30 頁。

임종명 ［イム・チョンミョン］ (2010)「설립 초기 대한민국의 3・1절과 국민 생산」『역사학연구』(「設立初期における大韓民国の 3・1 節と国民生産」『歴史学研究』) 38、351-88 頁。

문승익 ［ムン・スンイク］・김홍명 ［キム・ホンミョン］ (1981)「解放直後 우리나라의 自主思想 研究 :1945~1948」『한국정치학회보』(「解放直後の我が国における自主思想研究：1945 〜 1948」『韓国政治学会報』) 15、339-56 頁。

남기정 ［ナム・キジョン］ (2017)「한일관계에서 역사 문제와 안보의 연동 메커니즘 : 투트랙 접근의

조건과 과제」『일본연구논총』(「韓日関係における歴史問題と安保の連動メカニズム：ツートラック接近の条件と課題」『日本研究論叢』）45、123-52 頁。

오제연 ［オ・ジェヨン］（2018）「이승만 정권기 3.1 운동의 소환과 경합」『한국사연구』(「李承晩政権期における 3・1 運動の召喚と競合」『韓国史研究』）183、357-88 頁。

백기완 ［ペク・ギワン］・김명인 ［キム・ミョンイン］（2010）「광복절과 건국절 : 보수권력의 역사인식과 식민주의 극복의 과제」『황해문화』(「光復節と建国節：保守権力の歴史認識と植民主義克服の課題」『黄海文化』）68、193-227 頁。

박명수 ［パク・ミョンス］（2016）「1946 년 3・1 절 : 해방 후 첫 번째 역사논쟁」『한국정치외교사논총』(「1946 年 3・1 節：解放後初めての歴史論争」『韓国政治外交史論叢』）38(1)、85-122 頁。

박명수 ［パク・ミョンス］（2017）「1947 년 3・1 절에 나타난 임정법통론과 인민혁명에 대한 미군정의 대응」『한국정치외교사논총』(「1947 年 3・1 節に表れた臨政法統論と人民革命に対する米軍政の対応」『韓国政治外交史論叢』）39(1)、33-74 頁。

박용규 ［パク・ヨンギュ］（1995）「［연중기획 – 광복 50 년 , 언론 50 년］ 언론과 일제잔재 청산」『신문과 방송』(「年中企画―光復 50 年、言論 50 年」言論と日帝残骸清算『新聞と放送』）8 月号、42-46 頁。

류시현 ［リュ・シヒョン］（2009）「1920 년대 삼일운동에 관한 기억 – 시간 , 장소 그리고 '민족 / 민중 '」『역사와현실』(「1920 年代の三一運動に関する記憶－時間、場所、そして「民族／民衆」」『歴史と現実』）74、175-202 頁。

신동규 ［シン・トンギュ］（2018）「조선총독부의 시정기념 사진그림엽서로 본 식민지 지배의 선전과 왜곡」『일본문화연구』(「朝鮮総督府の始政記念絵葉書から見る植民地支配の宣伝と歪み」『日本文化研究』）67、5-34 頁。

심선옥 ［シム・ソンオク］（2014）「해방기 기념시집 연구 : '해방' 과 '3・1' 표상을 중심으로」『민족문학사연구』(「解放期記念詩集研究：「解放」と「3・1」表象を中心に」『民族文学史研究』）54、402-41 頁。

신주백 ［シン・ジュベク］（2006）「역사교과서에 재현된 8・15, 망각된 8・15」 정근식 ［チョン・クンシク］・신주백 ［シン・ジュベク］ 엮음『8・15 의 기억과 동아시아적 지평』도서출판선인 (「歴史教科書に再現された 8・15、忘却された 8・15」 チョン・クンシク／シン・ジュベク編『8・15 の記憶と東アジア的地平』図書出版ソンイン）、27-70 頁。

송혜경 ［ソン・ヘギョン］（2018）「재조일본인의 가정담론 형성과 식민지주의 조선에서 개최된 가정박람회 (1915) 를 중심으로」『아시아문화연구』(「在朝日本人の家庭言説形成と植民地主義朝鮮で開催された家庭博覧会（1915）を中心に」『アジア文化研究』）46、97-123 頁。

성주현 ［ソン・ジュヒョン］（2009）「1930 년대 이후 한글신문의 구조적 변화와 기자들의동향 :『동아일보』와『조선일보』를 중심으로」『한국민족운동사연구』(「1930 年代以降のハングル新聞の構造的変化と記者たちの動向：『東亜日報』と『朝鮮日報』を中心に」『韓国民族運動史研究』）58、153-204 頁。

서라미［ソ・ラミ］・정재민［チョン・ジェミン］(2007)「한・중・일 3국 신문의 8・15 보도 비교 분석」『한국언론정보학보』(「韓中日 3 カ国新聞における 8・15 報道比較分析」『韓国言論情報学報』) 37、237-69 頁。

水曜歴史研究会編 (2002)『식민지 조선과 매일신보 1910 년대』신서원 (『植民地朝鮮と毎日申報 1910 年代』シンソウォン)。

양세화［ヤン・セワ］・류현주［リュウ・ヒョンジュ］・은난순［ウン・ナンスン］(2009)「일제강 점기 가정박람회에 나타난 이상주거」『대한가정학회지』(「日帝強占期の家庭博覧会に表れた理想 の住居」『大韓民国家庭学会誌』) 47(1)、45-54 頁。

윤대원［ユン・デウォン］(2017)「대한민국임시정부의 3・1절 기념과 3・1운동 인식」『한국독립운 동사연구』(「大韓民国臨時政府の 3・1 節記念と 3・1 運動認識」『韓国独立運動史研究』) 57、 53-84 頁。

윤덕영［ユン・ドクヨン］(2010)「1920 년대 중반 일본 정계 변화와 조선총독부 자치정책의 한계」 『한국독립운동사연구』(「1920 年代中頃における日本の政界の変化と朝鮮総督府の自治政策の限 界」『韓国独立運動史研究』) 37、163-208 頁。

윤덕영［ユン・ドクヨン］(2012)「1930 년대 동아일보 계열의 정세인식 변화와 배경 : 체제 비판에 서 체제 굴종으로」『사학연구』(「1930 年代における東亜日報系列の情勢認識の変化と背景 : 体 制批判から体制屈従へ」『史学研究』) (108)、191-261 頁。

【日本語資料集】

相島亀三郎・宮部治郎吉 (1925)『祝祭日及び國民記念日講話資料』明治図書。

明石博隆・松浦総三編 (1975)『昭和特高弾圧史 6 : 朝鮮人にたいする弾圧上一九三〇～三九年』 太平出版社。

朝鮮総督府編 (1913)『朝鮮総督府統計年報 (明治四十四年度)』朝鮮総督府。

朝鮮総督府編 (1914)『朝鮮総督府統計年報 (大正元年度)』朝鮮総督府。

朝鮮総督府編 (1915)『朝鮮総督府統計年報 (大正二年度)』朝鮮総督府。

朝鮮総督府編 (1914)『朝鮮統治三年間成績』(復刻版、龍溪書舎 2001 年)。

朝鮮総督府編 (1940)『施政三十年史』朝鮮総督府。

反帝同窓会編 (1984)『編集復刻版　反帝新聞』不二出版。

藤村忠助編 (1920)『京城日報社誌』京城日報社 (復刻版、ゆまに書房 2001 年)。

葛生能久 (1930)『日韓合邦秘史』下巻、黒竜会出版部。

京城府編 (1936)『京城府史』第 2 巻 (復刻版、湘南堂書店 1982 年)。

京城府編 (1941)『京城府史』第 3 巻 (復刻版、湘南堂書店 1982 年)。

京城居留民団役所編 (1912)『京城発達史』(復刻版、龍溪書舎 2001 年)。

松田利彦監修 (2005)『韓国「併合」期警察資料 4 巻 : 民族運動および民心に対する調査 3』ゆま に書房。

文部大臣官房学校衛生課編（1925）『大正十三年全國體育デー實施概況』文部大臣官房學校衛生課。

文部大臣官房学校衛生課編（1926）『全國體育デー實施要項並実施参考』文部大臣官房學校衛生課。

大谷武一（1924）『體育の諸問題』目黒書店。

大谷武一体育選集刊行会編（1960a）『大谷武一体育選集』第1巻、杏林書院体育の科学社。

大谷武一体育選集刊行会編（1960b）『大谷武一体育選集』第2巻、杏林書院体育の科学社。

大谷武一体育選集刊行会編（1960c）『大谷武一体育選集』第3巻、杏林書院体育の科学社。

歴史教育者協議会編（2007）『学校史でまなぶ日本近現代史』地歴社。

春畝公追頌会編（1940）『伊藤博文伝』下巻、春畝公追頌会。

杉山茂丸（1923）『建白』杉山茂丸。

高橋梵仙（1936）『新撰日本年中行事講話』［増補4版］大東出版社。

【韓国語資料集】

親日人名辞典編纂委員会編（2009）『親日人名辞典』第3巻、民族問題研究所。

朝鮮日報七十年史編纂委員会編（1990）『朝鮮日報七十年史』第2巻、朝鮮日報社。

東亜日報社編（1969）『三・一運動50周年紀念論集』東亜日報社。

韓国言論学会編（2011）『한국 텔레비전 방송 50 년』커뮤니케이션북스（『韓国テレビジョン放送50
年』コミュニケーションブックス）。

韓国史辞典編纂会編（2005）『한국근현대사사전』가람기획（『韓国近現代史辞典』ガラム企画）。

権五琦編（1985）『東亜日報社史』第3巻、東亜日報社。

権五琦編（1990）『東亜日報社史』第4券、東亜日報社。

尹壬述編（2001）『韓國新聞通鑑』朝鮮日報社。

※図表、あとがき、注、関連年表、参考文献一覧は対象から除外した。

■著者略歴

趙相宇 チョ・サンウ

1993年ソウル生まれ。2021年京都大学大学院教育学研究科・博士後期課程修了。博士（教育学）。日本学術振興会特別研究員DC1を経て、現在、立命館大学国際調査教育センター特任助教。専門はメディア史・歴史社会学。

【主な業績】
「3・1節の周年報道における対日感情の検討：1970年代の韓国社会を中心に」（『京都大学大学院教育学研究科紀要』第65号、2019年）／「3・1節と8・15光復節の報道史：日韓国交正常化を巡る「民族」と「国家体制」」（『マス・コミュニケーション研究』第96号、2020年）／「「日韓併合記念日」のメディア史―日本人本位の参加と「内鮮融和」の課題」（『メディア史研究』第50号、2021年）／レオ・チン（2019＝2021）［倉橋耕平監訳／趙相宇他訳］『反日：東アジアにおける感情の政治』人文書院

装丁・ブックデザイン　森 裕昌（森デザイン室）

〈叢書パルマコン 06〉

忘却された日韓関係
〈併合〉と〈分断〉の記念日報道

pharmakon
06

2022 年 3 月 30 日　第 1 版第 1 刷発行

著　者　趙相宇
発行者　矢部敬一
発行所　株式会社創元社
　　　　https://www.sogensha.co.jp/
　　　〔本　　社〕〒 541-0047 大阪市中央区淡路町 4-3-6
　　　　　　　　　Tel. 06-6231-9010 Fax. 06-6233-3111
　　　〔東京支店〕〒 101-0051 東京都千代田区神田神保町 1-2 田辺ビル
　　　　　　　　　Tel. 03-6811-0662
印刷所　株式会社太洋社

pharmakon

叢書パルマコン
——書物、それは薬にして毒